남양 섬에서 살다

조선인 마쓰모토의 회고록

조성윤 엮음

사사표기

이 논문 또는 저서는 2014년 정부(교육부)의 재원으로 한국연구재단의 지원을 받아 수행된 연구임(NRF-2014S1A5A2A01065930)

This work was supported by the National Research Foundation of Korea Grant funded by the Korean Government (NRF-2014S1A5A2A01065930)

국립중앙도서관 출판예정도서목록(CIP)

남양 섬에서 살다 : 조선인 마쓰모토의 회고록 / 엮은이: 조성윤. -- [제주] : 당산서원, 2017
p. ; cm

ISBN 979-11-960016-1-2 03910 : ₩20000

회고록[回顧錄]
990.99-KDC6
920.02-DDC23   CIP2017025604

이 도서의 국립중앙도서관 출판예정도서목록(CIP)은 서지정보유통지원시스템 홈페이지(http://seoji.nl.go.kr)와 국가자료공동목록시스템(http://www.nl.go.kr/kolisnet)에서 이용하실 수 있습니다.(CIP제어번호: CIP2017025604)

남양 섬에서 살다

조선인 마쓰모토의 회고록

조성윤 엮음

감사의 말

이 책을 출간하기까지 많은 사람들의 도움이 있었다.

먼저 티니언에 살고 계신 교민 여러분께 감사드린다. 특히 회고록의 존재를 알려주고 읽고 복사할 수 있게 해준 신원섭 사장님과 박건석 사장님, 그리고 신창수 사장님께 감사드린다. 특히 박건석 사장님은 전경운 씨가 살아 계실 때 함께 지내던 이야기를 자세하게 들려주었다.

그리고 우리 부부와 만나서 아버지 이야기를 들려주고 가족의 근황을 기꺼이 말해준 딸 위니와 큰아들 안도에게 감사한다. 그리고 KNN 부산방송 피디로부터 받은 1995년판 필사본을 볼 수 있게 해준 일제강점하 강제동원 진상조사위원회 정혜경 과장님께도 감사드린다.

필사본 원고를 컴퓨터에 입력하는 작업은 무척 어려운 일이었다. 한글맞춤법 개정 전의 한글과 한자, 일본어가 섞인 문장이었는데다가 해방 이후의 회고록에는 필기체로 쓴 영어가 얽혀 있었다. 또한 거듭된 복사 때문에 글자가 흐려져 읽어내기가 어려웠다. 그러한 상태의 회고록을 현대 한국어로 바꾸는 작업을 아내 김미정과 아들 조지훈이 몇 달에 걸쳐 함께 해주었다.

2013년 1월 티니언을 처음 방문했을 때는 물론 2016년 5월의 두 번째 방문, 그리고 현재의 이 책을 편집하는 과정에 이르기까지 나는 줄곧 한국 연구재단의 지원을 받았다. 재단 관계자 여러분에게 감사드린다.

일러두기

1. 회고록 본문에 있는 괄호 안의 한자는 자필회고록에 쓰여진 대로 일본식 한자를 표기하였습니다.

2. 원래의 글에서 사용한 한자, 일본어, 영어는 편집과정에서 우리말로 바꾸었지만, 글쓴이의 의도를 명확히 할 필요가 있을 때는 괄호 안에 넣었습니다.

차 례

남양군도 연구에서의 회고록의 가치

회고록 서문(1981년)
회고록 서문(1995년)

어린 시절 회고
만주로 가기 위해 중국어를 배우는 단기대학으로 가다
동경고등척식학교
만주의 꿈은 수포가 되고 귀향
고향을 등지고 일본으로
남양무역에 입사
사이판 지점으로 전근사령(轉勤辭令)을 받고
사이판섬에 상륙하여 상하(常夏)의 나라를 구경하다
파간섬으로 첫 부임사령(赴任辭令)을 받음
파간도(島) 상륙과 남양무역사무소
도민 인부들과의 충돌
파간섬에서 6개월 동안
자살한 오키나와 사람을 목격
일본인 하라(原)라는 자의 가면(假面)
사리간섬에서 3년을
사리간의 실태
양돈과 면화 재배의 실태
들쥐(野鼠) 퇴치(退治)
사사모토는 관리인일 뿐 나는 남양무역회사 사원 견습인

사사모토(笹本) 가족의 반목을 해소
인부들에게 오락을, 자녀들에게 간이초급 교육을
3년에 한 번인 귀성(歸省)이 연기되어 한 달 동안 사이판 지점에서 휴가,
돈 10 일여에 바닥
섬사람은 섬에서 먹고 살아갈 수가 있다.
아라마간섬으로 영전(榮轉)
신임(新任)된 후 새 출발을 구상
전쟁 시국 하에서 벗어난 이도(離島)는 평화의 나날이다
年中行事로 오락과 위안을
낚시와 쏠창 대회
즐거운 크리스마스와 설날을
종자 돼지 새끼 도살 사건
정사(情事) 혐의(嫌疑) 소동
손손 부락에서 일어난 감독 가족과 다른 가족의 항쟁
마리아나군도(群島)는 적군 점령이 되려는 날만 가까워
육군 조사대 아라마간섬 상륙
시라미 함대(艦隊) 유인(誘引)으로 대환영하는 밤
드디어 예상했던 징용령이 내렸다
파간 섬에서 14개월 동안 생애 처음의 전쟁 경험
파간섬 미 기동대(機動隊)의 공습 하에서 생사의 투쟁(斗爭)으로
매일(每日)이 비행장 폭탄 맞아 뚫린 구멍 메우기 작전
야간작업(夜間作業)
돼지 잡이 일대 사건
비행장 수리작업을 포기하고 해군 진지 구축으로
1944년 9월이 아닌가. 설부대 소량배급도 종말(終末)

파간섬 남단(南端)으로 이동작전
만사는 오케이. 야마다와 나, 카누 선장 오하라, 일체감
바리야르 격절지(隔絕地)에서의 희비극
육군 내부의 갈등과 카누 1대 변상의 말다툼
현재의 처와의 애정, 드디어 결혼
아라마간섬 인부들을 위해 운명을 같이 해
만사(萬事)는 실패로 나는 송송으로 출두, 군법 재판을
일개인으로 전락(轉落) 생활에서 가지가지
일본 육군과 해군의 차이점과 기질
해방(解放)이 온다, 복잡했던 심경
파간 일본군 백기 게양(揭揚), 선상에서 항복서명
LST 미선(米船)으로 도민(島民)들 사이판으로 인양(引揚)
사이판섬 상륙의 초보(初步)까지
백여 일 동안 민간 포로(捕虜)로서 사이판 한인캠프(Saipan Korean Camp)에서 지내던 기억.
캠프 자치 행정 조직
사법주임(司法主任)이란 감투를 쓰고
사법주임 행세(行勢) 중 기억이 나는 몇 가지
Camp 속의 인물들
우리 한민족은 해외에 살아도 단합(團合)이 힘들어
우리 캠프에서 보고 들은 소감(所感) 몇 가지
본국으로 인양(引揚)하는 교포들과 작별 후 이도(移島)
마쓰모토가 된 삽화
일제시대하 보고 들은 소견

회고록을 마치며

남양 섬에서 살다
남양군도 연구에서의 회고록의 가치

남양군도 연구에서의 회고록의 가치

　나는 지난 몇 년 동안 우리가 제국 일본의 식민지 지배를 받던 시절에 지금은 미크로네시아Micronesia라고 부르는 태평양 섬 지역으로 이주했던 조선인들을 조사해왔다. 그 시기 일본은 그 지역을 남양군도(南洋群島)라고 불렀다. 우리에게 남양군도라는 이름은 낯설지 않다. 왜냐하면 그곳에는 수많은 조선인들이 노동자로, 병사로, 위안부로 끌려갔고, 그 중에서도 많은 사람들이 돌아오지 못하고 죽어간 곳이기 때문이다. 그러나 태평양전쟁이 끝나고, 해방이 된 지도 70년이 지난 지금까지 우리는 남양군도에서 죽어간 이들을 잊고 있었다. 그것을 말해주듯이 국내에서는 남양군도에 대해 설명한 책을 찾아볼 수 없었다. 2000년 이후 논문과 보고서가 나오기 시작했는데, 그것도 주로 「일제 강점하 강제동원피해진상규명위원회」가 발족하고 나서, 위원회 연구원들이 조사해서 제출한 보고서들이다.
　나는 남양군도에 관한 자료를 모으기 위해 먼저 일본에 가서 일본 식민 지배 당국이 남긴 문헌들을 조사하고, 일본인 연구자들의 저술을 읽었다. 그리고 사이판, 티니언 등의 마리아나제도와 팔라우공화국을 찾아가 자료를 수집하였다. 그 결과를 일부 정리하여 2015년에 『남양군도: 일본제국의 태평양 섬 지배와 좌절』(동문통책방)이라는 책을 냈다. 제국 일본이 남양군도를 식민지로 삼아 통치하던 이야기와 태평양 전쟁을 겪으면서 수많은 사람들을 죽음으로 몰아넣고, 결국 일본 제국이 막을 내리는 과정을 기존 연구 성과를 토대로 정리했다. 애초 계획으로는 「남양군도 : 일본제국의 태평양 섬 지배와 좌절」 책에 '남양군도의 조선인들'이라는 장을 만들어 남양군도에 갔던 조선인에 관해서 쓰려고 했다. 하지만 조선인에 관해서는 손을 대지 못했다. 자료도 부족하고, 그나마 얻은 자료들도 아직 분석을 마치지 못했기 때문이었다. 그 후 지금까지 남양군도에 건너갔던 조선인들에 관한 자료를 찾고, 그 자료와 관련된 현장을 찾아가 확인하는 작업을 하고 있다. 이렇게 하나씩 사례를 찾아내 조사하고 분석하는 작업을 하는 것은 어쩌면 넓은 바닷가에서 조약돌을 하나씩 줍는 데 불과할지도 모른다. 하지만 기존 연구에 기대기 어려운 현상황에서는 일단 이러한 작업이 쌓이면 서서히 남양군도에서 살았던 조선인의 모습이 보이지 않을까 기대한다.

문헌조사와 구술사 연구

남양군도 연구를 시작하면서 나는 문헌조사에 집중하였다. 먼저 기존 연구 성과를 찾아 읽고 정리하면서 어떤 종류의 문헌을 찾아보아야 할지를 정했고, 이어서 일본 정부 공문서와 오래된 신문, 잡지 등 각종 공식 간행물들을 통해서 관련 자료를 확보하는 데 초점을 맞추었다. 그런데 남양군도에 관련된 자료들은 대부분 일본 정부 기관과 언론에서 생산한 것이므로, 조선인에 관한 기록은 찾아보기 어려웠다. 간혹 있어도 지배자였던 일본이 조선인에 관해서 기록한 것들도 역시 그들의 눈으로 보고 기록한 것이므로 한계가 있을 수밖에 없었다. 그래서 구술사 방법을 사용해야 한다고 생각했다. 그 당시 남양군도에 건너갔던 조선인 중에서 살아 있는 사람이 있다면 직접 만나서 그가 겪은 경험을 듣고 기록하고 싶었다.

구술사는 '아래로부터의 역사'를 세우는 중요한 인문사회 방법론 중의 하나이다. 구술사 방법을 적절히 활용하면 제국주의 시각으로 축적된 태평양 연구 자료와는 다른, 아래로부터의 자료 수립과 연구를 진행할 수 있다고 생각했다. 말하자면 태평양 지역 사람들의 '기억'과 '이야기' 중심으로, 그들의 삶을 재구성하는 방식으로 진행될 것이라고 예상하였다. 문제는 전쟁과 함께 일본의 미크로네시아 지배가 끝난 지도 70년이 지났다는 사실이었다. 그 당시 20세였다면 이미 90세가 넘었다. 그러므로 생존자를 찾는 일이 쉽지 않겠다는 생각을 했다. 너무 늦은 것은 아닐까 싶기도 했지만, 일단은 부딪쳐보고 조사해 보아야 할 일이라고 생각했다.

최근에 일본에서 발간되는 신문들을 읽다가 새삼 느낀 것은 일본인들은 전쟁이 끝난 지 70년이 지난 지금까지도 계속해서 전쟁의 참상을 말하고 있다는 점이었다. 중국은 물론 태평양 섬 곳곳에서 전쟁을 겪고 간신히 살아 돌아왔던, 직접 전쟁을 겪었던 사람들이 자신의 경험을 말하고, 기자들이 그것을 정리해 신문에 싣고 있다. 그 기사들 중에는 자신들 옆에 조선인 병사나 군부(軍夫)들이 있었다고 증언하는 사람들의 전쟁 체험담도 있었다. 그들이 전해주는 태평양전쟁의 참상과 조선인들의 이야기는 얼마 되지는 않았지만, 우리에게는 소중한 이야기이다. 한편 1960년대와 1970년대에 전우회(戰友會)들이 발간한 회상록들도 많이 쌓여 있었다. 이것들을 검토하면 곳곳에서 필요한 정보를 얻을 수 있다고 생각했다.

가장 먼저 해야 할 일이 현지에 직접 가서 보고 듣고 느끼는 것이다. 처음 연구를 시작하면서는 연구 계획을 세우고, 일본과 미국에서 나온 연구 성과를 찾아 읽는 작업만 반복할 뿐, 현지 방문은 엄두도 내지 못하고 있었다. 어느 곳부터 찾아가 누구를 만나야 할지 생각이 나지 않았다. 자료를 보고, 관련 지명을 지도를 통해서 확인해 봐도 과연 그곳이 어떤 곳인지 감이 오지 않았다. 그래서 일단 남양군도 지역을 찾아가 보기로 하였다.

2013년 1월에, 남양군도의 첫번째 연구지로 사이판과 티니언을 방문하였다. 2주간의 짧은 일정이었는데, 사이판에서 5일,

티니언에서 10일 정도 머물렀다. 모든 것이 낯설었다. 태평양의 섬을 생각하면 먼저 넓고 푸른 바다와 야자수 그늘 밑에서 쉬고 있는 자신을 상상하게 된다. 사이판은 우리나라에 신혼여행지로 널리 알려진 곳이라 한국에서 직접 가는 비행기도 있었고, 호텔도 있었지만 초행길이므로, 누구에게 도움을 받아야 할지 막막했다. 그렇게 시작한 조사기간 동안 도움을 얻을 수 있었던 것은 현지 교민회 임원들과 현지 여행사 직원, 그리고 가게를 운영하는 분들이었다.

그때 사이판에서 오래 살았고 이전에 사이판 한인회장을 역임했던 분을 만났다. 그는 사이판, 티니언에 사는 한인 교포들의 활동을 많이 들려주었다. 한인회는 태평양 전쟁이 끝나고 한국 기업들이 사이판섬에 들어가 건설업 등 여러 활동을 하던 1970년대에 만들어졌다. 그렇지만 한국에서 이주한 사람들끼리 모일 뿐, 남양군도 시절에 건너간 사람들과는 교류하지 않았다. 그러다가 1990년대로 접어들어 한국관광객이 크게 늘었다. 관광이 활성화되는 데다가, 봉제공장까지 늘어나자 한국 교민은 3천 명을 넘어섰다. 하지만 2000년대에는 봉제공장이 사라지고 중국 자본의 힘이 강해지자, 사이판의 한국인 수는 다시 줄어들고 있다. 그렇지만, 최근에는 미국으로 가는 징검다리로 생각해 사이판에 유입되는 한국인들이 많아졌다는 이야기도 들었다.

티니언의 마쓰모토

　이야기 끝에 나는 사이판에서 조사를 끝내면 티니언도 가 보려 한다고 했다. 그러자 그는 고개를 절레절레 흔들며 그 땅에 "일본 놈으로 행세하는 한국 놈"이 살았다고 했다. 그가 말하는 사람은, 이름이 마쓰모토이며 일제 관리로서 이곳에 왔다가 원주민 여자와 결혼하면서 조국에 돌아가지 않은 기회주의자라고 했다. 한인회장은 또한, 티니언에 가려면 경비행기를 타야 하는데 자신은 고공 공포증 때문에 티니언에 한 번도 가 보지 못했다고 덧붙였다. 사이판과 티니언을 오가는 경비행기는 15분가량 비행하는데 탑승 인원이 조종사 합쳐 6명뿐이라, 그런 장난감 비행기를 타고 가다 사고라도 나면 어떻게 할 거냐고 했다.
　옆에서 그의 이야기를 듣고 아내가 겁에 질려 버렸다. 정기선이 있기는 해도 우리 일정과 맞지 않았고 호텔까지 예약을 다 해 둔 나는 좀 당황했다. 평소에도 걱정을 미리 하는 아내는 우리가 타게 될 경비행기가 반드시 사고가 날 것처럼 상상하면서, 그렇게 작은 섬까지 조사를 가야 하느냐고 불평을 했다. 나는 마쓰모토라는 이름의 조선인도 궁금했고, 대규모 사탕수수 농장이 있던 티니언을 꼭 보고 싶었으므로 아내의 걱정을 무시하고 티니언으로 향했다. 막상 경비행기를 타고 보니, 별로 무섭지 않았다. 아내도 타고 난 다음에는 괜한 걱정을 했다며 웃었다.

티니언에서 나는 몇 명의 한국인들을 만날 수 있었다. 1990년 이후 정착한 사람들이었다. 그분들은 10년 이상 현지에서 지내고 있었기 때문에 지역 사정에 밝았다. 일단 그분들로부터 정보를 얻은 다음 한 분씩 찾아다니며 인터뷰를 하게 되었다. 남양군도 시절에 이주해 와서 1945년 전쟁이 끝난 다음에 돌아가지 않고 남은 한국인 남성은 모두 원주민 여성과 결혼한 경우였다. 그분들의 아들딸과 손자들, 즉 2세와 3세들은 티니언섬에서 살고 있었다. 하루는 티니언섬의 병원 원장으로 일하는 윌리암 싱(William Cing)을 만났다. 그는 할아버지의 고향인 한국에 두어 차례 다녀왔노라고 하며, 한국말을 못하는 것을 미안해했다. 또 한 사람은 마리아나 주의회 의원 보좌관을 하는 사람이었는데, 얼굴에서 한국인의 후예라는 것을 알 수 있는 사람이었다. 그러나 그와도 영어로만 이야기를 해야 했다. 1세들은 이미 모두 사망하였고, 2세들 중에서 부모로부터 이야기를 직접 듣고, 그동안 신문과 방송 기자들이 찾아왔을 때 중언하던 분들도 이제는 대부분 돌아가셨음을 알게 되었다. 결국 나는 주로 3세들과의 인터뷰로 만족해야 했다.

그런 가운데 부족함을 부분적으로 채워줄 자료를 만나게 되었다. 그 중에 하나는 KNN 부산방송이 제작한 '잊혀진 성(姓)

King'(2005년 8월 19일)이라는 제목의 광복60주년 특별기획 프로그램이었다. 이 특집 방송 내용 중에 돌아가신 2세들의 인터뷰가 많이 담겨 있었다. 때문에 나는 이 회고록과 방송 프로그램을 구술 자료 못지않게 중요한 자료로 판단하고, 연구에 활용하기로 하였다.

다른 하나는 1세대로 남양군도 여러 섬에서 생활한 전경운(全慶運)의 회고록 필사본이었다. 티니언에서 여행업을 하는 신원섭 사장이 자신이 갖고 있던 복사본을 빌려주어 읽을 수 있었다. 그리고 티니언 한인회장을 역임한 박건석씨가 전경운씨와 생전에 만났던 이야기를 들려주었다. 그리고 그들의 소개로 전경운의 딸 위니가 사는 집을 찾아가 딸과 사위를 만날 수 있었다. 나와 아내는 호텔에서 하루종일 이 회고록을 읽었다. 한국인 매국노라 불리던 한 남자의 인생을 재발견하는 시간이었다. 이런 인생이었구나, 감동과 연민과 안타까움이 뒤섞였다. 그의 이야기를 모두에게 들려주고 싶었다.

회고록 필사본

전경운의 회고록 1부와 2부 표지(1981년판)

내가 받은 전경운의 회고록은 미간행 필사본이지만, 사진과 같이 표지에 『南洋살이 四十年을 回顧(全慶運氏 自敍傳)』라고 제목을 붙여 놓았다. 내용은 크게 「第一話 南洋사리 四十年-日帝時代記」와 「第二話 原住民 歸化時代」로 구분된다. 1부에서는 1939년 남양무역(南洋貿易)에 입사할 때부터 1945년 전쟁이 끝난 때까지, 2부에서는 해방 직후 수용소 캠프 시절부터 1981년까지의 사이판, 괌, 티니언에서의 생활을 기록하였다. 1부가 103쪽, 2부가 183쪽(실제 쪽수는 약간 차이가 난다)으로 부록까지 합치면 A4 용지에 볼펜으로 기록한 분량이 거의 300쪽에 달한다.

남양군도 시절에 관한 기록은 제1부에 집중되어 있다. 제2부는 전쟁 직후 수용소 캠프 생활 기록과, 이후 괌과 사이판에서의 생활, 그리고 티니언에 정착하게 된 과정을 기록하였다. 그리고 1950년대부터 1981년까지의 약 30여 년 동안 티니언에서 농사를 지으면서 지냈던 기록이 가장 큰 부분을 차지한다.

  그의 회고록은 기본적으로 한글을 사용했지만, 일본식 표현도 많고, 어떤 부분에서는 아예 일본어로 적어놓기도 했다. 또 티니언에서의 생활과 농사 이야기에는 영어가 많이 섞여 있었다. 한글을 사용했다 하더라도 1930년대 식민지 시기 조선에서 사용하던 한글은 지금과는 크게 다른 점이 많았다. 그는 1939년 이후 집을 떠나 일본과 미크로네시아에서 줄곧 일본인들, 미국인들, 미크로네시아 현지 주민들과 오래 살아왔고, 한국어를 사용한 적이 별로 없었기 때문에 한글 어휘를 많이 잊었을 것이다. 그 점을 본인도 충분히 알고 있었다. 그래서 "나는 일본말이 보다 쓰기 쉬웠는데 그럴 수도 없어 한글로 써 보았습니다. 다 아는 바, 사십년이 지난 오늘 나에게는 무리였습니다. 이 글은 일본말, 한자가 많이 들어있고 더구나 일제시대라 섬 이름, 일본인과 상대하는 만큼 일본말도 써 있습니다. 읽기에 매우 힘들 것입니다."라고 책머리에 밝혀 두었다. 특이한 점도 있었다. 그것은 글을 쓰는 도중에 묘사가 필요하다고 생각되면 약도와 그림을 그려 내용을 보충하였는데, 무척 흥미롭다. 내가 받은 필사본은 복사에 다시 복사를 거듭한 것이었다. 그래서 흐려서 글자가 잘 보이지 않는 부분도 있고, 편집하는 과정에서 쪽수가 뒤섞이기도 했다.

조사를 마치고 한국으로 돌아와 보니 전경운의 회고록은 이미 상당히 알려져 있었다. 먼저 국내 신문 기사들을 찾아보다가 전경운의 기사를 접하게 되었다.

사이판과 그 바로 앞쪽 티니언 섬에 가면 원주민치고는 우리 귀에 친숙한 성씨를 가진 사람들을 쉽게 만날 수 있다. 킹(KING), 싱(SING), 송성(SONG SENG) 등이다. 일제시대 강제 혹은 반강제로 끌려간 우리 동포들이 시대의 운명처럼 남긴 「코리안의 후예」들이다.… 전경운씨(80).

한창 젊은 24세에 사이판으로 건너 팔라우, 파간, 트루크 등 인근 섬을 전전하며 56년을 살아온 노인이다. 때문에 그는 한인 희생사의 마지막 남은 산 증인으로 통한다. 젊을 때 마신 술로 건강이 매우 나쁜 그가 지난 7월 「이대로 눈을 감기엔 너무나 억울해」라는 회고록을 썼다. 뒤늦게 배운 우리말이어서 문체도 조악한데다 어떻게 보면 평범한 개인사에 불과해 책으로 출간할 엄두도 못 내고 그냥 종이뭉치로 남아있지만 그로 대표되는 당시 한국인의 삶이 숨겨져 있는 귀중한 자료다. … 〈이종택 기자〉
(『경향신문』 1995년 10월 10일 11면.)

경향신문에 실린 전경운 사진과 그의 회고록 표지(1995년 판)

이 기사는 1995년에 쓴 것인데, 1995년이면 전경운이 80세가 되었을 때이다. 경향신문의 이종택 기자가 티니언을 방문하여 그를 만나 이야기를 듣고, 회고록을 받았다고 생각된다. 하지만 "팔라우, 파간, 트루크 등 인근 섬을 전전하며"라는 기사는 사실과 전혀 다르다. 전경운은 팔라우나 트루크는 가 본 적이 없다. 기자가 직접 전경운을 만난 것인지 의심스럽다. 하지만 전경운의 사진과 함께 그가 쓴 회고록 표지가 실렸다. 그런데 이 표지는 내가 티니언에서 받은 회고록의 표지와 달랐다. 경향신문에 소개된 회고록 표지에는 제목도 『북(北)마리아나 군도(群島)에서의 50년 여(餘)의 발자취를 회고(回顧)』로 되어 있고, 저자 이름도 한국인(韓國人) 전경운(全慶運)으로 적었다. 날짜는 '1995년 7월 2일 기(記)'라고 되어 있다. 1981년의 회고록과 1995년의 회고록은 다른 내용일 가능성도 있었다.

  강제동원진상조사위원회의 정혜경과 김명환의 연구를 보니, 전경운의 회고록을 인용하고, 내용을 간략히 설명하고 있었다. 두 연구자가 인용한 전경운의 필사본은 제목이 『韓族 2세 3세가 天仁安島에 살고 있는 혼혈아들』이라고 되어 있다. 그리고 김명환은 이 책의 작성 일자를 1995년 7월 2일로 적어 놓았다. 정혜경 선생에게 문의하니 KNN 부산방송이 2005년 8월 19일 방송한 특별 프로그램 '잊혀진 성(姓) King'을 제작하기 위해 방송국 팀이 티니언섬을 방문했을 때 피디가 가져온 책자라고 하면서 복사본을 보여주었다.

  정혜경 선생의 복사본을 다시 복사해서 돌아와, 내가 티니언에서 받아온 책자와 비교해 보았다. 그러다가 흥미로운 사실을 발견하게 되었다. 나중에 발간된 책자인 『韓族 2세 3세가 天仁安島에 살고 있는 혼혈아들』의 서문에 다음과 같은 이야기가 실려 있었다.

> 4~5년 전에 서울에서 오신 손님 두 분이 찾아오셨습니다. 제가 남양의 북 마리아나에 귀화하여 50여 년을 살아온 증인이란 소식을 듣고 찾아오신 모양 같습니다. 제가 1984년에 쓴 회고록을 읽겠다면서 원고가 있으면 빌려 달라는 부탁을 하였지만, 제 손에는 원고가 없고 하여 다시 쓸 것을 약속한 것인데, 제가 지금 80 고개를 넘기려는 현황이고 보니, 이 섬에서 55년이라는 세월이 흘러갔습니다.… 그럼 이제부터 저의 이야기를 써 보려 합니다.
> 여러분의 성원을 빕니다. 1995년 7월 1일

여기서 '1984년에 쓴 회고록'이라는 것은 1981년에 쓴 회고록을 가리키는 것으로 생각된다. 1981년 회고록 서문에는 "내 자서전 읽어 보시오. 요새는 시간이 너무 많아 소일하는 것이 큰 고역, 심심풀이로 써 보았소. 이 글 윤독은 내 가족, 동기생들에 한 합니다. 내가 잘 아는 사람에게 라는 말입니다. 여러분 종종 편지 해 주십시오."라고 되어 있다. 그런데 어찌된 일인지 당시 쓴 회고록을 10여 년이 지난 1995년 즈음에는 정작 본인은 갖고 있지 못했던 것 같다.

1981년 판과 1995년 판에 담겨 있는 내용을 단순하게 비교해 보자. 먼저 분량을 보더라도 1981년 판이 거의 300쪽에 달하는 데 비해서, 1995년 판은 1981년 판의 절반 정도인 150쪽 정도로 적다. 그리고 내용 목차는 대체로 비슷한데, 1995년 판에서는 1981년 판 1부에서 기록했던 파간섬, 아리마간섬 등에서의 생활을 기록한 분량이 크게 줄어들었고, 1981년 판 2부에서 자세하게 적었던 티니언에서의 농사짓던 이야기가 거의 다 생략되었다. 회고록의 내용은 1981년 판이 훨씬 더 자세하고 정확한 내용을 담고 있었다. 반면 1995년 판에는 내용이 추가된 부분도 있었다. 1981년 판에서는 생략되어 있던, 그가 평안북도 정주에서 태어나 자라고, 오산학교에서 교육받을 때의 일과 동경고등척식학교(東京高等拓植學校)를 2년 동안 다니던 이야기다. 이 이야기는 제국 일본이 식민지 지배를 위한 인력을 양성하는 기관의 설립, 운영에 관한 것으로, 다른 어떤 사료에서도 본 적이 없었던 매우 귀중한 기록이다. 오산학교 이야기는 그가 36년 만인 1975년 처음 서울을 방문했을 때 오산학교 동창생들이 반갑게 맞이해 주고, 오산학교 역사에 관한 책을 받아서 돌아와 여러 차례 읽고 있었기 때문에, 그것을 위주로 보충한 것으로 보인다.

남양무역에 입사해서부터 전쟁이 끝날 때까지 마리아나제도의 여러 섬을 전전하면서 활동하던 이야기를 기록한 것은 거의 같은 내용이다. 그렇지만 1981년 판이 훨씬 상세하고, 생생한 묘사가 많고, 1995년에 다시 적은 회고록은 자세한 내용은 생략된 채 대략 줄거리만 간단히 적고 넘어간 부분들이 많았다.

이처럼 한 사람이 자신이 살아온 삶의 이야기를 글로 적는 작업을 두 번 씩이나 한 것은 매우 희귀한 사례일 것이다. 그래서 그랬을까, 그는 남양군도 파간섬에서의 이야기를 마지막으로 1995년도 회고록을 마무리하고 있다. 따라서 1995년 판에는 1945년 수용소 시설부터 시작해서 1950년대 이후 티니언에서의 생활은 쓰지 않았다.

전경운의 남양군도 생활

전경운은 1915년 평안북도 정주(定州)에서 태어났다. 당시 한반도는 이미 조선왕조가 멸망하고, 일본제국의 식민지가 된 이후였다. 조선총독부가 들어서서 정부의 역할을 하고 있었는데, 식민지 조선의 주민은 이미 일본인의 일부가 되어 있었다. 그가 나고 자란 곳은 전형적인 농촌이지만, 비교적 부농집안이었으므로 학교 교육을 받을 수 있는 여건이 갖추어져 있었다. 어렸을 때는 한문교육을 받았다. 그리고 오산학교가 걸어서 다닐 정도로 가까운 곳에 있었다. 그래서 그는 오산소학교 4학년으로 편입한 이후에는 소학교, 중고등학교 정규 과정을 이수하여 오산학교 졸업생이 되었다. 그가 당시 민족교육을 시키기로 유명한 오산학교를 다녔다는 것을 주목할 필요가 있다. 오산학교는 남강 이승훈이 애국 계몽 운동의 일환으로 평안북도 정주에 세운 사립학교이다. 이 학교는 이광수, 조만식, 유영모 등 이름난 민족 지도자들이 선생으로 있었던 학교였으며, 함석헌, 이중섭 등 유명한 졸업생을 배출하기도 했다.

전경운은 적어도 오산학교를 졸업할 때까지는 일본어 교육은 물론, 천황의 적자(嫡子)를 기르는 일본식 학교 교육도 거의 받지 않았다. 오히려 조선어, 조선역사를 배웠다고 말하고 있다. 하지만 그가 오산학교를 다녔다고 해서 민족의식이 강하다고 볼 수는 없다. 그리고 그가 제국 일본의 식민지 지배 시스템에 저항하려 했거나 독립운동에 관심을 갖고 있었다고 보기도 어렵다. 그가 동경에 유학을 가겠다고 마음을 먹으면서 고른 학교가 동경고등척식학교(東京高等拓殖學校)였다. 이 학교는 제국 일본의 해외확장정책에 따라서 해외 식민지 개척을 위한 전문가를 길러내는 것을 목표로 했다. 이 학교는 지금은 가와사키시(川崎市), 당시 가나가와현(神奈川県) 다치바나군(橘樹郡) 이쿠타촌(生田村)에 있었다. 그는 동경 교외에 있는 이 학교를 다니던 2년 동안 일본어 학습은 물론이고, 일본사회의 특성, 일본 문화에 흠뻑 젖어들었다. 그는 조선인이지만, 이 학교를 졸업함으로써 식민지 지배 체제를 위해 일하는 첨병으로서의 기본 소양을 쌓았던 것이다.

그는 집에서 가까운 만주 지역으로 나가서 취직을 하겠다고 했고, 이를 위해서 유학을 간다고 가장이었던 할아버지를 설득했다. 식민지 조선의 주요 산업은 여전히 농업이었으며, 일본의 오사카에 노동자로 일하러 가거나, 만주 지역에서 농사를 지으러 갈 수는 있었지만, 학교를 졸업한 지식인이 일할 직장은 많지 않았다. 당시 척식학교를 졸업했다 하더라도 취직 길은 자신이 직접 알아보고 다녀야 하는 것이었다. 취직은 그리 쉽게 이루어지지 않았고, 연줄이 필요했다.

그러다가 먼저 취직해 있는 일본인 동창생의 추천으로 남양무역에 취직을 하게 되었다. 이것이 그의 인생길을 결정지었다. 남양무역은 남양군도와 동남아시아 일대에 지점을 두고 무역활동을 하는 회사였다. 당시 남양군도에서 가장 큰 회사는 남양흥발주식회사(南洋興發株式會社)였지만, 역사가 오래된 회사는 남양무역주식회사(南洋貿易株式會社)였다. 남양무역은 미크로네시아 지역은 물론 동남아시아에 이르기까지 수많은 섬에 사무소를 차려 놓고 무역을 하는, 제국 일본의 남양군도 지배의 맨 앞에서 활동하는 회사였다. 전경운은 취직 자리가 생긴 것에 감사할 따름이지, 그가 가야할 곳이 남양군도라는 것에 전혀 이의를 제기하지 않았다.

남양무역에서 그가 배치된 부서는 척식과(拓植科)였다. 야자원(椰子園) 관리, 즉 야자나무를 심고, 야자열매를 따고, 거기서 코프라를 채취하는 것이 가장 큰 일이었다. 야자원은 남양군도 전역에 있었지만, 이를 관리하는 사무소는 포나페(현재명 : 폰페이)섬과 사이판섬 두 군데에 있었다. 포나페 사무소는 마셜제도와 포나페섬, 쿠사이(현재명 : 코스라에)섬의 야자원을, 사이판 사무소는 마리아나제도 북쪽에 있는 5개 섬의 야자원을 담당하고 있었다. 마리아나제도에서는 사이판섬이 중심이고, 그 남쪽에 티니언섬과 로타섬은 사탕수수 재배와 설탕을 생산하는 남양흥발의 주요 활동 지역이었다. 반면 사이판섬 북쪽의 5섬인 아구리간, 파간, 아라마간, 사리간, 아나타한섬은 거의 개발이 이루어지지 않았는데, 남양무역은 이 섬의 밀림을 헤치고 야자원을 조성한 것이다.

각 섬마다 사무소가 있고, 사무소 책임자 밑에 현장 감독이 있었다. 감독은 대부분 일본인이었지만, 하치조지마(八丈島)와 오키나와에서 온 노동자들이었다. 감독 밑에는 인부(人夫)들이 있었는데, 현지 주민인 차모로 사람들과 그밖의 다른 섬, 주로 캐롤라인제도 출신들이 채용되어 있었다. 현지 주민을 당시 일본인들은 도민(島民)이라고 불렀다. 마리아나제도에서 만나는 도민은 마리아나제도에 원래부터 살던 차모로족이 대부분이지만, 캐롤라인제도에서 온 사람들도 있었다. 그 당시 일본인들은 그들을 카나카족이라고 불렀다. 일본의 통치가 끝난 요즘 카나카족이라는 말은 사용하지 않는다. 차모로족은 원주민과 스페인 사람들과의 혼혈이 대부분이고, 서구문명의 영향을 많이 받은 반면, 카나카족이라고 부르는 캐롤라인제도 출신은 서양 사람들과의 혼혈은 거의 없었다. 그들은 남자는 천 하나를 허리에 둘러서 음부만 감추고, 여성은 요권(腰卷)이라고 부르는 풀로 짠 것을 허리에 두른다.

전경운은 1939년 8월에 사이판 사무소로 배치되었다. 그곳에서 대기하다가 12월이 되어서야 파간섬으로 보내졌다. 회사 내에서의 그의 지위는 견습 사원이었다. 그리고 사이판 지역의 사원과 현장 감독을 모두 포함해서도 조선인은 혼자였으므로 잔뜩 긴장하고 있었다. 앞서 말한 대로 회사 내에서 사무소 직원과 현장 감독들은 모두 일본인이었고, 인부는 모두 현지 주민들이었다. 그러므로 단 한 명 밖에 없는 조선인은 어떤 위치에 서 있어야 하는지를 놓고도 그는 크게 고민하였다. 아직 업무도 제대로 파악하지 못한 상태였던 그는 파간섬에 도착해서부터 비로소 야자원의 업무를 시작하였다.

파간섬에 도착한 그는 처음에는 야자원 관리 사무소 직원으로 배치되어 업무를 파악했다. 코프라 채집(採集), 야자원 벌초(伐草), 코프라를 말리고 저장하는 일, 배가 오면 코프라 포대를 날라 배에 싣는 일 등 처음 부딪친 업무였지만, 그는 적극적으로 업무를 파악하려 하였다. 업무를 익히고 나자, 그는 도민(島民)들과도 가까이 접촉하면서, 언어도 익혀 나갔다.

6개월 뒤에는 사리간섬으로 근무지가 바뀌었고, 그곳에서 2년을 지낸다. 이 섬에서 그는 본격적으로 야자원 실태를 조사하고 효과적인 경영 방안을 모색해서 보고서를 작성하는 작업을 하기 시작했다. 그는 야자원에 있는 야자나무 관리 상황을 두 달에 한 번씩 조사해서 기록하고, 그것을 모아 통계표를 만들었다. 그 결과 예상 수확량의 절반 밖에 생산되지 않고 있었으며, 손실의 가장 큰 이유는 창고를 공격하는 쥐 때문임을 밝혔다. 나아가 그는 쥐를 퇴치하는 방안까지 마련하였다. 그가 보고서를 제출하자, 사이판 본부에서는 그의 의견을 받아들이고, 정사원으로 승진시켜 주었다. 게다가 그가 낸 보고서가 남양청 산업진흥협회 월간지에 게재되었다. 능력을 인정받은 것이다.

그는 1942년 8월에 만 3년이 되어, 휴가를 받았으나, 고향에 가지 못하고 사이판에서 지낸다. 그런 다음 9월부터는 아라마간섬에서 1년 반을 지냈는데, 이때는 이미 현장 관리 책임자로서의 자신의 위상을 확립하고 노동자들을 장악했다.

1944년 6월 아라마간섬 인부들을 파간섬으로 파견해야 하는 일이 닥치자, 자원해서 인부들을 인솔해 파간섬으로 가서 전쟁이 끝날 때까지 그 섬에서 지내게 된다. 6월이면 미군이 사이판과 티니언섬을 공격하기 시작한 시기인데, 바로 근처에 있던 파간섬 역시 미군의 공격 대상 중에 하나였다. 왜냐하면 파간섬에는 마리아나제도에서 주요 군사기지였던 사이판섬과 티니언섬에 이어 커다란 비행장이 있었기 때문이다. 이 비행장은 전경운이 처음 파간섬에 파견되기 1년 전인 1938년에 이미 공사가 시작되어 여러 해에 걸쳐 만든 해군비행장이었다. 그렇기 때문에 일본군도 파간섬을 요새로 간주하였고, 주위의 섬으로부터 인부들을 강제로 징용하였다. 동시에 미군도 1944년 이후에는 비행장을 사용하지 못하도록 계속해서 공격을 퍼부었다. 때문에 전경운이 데리고 온 인부 그룹은 매일같이 비행기 공격으로 파인 구덩이를 메우는 일을 할 수밖에 없었다. 그렇게 1945년 8월이 다가왔다. 전쟁이 끝났다.

전경운인가 마쓰모토인가

그는 일본의 식민지 조선에서 태어나 오산학교를 졸업한 조선인이었다.(이 때 조선은 조선왕조를 가리키는 조선이 아니라 일본 제국의 식민지인 조선이다.)

그는 동경에 유학해서 동경고등척식학교를 졸업했고, 남양무역주식회사에 들어갔다. 사이판을 중심으로 한 마리아나제도의 야자원을 관리하는 업무를 맡은 그는 일본 회사의 직원이자 현장 책임자라는 직책에 충실하려고 애썼다. 그는 일본인 회사 직원들로부터는 신임 받는 현장 직원이었고, 현장에서 상대해야 하는 현지 인부들에게는 지도자의 위치에 있었다. 그는 자신의 자리에 만족했고, 기쁨을 누렸다. 하지만 그는 조선인이었다. 그 점이 걸렸다. 노동자의 대부분이 도민들이었고, 그를 둘러싸고 있는 회사 직원들은 모두 일본인들이었다. 그럴 때 조선인은 어떻게 처신해야 하는지는 정해진 규칙이 없었다. 하지만 그는 자신이 조선인임을 일부러 내세워 좋을 일이 없음을 잘 알고 있었다. 그래서 그는 조선인이라는 태생적 한계를 극복하기 위한 방편으로, 이름도 마쓰모토라는 통명(通名)을 쓰기 시작했다. 그것은 아라마간섬에 근무하던 시절의 일이었다. 그가 1942년 9월부터 아라마간섬에서 근무했으므로, 1943년경부터라고 생각된다. 그가 마쓰모토라는 통명을 쓴 것은 조선총독부가 1940년 2월부터 시행한 창씨개명과는 직접적인 관련이 없어 보인다. 그는 1939년 8월에 조선을 떠나 남양군도에 온 이래 조선으로 돌아간 적이 없었기 때문이다. 하지만 동시에 조선인이라는 자의식으로부터 조금씩 멀어져 가기 시작한 것은 사실이다. 회사 내에서 단 한 명의 조선인 직원이었고, 적극적으로 회사의 인정을 받고 적응하려고 노력하는 단계였으므로, 그가 일본인으로 지내는 것이 자연스러운 일이었는지도 모른다.

그런 그가 파간섬에서 부딪친 또 하나의 현실은 결혼 문제였다. 이후 그의 아내가 된 마리아는 조선인 아버지와 현지 주민인 어머니 사이에서 태어났다. 그녀의 외할아버지가 독일계통 사람이고, 외할머니가 차모로 원주민이었다. 파간섬에 와서부터 가까워진 이들은 전쟁의 혼란 속에서 가까워졌고 서로를 의지하게 되었다. 그러나 그는 이미 고향에서 조혼(早婚)하여 자식도 있는 상태였다. 물론 그는 일찍 결혼한 아내와의 사이가 좋은 것도 아니었고, 아무 연락도 없이 지낸 것도 사실이었다. 하지만 엄격한 도덕 규율이 몸에 익은 조선인 젊은이가 멀리 떨어진 남양군도에서 그와 결혼하고 싶어하는 젊은 처녀를 두고 고민하지 않을 수 없었다. 고민 끝에 그는 결혼을 결심했다. 가장 큰 이유는 그 때가 전쟁 중이었고, 언제 죽을지 모르는 목숨이라는 점이었다. 전쟁이 끝나고 다시 고향으로 살아 돌아갈 수 있을지 없을지 알 수 없는 상황이었다. 파간섬에서 만난 일본인과 차모로인들 모두가 축복하는 결혼이었다. 그렇게 마리아와 결혼해서 행복한 삶을 꾸리면서 전쟁이 끝날 때까지 파간섬에서 지냈다. 미군은 사이판, 괌, 티니언섬을 점령하기 위해 격렬한 전투를 치렀다. 그러나 파간섬에는 비행장이 있었기 때문에 간간히 비행장을 파괴하기 위해 공격하기도 했지만, 상륙하지는 않았다.

전쟁이 끝나자, 일본은 제국으로서의 위상을 잃었다. 그는 가족과 함께, 또 부하 인부들과 함께 수용소에 들어갔다. 그런데 당시 사이판 수수페에 설치된 수용소는 일본인 캠프, 조선인 캠프, 차모로 캠프로 나뉘어져 있었다. 미군은 전경운을 조선인 캠프로, 아내 마리아를 차모로 캠프로 보내려 했다. 하지만 아내가 그와 함께 있기를 원해서 그는 아내 마리아와 함께 조선인 캠프로 갔다. 전경운으로서는 잊고 지냈던 조선이라는 범주가 다시 살아나 자신에게 다가온 것이다.

캠프에 들어와 있던 조선인들을 구체적으로 묘사하지 않아서 구성원들의 특징을 자세히 알기는 어렵다. 하지만 캠프에는 전경운과 비슷한 사람은 거의 없었다. 일본 보험회사 판매원이어서 일본어가 능통한 사람도 있었지만, 대개는 남양흥발 농장의 노동자, 또는 해군에 의해 동원된 노무자였다. 그는 1천 명이 넘는 조선인 캠프에서 몇 안 되는 학력의 소유자였으므로, 자연스럽게 캠프에서 경찰 책임자로 임명되었다.

1946년 가을, 수용소 생활을 접고 대부분의 일본인과 조선인들이 고향으로 돌아갔다. 전경운이 만약에 한반도로 돌아오겠다는 생각이 강했으면, 아내와 장인을 설득해서 배에 올랐을지도 모른다. 하지만 그는 떠나는 배에 타지 않았다. 아내 마리아와 장인, 그리고 자신처럼 차모로 여자와 결혼한 가족들이 섬에 남았다. 그들은 미크로네시아에서 새로운 생활을 시작하였다.

그는 해방된 조선으로 돌아가 새로운 국가에서 살아갈 수도 있었지만, 이미 마리아나 사회에 정착하기로 마음먹은 상태였다. 우선 그는 차모로 사회의 일원이 되는 상징적인 의례로 가톨릭 성당에서 세례를 받는다. 세례를 받는 과정에서 오해가 겹치면서 헤수스 마쓰모토가 자신의 이름으로 정착하는데, 그는 이를 거부할 생각이 없었다. 전쟁 이전 남양무역 시절에 이미 마쓰모토는 자신을 말해주는 이름이었으므로, 조선으로 돌아가는 것을 포기한 그로서는 그 이름을 그대로 쓰는 것도 나쁘지 않았다.

그는 사이판에서부터 괌을 거쳐 티니언에 정착하기까지 5~6년 동안 돈을 벌기 위해서 여러 가지 일을 한다. 잡역부로 일을 하다가, 미군 병사들을 상대로 그림을 그려주는 일을 했고, 미군이 철수한 다음에는 장(醬) 회사를 만들었다가 크게 실패를 맛본다. 그 뒤에는 투계(鬪鷄)장을 열어 운영하기도 했다. 1949년에 티니언으로 이주하지만, 다시 큰 사업에 욕심을 내고 괌으로 가서 여러 해 고생을 하지만 실패한다. 결국 그는 1951년에 다시 티니언으로 돌아와 정착했는데, 이때부터 그는 농사로 성공을 해 보겠다고 다짐하고 거의 20년 이상을 정열을 쏟는다.

그의 회고록은 크게 세부분으로 나뉘는데, 첫 번째는 1939년부터 1945년까지의 남양군도 시절 이야기이다. 두 번째는 1945년 수용소 시절부터 1951년 티니언에 정착하기까지의 과정을 적었다. 마지막 세 번째가 티니언에서 농업에 종사하던 이야기였다. 세 시기가 모두 특징이 있고, 각각 자신의 열정을 쏟아 부었던 이야기들이 넘친다. 그러나 그 중에서도 세 번째의 농업 이야기가 가장 많은 분량을 차지한다.

전경운이 회고록을 적어가는 태도를 보면, 자신이 맡아서 했던 일에 대한 자부심이 강했다. 그는 자신이 한 일들을 자세하게 기억하고 있었고, 그 일들에서 부딪친 문제, 또는 자신이 나서서 해결한 일들을 아주 상세하게 적어갔다. 특히 심각한 위기에 처했다가 문제를 해결했던 일들은 마치 소설을 쓰듯이 실감나고 생생하게 묘사했다. 그는 어떤 국면에 처하든지 부딪치는 일을 적극 해결해 나갔다. 매우 열정적인 자세를 보이지만, 때로는 일에 지나치게 몰두하다가 가족을 돌보는 일은 물론 자신의 건강마저 해치는 일도 자주 있었다. 특히 농업과 관련한 부분을 보면 그가 어떤 시도를 했고, 어떤 부분에서 실패하고, 또 실패를 딛고 다시 도전했는지를 잘 읽을 수 있다.

그는 1975년, 한국 서울을 방문하게 된다. 1974년 대구 한국사회사업대학 이사장 이영식 목사가 티니언을 방문했는데, 그와의 만남이 이루어지고 나서 신문에 그의 소식이 보도되었다. 이것이 계기가 되어 서울에 내려와 살고 있던 가족, 그리고 오산학교 동창들과도 연락이 되었던 것이다. 그는 1975년 서울을 방문한 다음에 비로소 한국인으로서의 정체성에 다시 눈을 뜨기 시작하였다고 생각된다.

1945년 전쟁이 끝났을 때, 그는 이미 반 일본인이 되어 있었다. 그런데 그가 가장 크게 기대던 국가 정체성이 사라졌다. 제국 일본이 무너진 것이다. 일본이 일구었던 제국이 미국과의 전쟁을 통해 무너지면서 다시 과거 일본의 영역으로 후퇴하였다. 그리고 그는 이미 차모로 여인과 결혼한 상태였다. 포탄이 떨어지는 전장에서 내일을 기약하기 힘든 상태에서 선택한 결혼이었으므로 그는 그런 현실을 받아들이고 차모로 사회의 구성원이 되었다. 그리고 정착한 티니언에서는 주어진 현실 속에서 최선이라고 생각한 농업에서 승부를 보려고 노력했다. 그 시기 그는 한반도에 들어선 국가들과는 무관하였다. 그는 평안북도 정주 출신이었으며, 돌아간다면 북조선으로 돌아가는 것이 당연했다. 하지만 1970년대 이후 사이판, 티니언에 들어오는 사람들은 대한민국 출신들이었다. 그로서는 어떤 형태의 접촉도 갖지 못한 채 지냈던 것이다.

한편 그는 모두 9명의 자식을 두었는데, 모계사회의 규칙을 토대로 구성된 차모로 사회에서 아이들은 차모로 구성원으로 자랐고, 신탁 통치가 끝난 다음에 미국령이 된 마리아나제도의 시민으로 살아갔다. 그들 중에 절반은 미국으로 건너가 교육을 받고, 그곳에서 결혼해 살고 있다.

구술 자료로서의 회고록 편집

나는 그가 쓴 회고록 중에서 남양군도 연구와 관련된 부분, 곧 그가 남양무역 주식회사에 입사한 때부터 시작해서 사이판을 비롯한 마리아나제도의 여러 섬에서 지낸 이야기와 태평양전쟁이 끝날 때까지의 내용을 묶어 책을 내기로 했다. 미국이 신탁통치를 하던 시기인 티니언에서의 농사 이야기는 다음에 다른 책으로 묶어 낼 생각이다.

그가 1981년에 회고록을 쓰고, 1995년에 다시 한 번 쓰면서 겹치는 부분이 많이 있다. 내용을 대조해 본 결과를 바탕으로 1981년판 내용을 주로 하고, 부족한 부분을 1995년판에서 일부 가져다가 앞부분에 보충하는 것으로 정리하기로 하였다. 1981년판의 경우에도 파간섬에 관련된 부분은 같은 내용이 반복되기도 하고, 번호가 엉키면서 이해되지 않는 부분이 있었다. 그런 부분은 일단 생략하고 앞뒤를 연결시켰다.

회고록이 사료로서의 가치를 가지려면 본인이 틀리게 표현하거나 기록한 것들도 모두 그대로 두어야 한다는 의견도 있을 수 있다. 하지만 나는 그렇게 생각하지 않는다. 중요한 것은 그가 글을 쓰면서 전달하고 싶었던 생각과 느낌이다. 그래서 그것을 정확히 되살리는 데 초점을 맞추었다. 필사본을 옮겨 적을 때는 최대한 본인의 표현을 그대로 살리는 것을 원칙으로 하였다. 하지만 오늘날의 한글 맞춤법과 띄어쓰기에 맞게 다시 정리하였다. 이로써 전경운 마쓰모토는 한국인 독자들과 만날 수 있게 되었다.

2017년 8월

조성윤

남양 섬에서 살다

회고록 서문

회고록 서문(1981년)

저는 일본말로 쓰는 게 쉽지만 그럴 수도 없어 한글로 써 보았습니다. 이 글은 일본말, 한자가 많이 들어있고 더구나 섬 이름이나, 일본인을 상대했던 만큼 일본말로도 쓰여 있습니다. 그리고 설명을 위해서는 약도와 그림을 그렸습니다. 읽기에 매우 힘들 것입니다.

원래 저는 문필가는 아닙니다. 또 고향을 떠난 이후 우리말을 쓸 수도 없었고 듣기도 어려웠습니다. 그러므로 거의 잊어 버렸습니다. 또 시대의 흐름에 따라 어휘도 매우 변한데다 한국 표준말도 아니고 평안도 정주 방언이 섞여 있습니다. 그뿐인가 처음으로 시도하는 회고록이니만큼 문법에서도 많이 틀리고, 오자 탈자도 많아서 읽기에도 힘들 것입니다. 이러한 점을 양해하고 천천히 읽어가며 전후가 맞지 않는 점을 미루어 가며 이해하십시오.

이 글은 누구보다 내 동생, 자식, 손자, 조카들을 위하여, 우리 가족 중에 살아남은 어른이며 선배로서, 제 체험이 일부분이나마 이해가 되었으면 하는 소원에서 써 보는 사랑의 선물입니다.

회고록의 문체를 되도록 소설화하였습니다. 그러나 제 자서

전이기 때문에 그 안에 제 자신의 철학을 담으려고 했습니다. 한 인간으로 태어나 살아가기 위한 투지와 인내, 체관(諦觀)으로 자기 열등의식을 부인하며, 자살과 자폭은 인생의 길이 아니라는 신념을 가졌고 지금도 그러합니다. 후배인 자손들에게 시사를 주려는 마음, 평범한 형이며 남편이며 어른으로서 서슴없이 써 본 것입니다.

또한 조상님들에게 대한 속죄의 마음도 있습니다. 제가 죄인은 아닙니다 하는 변명도 되고, 또 우리 선배에게도 잘 살았건 못 살았건 배신자는 아니라는 것을 알아주셨으면 합니다.

끝으로 이 글을 볼펜으로 쓰고 있어서 어떤 때는 손이 떨립니다. 손가락이 잘 돌아가지 않아 난필(亂筆)이 되고 활자(落字)와 오문(誤文)이 많이 보입니다. 다 쓰고 보니 이것을 더 신경을 더 써야 할 것이었다는 것에 다시 한 번 사과를 드립니다. 이렇게 해서라도 왜 제 이야기를 써 보는가 하며는 죽을 날이 멀지 않아 고향 생각이 나서입니다. 저는 고국으로 돌아가기는 어렵다고 봅니다. 사십년 동안 열대 섬에서 살아온 만큼 추위를 견디기 어렵습니다. 요새는 시간이 너무 많아 소일 하는 것이 큰 고역이라 심심풀이로 써 보았습니다. 내 자서전 읽어 보십시오. 이 글은 내가 잘 아는 사람, 내 가족, 동기생들이 읽기를 바랍니다. 여러분 종종 편지 해 주십시오. 머나먼 고국이 그립습니다.

회고록 서문(1995년)

 4~5년 전에 서울에서 오신 손님 두 분이 찾아오셨습니다. 제가 남양의 북 마리아나에 귀화하여 50여 년을 살아온 중인이란 소식을 듣고 찾아오신 모양 같습니다. 제가 1984년에 쓴 회고록을 읽겠다면서 원고가 있으면 빌려 달라는 부탁을 하였지만, 제 손에는 원고가 없고 하여 다시 쓸 것을 약속한 것인데, 제가 지금 80 고개를 넘기려는 현황이고 보니, 이 섬에서 55년이라는 세월이 흘러갔습니다.

 이 섬 티니언 한 구석의 내 농터에 오두막을 짓고, 아내와 둘이 조용히 여생을 보내며 지냈습니다. 만사가 계획했던 것처럼 이루어지지 않았고, 거기에다 일본인, 원주민, 미국인들과 상대해야 해서 차별과 언어장벽, 고독과 가난 속에서 시달리면서도 용하게도 9남매를 모두 키웠습니다. 이제는 제 삶에 만족하며 이 섬에서 흙으로 돌아갈 것만이 남아 있습니다.

 저를 소개한다면 1915년에 출생하여 당시 을묘생이라 하였습니다. 학력은 오산고보 24기(고교)를 졸업, 1935년 일본 동경으로 가서 2년간, 단기대학에서 유학생활을 하였습니다. 당시 만주가 우리 집에서 멀지 않아서 만주로 진출하기 위해 중국어와 기초 지식을 배웠습니다. 당시의 일제는 우리말을 말살하는 정책을 폈지만, 오산학교만이 비밀로 우리말과 역사를 가르쳐 준 것이 후에 큰 도움이 되었습니다. 그러나 저는 남양에 나와 있어서 60여 년을 우리말을 별로 써 보지 않았습니다. 그런 조건 하에서 우연히 기회가 찾아와, 1975년, 36년만에 처음으로 서울에 갔습니다. 남하한 우리 가족들과 친지는 물론 모교 오산학교 동기생들의 환영을 받으며 재회는 하였습니다. 그러나 정작 그들과의 대화에서는 알아듣기는 했으나 말문이 막혀 진땀을 흘린 것을 잊을 수 없습니다. 그 후 부터는 한글 책자와 신문 등을 닥치는 대로 읽으며 겨우 말문이 열린 것이 사실이었습니다. 그럼 이제부터 저의 이야기를 써 보려 합니다. 여러분의 성원을 빕니다.

남양 섬에서 살다

조선인 마쓰모토의 회고록

어린 시절 회고

내 고향은 평안북도 정주군 육성동이다. 생년월일은 1915년 10월 15일 을유생이다. 그때는 조선은 일본에 완전히 합병되어 식민지로서 수탈이 본격화 될 때요, 경부선과 경의선이 개설되어 있었고, 정주에는 철도기관 수리정비 기관이 설치되어 다른 곳보다 개화의 물결이 빠르게 진전되었다. 내가 난 시골은 정주 읍에서 20 리 정도 떨어져 있고 어느 읍이건 20 리를 걸어야 할 만큼 한촌 그대로여서 내 나이 네 살 때까지 삭발을 하지 않고 검은 댕기 머리털을 땋았던 기억도 난다.

우리 마을은 20호 정도의 작은 마을이나, 이웃마을은 경주 김 씨의 백여 호가 살았다. 여섯 살 때, 문중의 서당에 들어가 천자문, 시집 2권, 사략을 배우다 6개월 만에 끝냈다. 1년 이상 놀다가 3리쯤 떨어진 곳에 4년제 사립 현명학교에 입학하였다. 동기들이 오산부속 소학교에 편입한 것을 뒤늦게 알고 나서 우리 마을 같은 또래가 부모의 승낙도 없이 오산소학교를 찾아갔다. 시골벽지의 촌놈들은 수백 명 생도들이 모여 배우는 학교를 처음 보고 놀랐다. 먼저 간 동문에게 교장선생 계시는 사무소가 어딘가를 묻고 대범하게도 사무실을 허가 없이 문을 열고 들어섰다. 저 분이 교장일 거라 그 앞에 가서 말없이 서 있었다. 예의도 파렴치하게도 10분 정도일까 서 있었다.

후에 알았지만 동정심이 깊으신 분이라 때늦은 사정도 모르고 기다리는 것을 보다 못해 너희들은 무엇 때문에 왔느냐고 했다. 그때 내가 저희들도 5학년에 편입을 원하기 위해 왔습니다 했더니 5학년은 자리가 만원이니 내년에 오면 편입시켜 줄 테니 돌아가라고 권하신다. 그러나 우리는 그 자리를 떠나려 하질 않았다. 30분이 되어도 그대로 서 있었다. 우리의 고집에 못 이겨 드디어 4학년으로라도 편입시켜도 좋으냐 하기에 머리를 조아렸다. 다음날 4학년 교실에 들어서자 70명 가까운 생도들 눈초리가 우리에게 집중하여 조롱과 싸움을 건네기도 하였지만 아랑곳없이 상대를 안 하니까 별 사고는 없었다.

그러나 나는 어느 날 큰 충격을 받게 된다. 그것은 내가 11세 때 조혼을 한 것 때문이었다. 전가 촌에서 온 놈들이 전경운이란 놈은 조혼하여 애기까지 낳았다고 떠들어댔다. 이것이 5학년 담임선생까지 알게 되어 하루는 너, 애기의 애비냐는 모욕을 받았다. 13세 나이에 어림도 없는 치욕! 나는 그 후부터 부모를 원망했고 우울증에 걸려 말도 적게 하며 외로워지기 시작했다.

오산부속 소학교를 졸업한 후 오산고보 입학은 1930년 4월 10일이었다. 신입생 전부가 150명이었는데 1935년에 졸업을 할 때는 겨우 60명, 그것도 보결생도 적지 않았다. 낙제가 되면 다시 한 번은 재수를 허가하였으나 두 번에는 퇴학이다. 낙제가 무섭고 엄한 규제에 시달려야 했다. 그런 탓으로 졸업식 날 교장선생님의 특별훈화와 졸업식 노래를 울음으로 부른 기억도 생생하다.

한 가지 잊지 못할 회상이라면 1925년부터인가 공산주의가 왕성해지자 동맹휴학(同盟休學)이 다반사였다. 그런데 내가 1학년 2학기 시험을 앞두고, 동맹휴학이 터진 것을 잊을 수 없다. 원인인즉 그해(1930년) 쌀값이 하락하여 하숙비도 인하해야 한다며 학생위원장(함석헌 동생)과 하숙 조합장과 그리고 교장이 모여 교섭을 하였다. 그러나 당시 신임 교장이 학생위원들을 무시하고 하숙비를 인하할 필요가 없다고 부인하는 바람에 위원장 이하 일동이 교장에게 항의에 나섰다.

문제는 이사에게까지 이르게 되었다. 그러자 함석헌선생은 체면상으로 보아 위원장인 동생을 퇴학처분 시켰다. 여기에 분노한 학생들은 드디어 동맹휴학을 결의, 17명이 퇴학을 각오하고 결행한 것이다. 그 중에는 글 잘 쓰는 문필가, 연설가, 체력이 강건한 이들이 10여 항목을 선언하였는데 지금 기억나는 항목은 첫째, 노예적 교육 철폐, 둘째, 교장 이하 교직원 총사직 등이었다. 그리고 전교생이 교무실을 둘러싸고 항의하면서 선생들 가운데 미움받던 선생을 쫓아다니며, 일절 등교하지 않아 그 학기 시험을 보지 않았다. 겨울 방학 중인데 졸업생 회의, 학부형 회의 등을 수차례 열었다. 하지만 그 결말을 짓지 못했다. 그 중 학부형 회의에서 불만이 커져 교장의 사퇴로 마무리 지었다. 그 후 다시 우리 2학년만의 동맹휴학이 있고 하여 과목을 거의 배우지 못해 곤경에 빠져 매우 어렵게 졸업을 하게 되었다.

만주로 가기 위해 중국어를 배우는 단기대학으로 가다

나는 중학을 졸업하긴 했으나 일류대학, 전문 입시에는 자신이 없었다. 일 년쯤 재수가 필요했으나 자금사정도 있고 하여 망설이다가 대학생 모집광고를 물색 중 만주방면으로 진출하기에 도움이 되는, 2년 기숙사제 단기대학이 동경 교외에 새로 생겼다는 것을 알게 되었다.

돈에는 매우 구두쇠인 조부님을 온갖 수단을 동원해 겨우 2년간 유학이고 만주가 우리 집에서 가깝다는 이유로 겨우 승낙을 얻게 되었다. 하늘을 날아다닐 듯한 기쁨이었다. 일본 동경유학 아닌가. 생전 처음 시골 역에서 평양, 서울, 부산, 하관(시모노세키) 9시간 연결선, 일본 본토에 들어서면 시모노세키에서 17시간 급행차를 타야한다. 그러나 그런 걱정은 아랑곳없이 출발의 날을 고대하였다. 동경에는 동기생이 먼저 가 있고 그의 형도 중앙대학 법과생으로 반드시 마중나와 맞아줄 거라는 기대를 하였다. 그의 주소를 가지고 있으니 일본 시모노세키에 닿아 전보만 치면 문제가 없다고 대수롭지 않을 거라 방심하였다.

  우리 어머니는 내가 떡을 좋아한다고 멥쌀 떡을 만들어 와이셔츠 종이 상자에 담아 보따리에 묶어 주었다. 떠나는 날 아침, 학비와 여비 수백 원을 처음 받는 기쁨에 친구가 동경 주소를 써 보낸 쪽지를 깜박 잊어버렸다. 어머니와 삼촌은 소에 이불과 의복 짐을 트렁크와 같이 싣고 20리가 더 되는 고읍역에 도착, 수하물을 부치고 정오 급행열차를 기다렸다. 우리 어머니에게 기차가 올 때까지 플랫폼에 같이 있자고 했으나 어머니는 내 말을 듣지 않고, 역 승객 대합실에서 바라 볼 뿐이다. 후에 들은 바로는 슬픔과 걱정이 너무 커서 앞이 보이지 않았다고 했다. 차가 도착했다. 15분 정도 휴차하고 다시 기적을 날리며 떠났다. 차 안은 승객은 많지 않아 차 창문 쪽에 앉아 바깥 풍경만 바라보고 있자니 갑자기 형사가 다가와 내 수하물을 일일이 열어보고 집요하게 질문을 한다. 처음이라 개의치 않았다. 그러자 두 시간도 못 되어 다른 형사가 와서 몸수색을 한다. 서울 도착까지 여섯 차례, 부산에 도착할 때까지 열 두 번이었다. 왜 이러는지는 알 수가 없었다. 그렇게 되자 보따리가 흉하게 보여 창밖으로 던지려 몇 번이나 마음먹었지만 어머니가 정성을 담아 만든 것을 던지다니 하여 그대로 일본까지 가지고 갔다. 부산역을 내려 수상 경찰서로 찾아갔다. 순번을 기다렸는데 앞서 두 사람에 대한 신문은 가혹하기 짝이 없어 나 자신도 부들부들 떨고 있다가, 차례가 왔기에 그 놈 앞에 나섰는데 생긴 모양이 사이고 다카모리(西鄕隆盛)같은 거인. 큰 눈으로 휙 쳐다보더니 가라고 하기에 처음으로 안도하였다. 그러자 위에 두 개 있는 삼등 객실이 뱃멀미가 적다는 말이 기억나서 누구보다 서둘러 앞서 갔지만 여기서도 딱 잡아당기며 세밀하게 트렁크와 수하물까지 뒤집는 바람에 위에 있는 객실은 만실, 선창으로 내려가 뱃멀미로 아홉 시간을 기다려야 했다. 배에서 내리자 여기도 형사가 나타나 엄중한 짐 조사를 받아야 했다.

 기차는 겨우 붙잡아 탔으나 동기생의 동경 주소를 깜빡 잊고 떠났으니 근심과 공포심에 떨었다. 내 일본말 회화실력은 0에 가깝다. 일본문장을 읽고 이해력은 있으나 번역식으로 하자니 머뭇거릴 뿐 부끄럼이 먼저 선다.

 바로 옆자리에 모자를 쓴 중앙대 학생이 앉아 있는 것을 보았다. 내 초라한 중학생복에다 운동화에 촌놈 냄새를 감출 수 없었지만 그는 친절하게 문답을 해 주어 안도하였다. 동경행이 처음이요, 내 동기를 의존해 떠났는데 그만 그의 주소를 잃어 버려 어찌해야 요요기(代々木), 센다야(千駄ケ谷)를 찾아갈

지 길을 가르켜 주시요 라는 일본말이 통했다. 대학생의 대답이, 초행자가 동경역에 내리면 너무 번잡한데 너무 멀다. 그보다 시나가와(品川)역에서 성선(省線)으로 바꾸어 타라. 성선이란 것은 대형전차 또는 차량 6,7개가 이어져서 동경시내를 환형으로 쉴 새 없이 순환한다. 시나가와에서 5번째 역 센다야에 내리면 바로 옆에 파출소가 있으니까 거기에서 순경에게 물어보면 동기의 주소 찾기를 도와줄 거다, 나는 매우 감사하였다. 차내 승객이 전부가 일본사람들인데 그들이 나를 보는 태도는 판이하게 달라 미소와 친절함에 놀랐다. 그러나 근심은 사라지지를 않아 동경시내 지도를 하나 사서 열심히, 동무의 주소 일대의 도로와 지명을 공부했다. 그러자 시나가와 역에 도착해 하차했다. 밤 6시가 넘어서자 역은 혼잡해 성선 타는 전차를 어디에서 타는지 몰라 망설이던 차였다. 그때 한 형사가 나타나 내 짐을 검사를 했다. 조선인 형사와는 달리 친절하게 다루었다. 그가 성선 타는 전차의 길을 가르쳐 주었다. 전차를 타고 5 번째 센다야 역에 내려 파출소를 찾아 돌아다녀도 찾질 못했다. 불행하게 내가 내리자 객들은 서둘러 자기의 갈 길을 서두른다. 할 수 없이 전차 길거리를 기웃거리며 우선은 우산이 필요해 하나 샀다. 시장해서 식당 간판만 바라보았지만 찾질 못했다. 그때 메이지 신궁이 센다야에서 가깝다는 데서 전찻길을 그만두고 더 넓은 길을 기웃거리다가 다행히도 간이식당을 발견했다. 식당 안으로 들어서니 손님은 매우 적었다. 시간이 열 시가 넘었다. 정식을 사 먹고 주인에게 밥값을 드리고 하룻밤 어디든지 좋으니 자게 해 달라, 요금은 얼마든지 부르는 대로 갚겠다고 했다. 그러자 어림도 없다며, 내일은 만주황제가 천황전하를 방문하여 메이지신궁을 참배하게 되는 날이다. 이 지대는 주민들이 손님을 받을 때는 3일 전에 신고하게 되어 있어서 함부로 숙객을 했다가는 큰 봉변을 받는다. 여기서 20분만 가면 센다야 경찰서를 찾을 수 있다, 하였다. 뭐라고 설명을 해주었지만, 내가 갈 수 없다고 보였는지 자신이 앞장서서 경찰서까지 안내해 주었다. 매우 고마웠다.

경찰서 안으로 들어가 2층으로 안내되어 고등형사와 면접했다. 동기의 성명을 알렸더니 저기 앉아 기다리라며 전화를 걸었다. 기가 막히는 일이다. 조선유학생의 활동망을 완비, 물샐 틈 없이 감시하고 있다. 10분도 안 되어 내 동기가 들어오자 같이 가라며 친절하게 말했다. 속으로 살았구나 하고 안도 중인데 내 동기가 하는 말이 이 새끼, 내 하숙집에서는 얼마나 떠들었는지 아네? 나도 유치장 생활을 각오하고 의복도 겹으로 입고 왔다. 너 사과 꾸러미, 우리는 그것만 기다렸는데, 하는 것이다. 나는 사과 꾸러미 두 개를 형사 놈들 짐 검사가 엄해 그것도 놓고 왔다고 했다. 동기는 야, 이 새끼야 하며 나무랐다. 그때 나는 우리 어머니가 싸 준 떡 보따리를 보여주었다. 동기는 좋아라하였다. 그의 형과 아울러 숯불에 구워 참기름을 발라 먹으니 별미였다. 하숙마담까지 좋아 잘 먹더라. 그제야 어머님의 깊은 사랑을 느꼈다.

  나는 약 한 주일, 그 집에서 머물며 먼저 꼴사나운 옷을 대학생복과 새 구두로 갈아입고 시내 관광은 물론 정주 유학생들이 베푸는 환영회에도 참석, 17명 대학 선배들을 소개 받았다. 그때 중학생까지 40여 명이 동경 유학생이라고 들었다. 여기서 대식가인 나는 하숙집에서 아침식사를 하게 되었다. 그러나 동기가 주의를 준다. 심부름 하는 하녀가 꿇어 앉아 그릇에다 살짝 주는 밥을 받아먹는데 두 번까지는 무난하나, 세 번은 거절해야만 한다며, 된장국은 한 그릇, 삶은 계란 한 개, 다꾸앙(무절임) 두세 조각, 이것으로 끝내야 했다. 점심은 각자가 사 먹는데 한 곳에서만 먹는 것으로는 양이 부족해 또 다른 곳으로 가서 사 먹어야 했다. 시장했지만 3개월쯤 지내니 내 위 밥통도 축소되어 식성이 달라졌다. 내가 입학하는 학교는 교외로 30분 전차로 가는 시골에 있었다. 거기까지 내 선배 두 명이 안내해 주었음을 아직도 잊지 못한다.

동경고등척식학교

  내가 다닌 척식학교는 일본이 만주를 수하에 둔 1933년부터 해외 진출을 목적으로 어떤 곳은 1년제 학교로서 각 곳에 다투어 세웠으나 일반의 관심을 받지 못하여 자취를 감추었다. 그러나 이 학교만은 동경에 가깝고 경영주들의 재력도 컸고, 기숙사제로서 만호과, 남양과(滿蒙科, 南洋科) 둘로 나누어 정원 각 백 명을 수용할 만큼 설비를 갖추고 있었다.
  기숙사 내의 규칙은 군대식으로 료장(寮長)에는 육군 예비 대좌보역, 육군예비대위가 상주하면서 군대식으로 점호한다. 매일 아침 6시에 한 시간씩 점검을 하고 나서 7시 반에 조식, 오전 8시부터 개강하였다. 강사가 동경 시내로 나가서 학생들과 점심을 같이 하며 장차 해외에 진출할 때의 기초가 되는 것을 가르친다. 역시 척식이라 토요일에는 경작하며, 농산, 목축, 양계, 양돈을 실습하며 가공기술 초보를 배운다. 각 과에 따라 중국어, 말레이어도 가르치는데, 매주 네 시간으로 규정되어 있다. 그 외 무도에도 힘썼는데 유도에서 동경부에서는 아홉 팀이 매년 영웅을 가리는 시합이 있었는데 우리 학교는 3년 연속 패권을 장악했던 것이다.
  학생 수가 적은 만큼 사제 간 사이가 좋고 근교 촌락과도 화합하였다. 일 년에 한 번씩 일주일간 마쓰리가 거행되는데 북

을 치고 합창하며 춤을 춘다. 심야까지 백여 명이 일본 술을 퍼마시며 놀던 일이 인상 깊다. 운동회, 연극 등 다채로운 여흥으로 만끽했다. 12월이 되면, 동경 센다가야(千駄ヶ谷) 야전 군영에서 10일간 승마술도 배우며 군대와 같이 지낸다. 1년 한 차례 수학여행을 간다. 어렵게 학문을 전문하는 곳이 아니라 2년 동안 공부라고는 제쳐놓고 학우 간에 우애를 중점으로 두고 즐거웠던 반면, 과도한 탈선도 없지 않았으나 지금에 와서 회고하면 그때만이 청춘을 노래하며 즐겼던 시절이라 하겠다. 그 바람에 첫 해는 800엔 정도였던 것이 다음 해에는 1500엔이 훨씬 넘어 부모님 돈 주머니를 털어버리는 죄를 지었다.

만주의 꿈은 수포가 되고 귀향

기숙사의 책임자였던 고노(小野) 예비대좌가 나를 선만척식회사(鮮滿拓植會社)에 입사하도록 힘쓰겠다고 한 것은 그해 9월인 것 같다. 그 대좌의 말씀에 의하면 선만척식회사의 사장 니노미야(二宮) 육군예비중장이 자기의 사단장이었다고 한다. 소君, 당분간 기다려 하고는 한 달이 못 가 와병으로 병상 신세가 된 것을 알고 병문안을 가서 면담을 청했는데 매우 미안하다면서 자기의 병세가 회복되면 다시 교섭하겠다고 했다. 그러나 다시 찾을 때는 면회조차 사절을 당했으니 이제 다시 다른 분에게 의뢰한다는 것은 이미 늦었다.

몇몇의 동기와도 도움을 청했으나 당시 불경기로 유명회사에 취직이란 어림도 없었다. 먼 곳의 산간 지역에는 갈 수 있었으나 도적이 출몰한다는데 생명을 걸고까지 갈 것은 원치 않아 2~3년 정도 기다려보자 해서 집으로 돌아왔다.

귀향해 보니 한참 농경기라 마을은 텅 비어 있고 노인부녀와 어린애들 뿐 집안은 텅 비어 있다. 견디다 못해 졸업한 오산학교를 찾았더니 영어선생 김기석과 부딪쳤다. 인사 겸 나의 사정을 설명, 봉급은 필요 없으니 일 년간 밥만 먹여주면 사립소학교의 임시 훈도로 조력할 테니 그런 곳이 있으면 소개해 달라고 요청했다. 김기석 선생이 하는 말, 제14회 이용고 선배가 선천군의 자택에서 사립소학교를 경영 중인데 소학교 교사를 원하지만 재정난이 심하다 하였다. 나는 좋다며 일 년간만 무보수로 일 얻겠다고 하고 선천군 월곡동으로 옷 20여 벌만 갖고 저녁 해질 무렵에 도착하였다. 그를 만나 김기석 선생의 친서를 전했더니 나와 또 한 사람이 교장 댁에서 밥을 먹고 학교 기숙사에서 기거하게 되었다.

처음 내가 맡은 반은 4학년생이었지만 내 자신 훈도교육이 처음이었다. 그 학교에 재직하는 다른 사람들도 나와 다를 바가 없어 16명의 생도를 이상적으로 키우려 했다. 일본어에, 선생은 회초리 라는 말이 있지만 그건 옛날식이다. 때려서 무리하게 알게 하는 것은 잘 하지 못하였다. 나는 언제나 웃으며 그들 마음을 되살렸다. 생도 수가 갑자기 배로 늘어났다. 공부시간에 소리를 지르건 말건 생도를 제멋대로 방치했던 것이다. 공부할 철이 들면 저희들이 하겠지 하고 한 학기를 내버려 두었다. 그러자 1학기 시험을 보았더니 12명 중 5명, 그 중 여생도 2명과 남생도 3명, 절반 이상이 낙제점이 아닌가. 나는 당황하였다. 그 원인을 살펴보았더니 그 학부형들이 자녀 교육에 아무런 관심이 없이 그저 선생이 가르쳐주겠거니 하고 아무런 기대가 없다는 판단을 하게 되었다.

다음 학기가 되었다. 첫날 생도들에게 너희들은 오늘부터 새 학기를 맞게 되는데 이전 학기의 성적이 매우 불량이라 이대로 둔다면 모두 바보가 될 거야. 약은 체벌밖에 없다. 내일 올 때는 잊지 말고 꼭 회초리 한 개씩 가져오라. 선생님이 낸 질문에 대답을 못하면 네 회초리로 엉덩이를 세 대 맞아야 한다. 두 번째는 배로 여섯 대를 맞게 된다. 알았나, 하였더니 그 중에는 코웃음을 하는 생도도 있었다. 그날부터 한 주간 매 안 맞는 생도는 별로 없었다. 한 주 후에는 겁이 난 모양인지 절반 이상이 달라졌다. 그리고 그들이 농가의 자녀라는 것을 알기에 수업이 아침 8시니까 아침 7시에 와서 복습을 하라고 당부하였다. 이것도 적중하였다. 그러나 한 애는 얌전해 보이면서도 다른 아이를 따르지 못하여 심하게 몇 번인가 때려 보아도 속수무책이다. 어이가 없어서 이 자가 바보일까, 하루는 다른 애들이 모두 돌아간 후에 너는 남아 있어라 했더니 순종하여 남았다. 그 애의 얼굴을 보았더니 공포에 떨고 있었다. 나는 측은한 마음이 들어 그 애 머리를 쓰다듬으며, 무서워하지 마라 앞으로 너에게만은 때리질 않을 터이니 내가 묻는 대로 대답을 하라고 했더니 말없이 수락을 하는 것이다.

그 애 가정은 아들의 장래란 아랑곳없이 소먹이기로 아침이면 6시에 소를 끌고 다녀야 하고, 저녁이면 소 먹는 꼴을 밤늦게까지 베어 와야 한다. 나는 처음으로 눈물을 흘렸다. 이런 불쌍한 애를 어떻게 도와줄까. 이 아이는 다시 1,2 학년에 내려보내 재학습을 시켜야 할 것이었다. 그렇게 한다면 이 아이는 그것으로 학교를 그만 두어야 한다. 나는 아이에게 너를 다른 애와 달리 몇 번이건 그 시간에 그것만 반복해라 그리고 방과 후 한 시간 늦게 남아 복습을 하여라. 부모님이 물으면 선생님의 명령이라고 하여라 한 것이 한 달을 지내니 이 애가 전과 달라져 공부하는 데 열중하게 되었다. 나는 매우 만족하였다. 앞으로 2년 안으로 따라잡으리라고 확신하였다.

나는 3년간까지 계속해서 그들과 같이 5학년 6학년을 가르쳤는데, 그 중 남학생 2명은 오산학교에, 다른 여자들은 모 평양여학교에 입학시켰다. 약 6개월 동안 하루 세 시간씩 과외로 복습을 강행한 것이다. 합격이 되자 그들 부형은 물론 학교 당국 자체에도 도움이 되었다.

고향을 등지고 일본으로

나는 이 월곡동 일신학교에서 3년을 지내고 새 학기인 여름방학이 되자 집으로 돌아왔다. 그 동안은 후임 선생이 오지 않는데 떠난다는 게 사제 간의 애정도 있고 해서 한 해 두 해 벌써 3년이나 되었다. 월곡동은 부유한 가족들이 많이 살고 있었다. 3천 석 지주들이 있었다. 타향에서 온 나에게 대접과 존경은 대단하나 내 월급 30엔으로는 생계도 부족하여 몇 번이나 설명해 봤지만 허사였다.

나도 단념하고 다시 동경으로 가서 고학을 하여 가며 대학 공부할 것을 결심하였다. 3년 만에 처음으로 친우 이소타니(磯谷)에게 사정 내막을 누누이 설명하고 다시 동경에 돌아가 고학할 결의를 전하며 협조를 청하였다. 그러자 1주일 만에 일본에 오라는 전갈이 왔다. 자기가 다니고 있는 남양무역회사(南洋貿易會社)에 입사시킨다는 것이다. 나는 뛸 듯이 기뻤다. 다시 편지를 냈다. 당시 일제는 조선인 유입을 막기 위해 새로 도항권 법령(渡航券 法令)을 내렸다. 조선인이 일본에 가려면 내지의 본사에서 고용주의 증명서를 받아야 하며 그것 없이는 불허한다는 법규가 있었다. 다시 그 내용을 이소타니에게 써 보냈더니 엽서에다 '全慶運 右者는 南洋貿易株式會社의 社員 見習人으로 採用함. 昭和14年7月00日 鄕隆社長 印'라고 쓴 고용증명서가 날아왔다.

우리 집을 떠난 그날이 1939년 8월 초로 기억난다. 그때 내 나이가 25세. 덕달3리의 우리 집에서 매일처럼 오르던 오봉산과 묘두산을 마지막으로 우러러보며 우리 집을 떠나 고읍 역에서 차에 몸을 실었다. 정오 급행열차로 서울로 가서, 이튿날 아침 여덟시에 부산에 도착하였다. 부산에서 다시 관부(關釜) 연락선 승선 아홉 시간 후 일본 시모노세키(下關)에 도착되었다. 다시 시모노세키에서 기차로 17시간, 아침 7시 경에 동경 역에 내렸다. 재학시절 동경시내를 고루 돌아보진 않았으나 내 친구 이소타니(磯谷)가 근무하는 남무(남양무역회사) 본사는 하마초구(浜町区) 스미다가와(隅田川)에 걸린 기요스바시(清州橋) 왼쪽이라는 것은 알고 있었다.

그 당시만 해도 동경 시내에는 드물었던 인력거(人力車)를 발견하자, 나는 회사 찾는 데는 택시보다 인력거가 좋다고 생각하여 이것을 이용하였다. 무난하게 남무본사에 도착하였고 2년 반 만에 친구와 재회했다.

남양무역에 입사

남무는 일본 남진정책 추진하에서 40년 간 인도네시아, 뉴기니 등 광범위한 지역에서 무역하면서 한때는 당시 총자본금 2천 엔이었던 일본중류회사였다. 친구 이소타니 군은 졸업 직후 입사하여 회계과의 과장 차급의 관록으로 신임이 크다. 친구 이소타니의 힘으로 나는 아무런 시험도 없이 그날 본사의 사무견습생으로 채용되어 그 이튿날부터 근무하게 되었다. 만사는 오케이. 다음 날부터 출근길에 나섰다. 우리 숙소는 메구로구(目黒区) 기요미즈(清水)라는 곳에 있었다. 숙소에는 회사 출근하는 청년 20여 명이 있었다. 아침 6시에 기상해서 체조와 훈육으로 약 1시간 정도를 그들과 같이 한다. 숙박비는 없었다. 매일 우리는 조식이 끝나면 정확히 아침 7시 5분 전에 도보로 5분을 걸어 버스 정류장에 간다. 메구로(目黒) 행 버스가 매 3분 간격으로 연달아 와서 아침 출근자를 나르고 있다. 초만원인 버스에서는 서서 가야 할 때도 많다. 버스에서 내려 다시 성선(省線)전차에 오른다. 이 전차는 차량 일곱 여덟 개를 연결한 것인데 한 번에 2,000명이 넘게 탈 것이다. 5분 간격으로 출근자를 나른다. 전차로 가는 30분 동안 조간신문을 읽는다. 언제나 만원이다. 우리는 다시 유라쿠초(有樂町)역에서 하차한다. 거기서 다시 하마초(浜町)행 버스로 갈아탄다. 5분 만에 하차, 다시 5분간 도보로 본사에 도착한다. 시각은 상오 7시 45분이다. 일 분 이 분 빠르거나 늦는다. 긴장, 긴장.

　본사 안에 들어서면 상의를 벗어 걸고 넥타이를 단정히 맨 와이셔츠 차림으로 제자리에 앉는다. 본사의 본부 사무실내, 각 과장급 10여 명의 자리가 있고, 그를 보좌하는 여직원만 20여 명이 자리하고 있다. 나는 임시직원이라 각 지점에 보내는 담배 취급이 내 일이었다. 2~3 시간이면 족했다. 이소타니는 나에게 업무요령과 여러 가지 주의사항을 미리 알려 주었다. 과장들은 신입사원들의 집무태도와 성실성을 늘 감시하고 있다고 했다. 과장들이 네가 어떤 사람인지 감시하고 있어. 네 일이 끝나면 옆 여사원이 분주해 하는 것을 도와주어라. 라고 충고하였다. 그래서 내 옆자리에 있는 여사원 앞에 가서 내가 할 수 있는 일을 돕겠다고 청하자, 처음에는 망설이다가 내 성의를 알아차리고 처음으로 미소를 짓고 미안하다며 맡기는 것이었다. 한 두 달이 안 되어 옆자리 여사원들과 대화도 서슴없이 할 수 있어서 늘 웃고 지냈다. 근무시간 상오 하오 각 4시간 중간에 반드시 15분간 차(茶) 타임이 있다. 그 외에는 착석뿐이다. 점심시간 한 시간이고, 식사는 본사가 지급한다. 식후에는 옥상에서 스미다 강의 선박왕래를 전망한다. 하오 5시에 퇴근한다. 귀숙(歸宿)은 역행코스. 목욕 후 저녁식사를 하고 라디오 듣기 잡담, 바둑 등을 하다가 밤 아홉시에는 취침, 이것이 매일이다. 일요일과 공휴일에는 교외로 드라이브를 가거나 옛 은사와 친구들을 방문하며 즐긴다.

  이소타니는 입사한 지 3년이 못 되어서 사장, 전무 등의 신임을 얻어 회계과에 과장직을 맡고 있었고 간부회의에 참석하였다. 내가 입사하자 기거는 물론 거주, 안내 등 모든 것을 봐 주었다. 이런 친구는 조선에서 보지 못했다. 그러므로 내가 받은 월급은 그에게 맡기었다. 내가 동경으로 갈 때 양복 한 벌 외에 평상복은 2~3 벌 뿐이었는데 그는 내 내의까지 일일이 코치해 주며, 주거비와 교통비 등 모두 그가 책임을 졌다. 그래서 내 월급은 봉투 그대로 그에게 맡겼다. 이렇게 3개월이 지나갔다.

  시골 놈인 나는 두 달이 지나자 역증이 나기 시작했다. 하루라도 빨리 남양군도 지점으로 전근을 가길 원했다. 나는 척식과(拓植科) 소속이었다. 주로 야자원(椰子園)으로 간다고 했다. 포나페, 사이판 이 두 지점 어느 쪽이 될 것이다. 그러는 어느 날, 사장이 나를 부른다기에 사장실로 들어갔다. 사장은 초면인데 대략 내 신분내력을 알고 있는 모양이었다. 나는 처음엔 포나페섬으로 보낼 것이었는데, 그 섬은 일본사람이 적게 사는 섬이고 신입 사원이라 사이판섬으로 보낸다고 했다. 그러나 사이판은 동경 시다마치(下町)와 다름없고 일본 사람뿐만 아니라 조선인도 많다고 했다. 특히 임(林)모 라는 조선인은 남무(南貿)에서 매우 인기 있는 인물이라며, 나도 우리 회사를 위하여 분발하여 달라는 격려의 말씀을 들었다. 나는 고맙다고 한 후 사장실에서 물러났다. 친구도 기뻐했다.

사이판 지점으로 전근사령(轉勤辭令)을 받고

　회사에 입사하여 초봉이 46엔이었다. 수당 가산을 하면 약 70엔 정도로 매달 말에 봉투에 들어있다. 이것을 두 번 받았다. 전근을 가게 되니 사이판 지점에 도착하기까지 체재비와 월급 외에 지도금(支度金)으로 본사에서 70엔, 지점에서 70엔이 지불된다고 하였다. 나는 여름의 나라로 가는 고로 서둘러서 마로 만든 하복을 준비하였다. 떠나는 전날 밤에는 내 전도(前途)를 축하하는 장행회(壯行会)가 어느 중류요리점에서 열렸다. 은사인 교수들과 이소타니를 비롯한 지우(知友) 20여 명으로 최후의 작별의 인사와 축복의 언사를 받들어 학생시절의 노래와 환담으로 심야를 지냈다. 이것이 최후의 작별이 될 줄이야.
　나는 이튿날 하오에 요코하마(橫兵)항에 도착, 최후로 친구들과 작별의 손을 놓고 화물선(貨物船) 오우미마루(近江丸, 5000톤)에 배에 올라 밤 7시경에 출항을 하였다. 배가 동경만으로 나가자 파도는 험악해지기 시작, 뒤집어 엎어지지 나 않을까 겁이 났다. 선원 외에는 400여 명의 승객들은 거의 자빠져 걸어 다니는 자는 없었고 왝왝 토하며 신음하는 소리가 선내에 여기저기서 들렸다. 나도 기분이 나빠져서 누워 하룻밤을 지냈다. 이 배에는 120명 정도 경상도 출신 가족들이 있었다. 티니언섬으로 이사하는 사탕수수 소작인들과 가족도 있었다.

배가 태평양에로 나가자 바다는 잔잔해지기 시작하였다. 6일 동안 가도 가도 흑조(黑潮) 남자색(藍紫色)인 창파(蒼波)뿐, 망망대해 아무 것도 보질 못했다. 선창에 뒹굴며 잡지를 읽고 옆 선객(船客)들이 도박하는 것을 곁에서 구경하였다. 상륙 전 어느 한 놈이 도박 돈을 모두 쓸어 모았다. 건축업자의 하청조(下請組)였다.

승선 후 7일 째, 날이 밝기 시작하자 수평선 남쪽에 검은 것이 떠올랐다. 선객들이 처음으로 선상갑판으로 올라와 섬들을 보고 있다. 선원의 말이 오늘 상오 열 한 시경에는 사이판섬으로 입항될 것이라고 했다. 섬 모양은 그림과 같다. 후에 알았지만 이 섬이 내가 전전하던 북쪽 섬들이라고는 그때는 꿈에도 몰랐다.

사이판섬에 상륙하여 상하(常夏)의 나라를 구경하다

선상에서 사이판섬을 바라본 첫 인상이다. 배는 차리닥(축항(築港))에 들어가는 수도(水道) 입구에서 투묘(投錨-닻을 내림)되었다. 일본 시대에는 물길(水道)이 매우 얕아서 항구 부두에는 들어가지 못했다. 섬 주위(전부는 아니다) 북방면은 모래 해변이 약 500미터 폭으로 썰물에는 수심 1m 정도이다. 본선에서 보면 담청색으로 모래 해변 가깝도록 다양한 물 색깔로 매우 아름다웠다.

배 위에서 수심 5, 6미터의 고기가 떼를 지어 다니는 것이 눈으로 볼 수 있다. 우리나라 동해안보다 더 맑다. 얼마 지나지 않아 사이판 지청의 검역선 소선(小船)과 조부의 하역선도 뒤따른다. 경관이 배에 올라, 검역이 끝나자 15분쯤부터 선객

(船客)이 상륙하게 된다.

당시는 중일전쟁이 터진 지 1년 남짓, 일본 동경에서는 계란 배급이 시작되었다. 사이판은 항구도시로서 남양청이 있는 팔라우, 얄트, 포나페, 축, 얍섬 등으로 가는 현관이었다. 5,000톤 선박이 매주 2~3회 사이판에 들렀다. 사탕수수 제당회사가 티니언, 로타까지 들어서 있어서 상주인구는 3만 이상이었다. 출입인구를 합쳐 5만이 넘었고 일본해군 2~3만이 주둔하고 있어 명목상 항구도시로서 번창했다. 특히 환락설비가 불야성으로 네온싸인이 손님들을 유혹하고 물건과 식품이 풍부해 어디서도 전쟁 중이라는 생각이 들지 않았다. 육상교통은 버스와 경편철도로 섬 전체가 활기에 넘쳐 언제나 여름인 곳. 바닷물은 맑고, 산호가 넓어 고기떼 노는 것이 선명히 보인다. 지상천국에 왔다고 생각했다.

배에서 내리자 지점 서무과에서 관용차를 몰고 와 나를 지점 사무소에 안내, 지점장 이하 각 요원의 주임을 소개하였다. 근무 인사가 끝났다. 하오 3시경이 아닐까, 다음은 내가 숙박할 남무(南貿) 독신자용 숙소 안내, 거처하는 방을 정했다. 설비는 화려하지는 않으나 식당도 있고 회사 소속 버스, 상점 등 모든 것이 완비 되어 있었다.

첫날은 내 숙소에서 짐을 풀고 안내하는 사람을 따라 가서 초임 인사를 했다. 머무는 동안 큰 신세를 지겠습니다 하고 머리를 숙였다. 일본인들 가운데서 취임지의 첫발을 떼자니 조선인이라고 차별을 받지 않을까 매우 긴장하였다.

  이튿날 나는 건물 2층의 사무소로 갔다. 아래층에는 대리점 사무실이 있고, 2층에 척식과 사무실이 있어 그리로 안내되었다. 내 주임은 후지노(藤野)씨였다. 사무원 두 명과 인사를 나누었다. 바로 옆은 회계과였다. 주임과 사무원 3명이 보였다. 역시 인사를 하였다. 사무소 앞에는 큰 상점이 있었다. 그 외에도 광산과, 운송부, 회조부(回漕部), 전부 합쳐 150명이다. 전부 일본인이었다. 그러니 조선인은 나밖에 없다. 어떻게 그들 이름을 하나하나 기억할 수가 있을까, 속으로 한 절반 풀이 죽었다. 모두에게 머리를 숙여야 했고 건방진 행동과 언사(言事)를 했다가는 큰일이라고 다짐하고 누구에게나 ○○씨 라고 존칭하여 부르며 그들의 동태만 살폈다.

  매일 출근해도 내 주임은 일을 시키지 않고, 한 달 동안 척식과에 관한 서류나 보고 있으라며 북쪽 섬으로 들어가기까지 기다리라는 것이다. 처음은 대체 무슨 일인지 일도 않고 월급을 줄 것인가 의심도 났다. 이럭저럭 일주일이 가고 두 주일이 지났다. 그 동안 회사 내 사정도 차츰 알게 되고 동무도 하나 둘로 늘어났다. 하도 시간이 많아 도리어 다른 과에서 일을 얻어 볼까 하는 생각도 났다. 나는 회사 외에 사이판섬을 돌아다녔다. 버스는 사원에게는 무료이다. 그럼으로 가라판 마찌(町)

안으로나 차란 마찌(町)까지 발길을 넓혔다.

내가 가진 현금은 그대로 지갑에 있다. 식사비, 교통비는 현금지급이 아니다. 내가 필요한 상품을 살 때 남무(南貿)지점에서 원하면 전표(傳票)만 받으면 그만이다. 물론 월급에서 차인(差引)하는 것을 알았지만 난생 처음 가지는 우대라고 고마워했다.

그래, 남양(南洋) 특유한 바나나 한 봉지를 가라판 시가지에서 샀는데 35전이었다. 먹을 대로 먹었다. 파인애플도 사 먹었다. 야자즙, 망고, 구아바, 무엇이든지 사 먹어 보았다. 사이판산 커피, 냉동된 가공품, 초콜릿도 향기롭다.

하루는 야자나무를 보기 위하여 한 동무와 다보초산(사이판 중앙에 있는 산)으로 올라가는 도중에 야자나무를 발견했다. 야자나무 열매를 따서 마시려 애썼지만 열매가 너무 굳어 동무와 둘은 단념하였다. 다시 가는 길에 도민(島民)의 민가가 보여 들어가 야자열매를 청하였더니 한 소년이 재빨리 야자나무로 원숭이처럼 기어오르더니 야자 하나를 만도(蠻刀)로 한 번 치니 땅 아래로 떨어진다. 그리고 소년은 나무에서 내려와 손 위에서 만도로 야자의 끝부분을 치더니 칼끝으로 구멍을 뚫어 마시라고 주지 않는가. 우리는 소년의 묘기를 넋을 잃고 보았다. 마시고 나니 달콤하다. 우리들이 미련하고 부끄러워 둘이 웃었다. 소년에게 사례로 돈 50전을 주려하나

받지 않았다.

그뿐인가 밤이면 독신사원들과 바를 돌아다니며 맥주도 마셔 보았다. 이때까지 나는 주류에는 흥미가 없어서 앙꼬빵, 케이크 같은 것만 배부르게 먹었다. 식당에서 하루 세 끼의 식탁에 오르는 가쓰오, 마구로 사시미가 매일처럼 올랐다. 늘 맛 좋은 도산품(島産品)으로 포식하였다. 내가 동경에 있을 때는 벌써 계란 배급이 실시되었으나 남양에는 전쟁이 어디 있나. 이곳이 에덴 천국이 아닌가 하였다.

사이판은 항구도시(港町)로 시가지도 정연하다. 상가에는 없는 것이 없이 상품은 풍부하였다. 인구는 2만이라고 하나, 매주 수 천 명이 일본으로, 각 군도로 출입한다. 해군의 군인도 많았다.

바다에는 매일처럼 5,000톤급 선박 2, 3척이 닻을 내리고(投錨) 있었고, 사탕 적입 작업(砂糖積入作業)을 맡은 뽕뽕선이 요란한 소리를 내며 분주하게 본선에 왕복하는가 하면, 지상에는 사탕수수를 나르는 경편(輕便) 기차가 검은 연기를 뿜으며 풍풍콱콱 소리로 질주한다. 활기찬 섬이 아닌가. 가라판 시가지는 밤의 환락가로 선원과 방문객이 우왕좌왕 길을 메운다. 백여 개를 넘는 요리집, 바, 여랑옥(女郞屋)이 만원이다. 나는 이런 사이판 지점에 전근을 온 것이다. 동경생활보다 훨씬 좋은 전근지에 왔다고 착각하였다.

파간섬으로 첫 부임사령(赴任辭令)을 받음

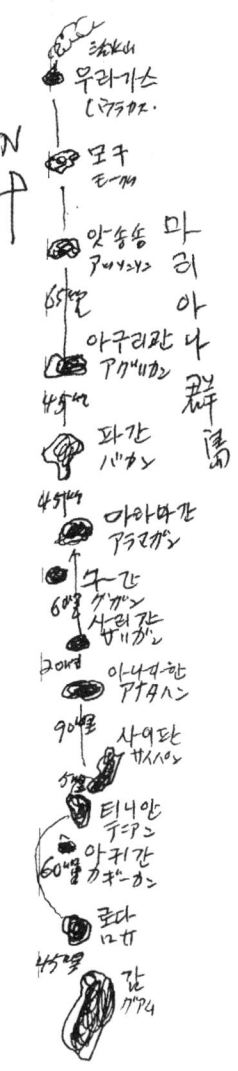

먼저 마리아나군도 약도를 그렸다. 섬 이름과 거리를 대략 기입하였다.

나는 약 한 달 동안 사이판 지점에서 지냈다. 척식주임인 후지노(藤野)씨가 북도(사이판 이북 섬을 가리킴) 5도(五島)의 야자림 관리(管理)에서 전권을 쥐고 있었다. 그러므로 그는 나를 어느 섬으로 부임(赴任)시켜야 할 것인가를 고민하였다. 북도행 배는 역시 남무(南貿)에서 소유한 장명환(長明丸)(500톤급)이 매월 1회를 돌게 된다. 사이판 지청은 보조금도 낸다. 그러나 남무(南貿)가 아구리간, 파간, 아라마간, 사리간, 아나다한의 5도(五島)를 소유하였는데 그 외 섬은 보잘 것 없어 거의 독점(獨占)한 셈이다. 나는 12월 초에 파간 직항이 되는 선편으로 파간섬으로 부임(赴任)하라는 사령(辭令)을 받았다.

어느 날인지 기억은 나지 않으나 오후 5시에 장명환에 편승(便乘)하였다. 나 외에는 거의 남무(南貿) 5도(五島)에 사는 도민(島民) 인부들의 가족이다. 처음으로 원주민들과 같은 배를 타고 가면서 이민족의 의장과 외모를 보았다. 차모로족은 서반아인의 혼혈족이여 문화면으로 앞선다. 카나카족은 원주민 그대로 남자는 훈도시(음부만 감춘 복대), 여성은 요권(腰卷)이고, 피부는 까맣다 (흑인의 피부색과도 다르다). 도민(島民)들은 어른이면 거의 빈랑 열매를 껌처럼 잡쑨다. 종종 침을 뱉는다. 빨간 침이 아닌가. 식인종이 아닌가 의심하였다. 그렇게 수십 년 전에는 오해했다는 말도 들었다. 일본 시대는 도민(島民)은 방인(邦人)과 엄격 구별하여 방인(邦人)과 동석(同席)할 수 없고 야만(野蠻)이라 해서 금주(禁酒)하였다. 이 관례는 독일이 통치할 때 베푼 정책을 일본도 그대로 전승한 모양이다. 배에 탄 그들은 선상에서 옷을 펴고 자고, 방인(邦人)은 선내의 침대 위에 눕는 게 아닌가. 나는 처음 보는 인종차별을 이해하지 못하였다.

  북섬 바다는 섬과 섬 사이에는 해수가 섬에 부딪쳐 빠져 나가는 바람에 파도가 매우 심한 때도 있었다. 그릇은 탁자 위에 그대로 놓을 수 없어 틀(枠)내에 들어 있다 롤링, 피칭으로 배는 심하게 흔들린다. 나는 배가 뒤집어 엎어지지나 않을까 겁이 나 선장 옆 침대에 누워 옴짝도 못했다. 사이판과 파간 사이는 220여 리, 19시간이 걸린다. 장명환(長明丸)이란 회사 배는 매달 사이판 북쪽 다섯 개 섬을 왕복하며 야자 과실을 말린 코프라를 년간 1500톤을 운반해 본사로 보낸다. 내 임무가 야자 농원 관리인이었다. 오랜 항해 끝에 섬에 도착했다. 섬 전체가 화산으로 검은 산, 검은 모래였다. 이 섬에는 해군이 비행장 건설공사를 시작하였고, 평상시 민간 회사의 종업원을 합쳐 인구가 1,000명 가까이 거주했다.

파간도(島) 상륙과 남양무역사무소

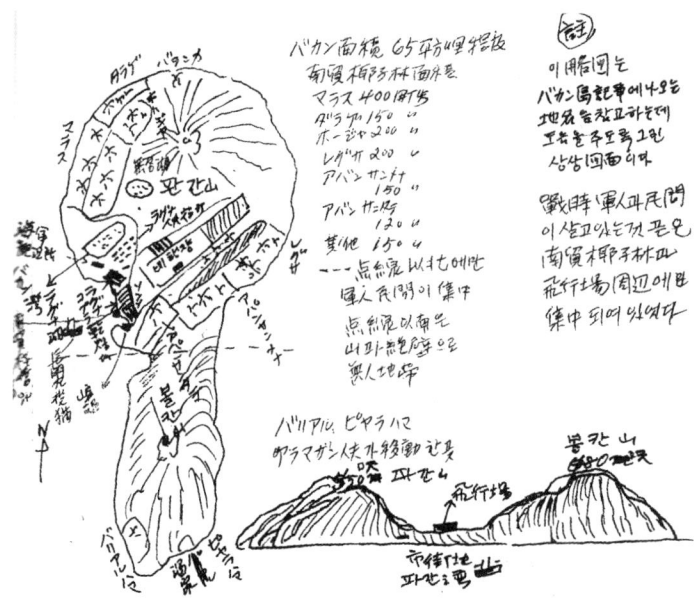

다음날 오후 두 시경에 장명환은 파간만에 투묘(投錨)하였다. 파간산 꼭대기(上頂)에서 중복(中腹)까지 산 전체가 꺼멓고 초목도 없다. 해안선에 보이는 모래가 까맣다. 듣는 바 1928년쯤에 분화했다고 한다. 배에서 전마선(伝馬船)을 내리고 먼저 승객을 나른다고 하여 먼저 탔다. 전마선은 남무(南貿) 전용 부두로 가까이 가자 선원은 로프를 상륙 지점으로 던진다. 인부 5, 6명이 로프를 잡고 있다. 밀려닥치는 파도 때문에 보트 5, 6척이 올라갔다 내려갔다 하고 있다. 보트가 뜰 때 재빨리 뛰어 올라가야 했다. 생전 처음이라 무서웠다. 나는 상륙한 후에 송송 시가지로 향했다. 남무(南貿) 잔교(棧橋) 바로 위에 코프라(야자과육을 건조한 것) 건조장과 창고가 보인다. 처음 맡는 냄새라 비위에 맞지 않아 불쾌하였다.

파간 남무(南貿) 사무실의 안내를 받아 니시노미야(西宮)라는 주임, 아베(阿部)라는 회계사, 매점 점원 3명, 취사부 1명에게 인사를 드렸다. 니시노미야 주임은 나보다 3개월 전에 입사했고 나이는 35~6세로 나보다 10년 위였다. 기숙방 3개에서 함께 기거하면서, 식사는 오키나와 여자 1명을 차입해 식비를 공동으로 부담하였다. 초임이니만큼 나는 무엇이건 그들이 시키는 대로 따를 수밖에 없었다.

저녁 식사를 하게 되었다. 주임 니시노미야 씨는 일본 술을 시도 때도 없이 마시는 호주가(豪酒)였다. 아베 역시 호주가. 나는 술 마시는 것을 좋아하지 않았다. 식사의 반찬은 사이판과는 판이하게 조잡했고 밤이 오면 근처에 있는 주재소에서 경찰 2명, 해군 군의(軍醫) 1명이 와서는 매일처럼 밤늦도록 마작(麻雀)을 한다. 옆방에 있는 나는 잠을 못 자서 불쾌했다. 마작을 하는데 인원부족이라며 니시노미야 주임이 나를 부른다. 회사 일에 대해서는 아무런 지시가 없다. 나는 무엇을 해야 할 것인지 몰랐다. 니시노미야 씨와 아베 씨는 뜻이 맞지 않아 서로 말도 안했다. 그런 형편으로 회계 과장 아베가 니시노미야를 보는 것도 싫어해 얼굴을 돌리고 식사 때도 니시노미야와 같이 하지 않는 것은 물론이요 증오심에 찬 표정이었다. 그때부터다. 니시노미야, 이 자를 상대하다가는 잘못이겠다고 생각하였다. 나는 첫 2주쯤은 주임대리가 일을 시키는 줄만 믿고 사무실에 나가 있다가 웬일인지 니시노미야 주임이 아침부터 숙사에 앉아 주재소 순사들과 마작만 할 뿐이고 오후가 되면 다시 사라진다. 이상도 하다 속으로만 여기고 나 역시 너무 역이 나서 사내에 있는 야자과육을 해로 말려 코프라가 되면 창고에 쓸어 넣는 것을 바라보든가, 회사에는 말 두 필이 있어서 말 시중하는 사환과 같이 말을 타고 유자원내를 두루 돌아보기도 하였다. 그래도 나보고 이것 해라 하는 지시가 없었다.

  야자림은 북부에는 마라스, 타라게, 호샤, 남부에는 레구사, 송송, 아판산메나, 아판산타테에 있었다. 인부와 감독은 야자림 속에서 거주하여 멀리 떨어져 있다. 회사에는 승마용 말이 두 필이 있다. 나는 말 필부(匹夫)와 둘이 말을 타고 각 야자림을 골고루 순시하였다. 도민(島民) 인부 가족이 70명, 방인(邦人) 오키나와인 가족이 13호, 감독 4명이 있었다. 인부 감독들은 모두 나이 사십이 넘었고 노동판 반장과 다름없다. 그들은 맥주는 안 마시고, 꼭 아와모리(泡盛, 오키나와 소주 25~30도)

만 마신다. 대중주랄까. 술기운이 차면 나를 어린애로 취급하며 놀린다. 조선인 학생시절의 거친 기질을 그대로 가진 나는 고군분투(孤軍奮鬪)해야 했다. 정신면으로 커다란 실망과 함께 낯선 식사, 야자림 관리에 대한 체험이 없으니 절망에 빠졌다. 야자원 청소와 코프라 채집은 원주민이 했고, 인부 감독은 4명 전부가 오키나와 사람이었다.

　나는 숙소를 라구나로 옮기기로 하였다. 라구나에는 코프라 건조장과 창고가 있고 오래된 사무실 겸 숙실도 있었다. 그 옆에 바로 해군기상관측소가 있고 좀 떨어진 곳에는 원주민 차모로 가족 30여 호가 사는 부락이 있다. 15분쯤 걸어가면 니시다(西田)감독과 회사 소치기 아라가키(新垣)가 살고 있는 숙사가 있다.

　조석(朝夕) 두 번 식사 때문에 울퉁불퉁하게 기복 심한 길을 왕복해야 했다. 30분 이상이 걸린다.

　그러나 이사를 하자마자 남양 특유의 토질병에 걸렸다. 천구병(天拘病)이라 한다. 외지에서 오면 반드시 한 번 걸리는 거란다. 38도 고열이 40시간. 나는 옴짝 못하고 라구나 숙소에 누워 있다. 하루 종일 방문객도 없다. 다음날도 그러하다. 잠은 오지 않고 고향 생각이 간절해지자 이역에서 개죽음의 몸이 된 것이 슬퍼서 눈물이 쉴 새 없이 흘러나온다. 한참 속으로 울다가 소리쳤다. 아버지, 어머니 나 죽어요. 용서해 주세요. 광기에 아픔도 몰랐다. 그러나 조용한 독방, 카바이드 등불이 켜진 심야, 천장에는 도마뱀이 붙어 있다가 불빛을 보고 날아드는 나비 떼를 훔쳐 먹는다. 수 십 마리 도마뱀이 서로 물고 꼬리를 휘두른다. 간혹 쩍쩍 우는 소리도 난다. 불빛 찾아 날아든 저 놈 나비들 가엾어라 도마뱀의 밥이 되누나. 아, 약육강식, 나는 도마뱀에게 먹히는 저 나비와 같구나. 그러나 아니다. 내가 회사에 입사할 때 3명의 보증을 해 준 은사의 얼굴이 떠오른다. 이제 그만 두고 돌아간다면 면목이 설까, 이 섬에 온 이상 죽을 만큼 열심히 해야지, 이제부터 야자에 관한 것을 알아야지, 나는 새로운 결심을 하였다.

이틀 만에 취사장 급사가 저녁 도시락을 가지고 왔다. 그때는 체온도 하강하여 자리에서 일어나 고맙다고 사례를 하였으나 입이 써서 많이 먹지는 못했다. 열은 정상으로 돌아가자 전신은 땀띠처럼 전신에 나타나며 가렵다. 이삼 일이 지나자 완쾌하였다.

나는 그동안 여러 가지 내가 앞으로 무슨 일부터 배워야 하느냐에 관해 결의가 섰다. 무엇이건 나는 이제부터 배우고 체험하는 길만이지 누가 나를 시켜 배운다는 것은 만무하다고 결심하였다.

나는 먼저, 회계 담당하는 아베가 라구나까지 매일 와서 인부에게 식품을 배급하는 일을 돕겠다고 하였다. 그는 매우 기뻐하고 좋아했다. 다른 한편 니시다를 도와 야자원 현장으로 직접 나가서 인부들과 지내보자고 하였다. 라구나에 살고 있는 도민(島民)들과 함께 코프라 채집(採集), 야자원 벌초, 코프라 적입(積込) 등 모든 작업현장으로 나가야 한다고 생각했다. 그래야 도민(島民)들과 접촉이 되고 그들 말도 배울 것이다.

  나는 니시노미야 주임에게 내가 해야 할 일을 보고하고 난 후 라구나, 타라게, 호샤를 관할 감독하는 니시다(西田)씨를 찾아가서 일이 매우 많고 분주할 터이니 조력을 하겠다고 말하였다. 그는 물론 기뻐하며 전군, 전군 하면서 내 이름을 부르고 전과는 다른 태도로 일변했다.

  당시 내가 가기 전에는 감독은 인부를 사용할 때 8시간을 1일분, 4시간을 반 일 분으로 기입하여 매주 한 번씩 회계계인 아베(阿部)에게 넘긴다. 아베는 매일 한 차례 라구나에서 와서

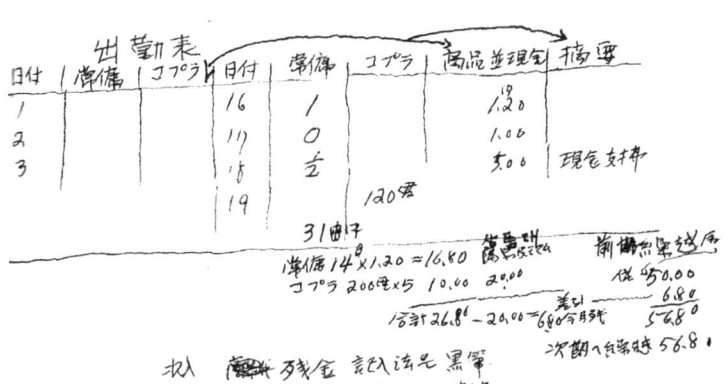

인부 식량을 배급했다. 그러면 임금지불은 현금이 장부로 바란스 숫자로 각 인부의 차대액이 기록되어 있다. 그러므로 매월 출근 카드가 작성되어 있다.

이월 잔금이 흑(黑)이면 식량배급에는 본인 요구대로 해 주고, 적(赤)이면 제한해야 한다. 나는 역시 이것도 배워야 영업 운영을 파악할 수 있다고 판단하여 라구나 구(區) 인부(人夫) 출근표를 내가 해 보겠다고 아베 씨에게 부탁하였다. 아베 씨는 역시 자기의 일이 그만큼 적어지니 기뻐하였다. 거기에다 배급도 내가 하겠다고 덧붙였다.

나는 첫째는 농장 운영 방법을 배우고 또 하나는 회사원과 친근할 수 있다는 점에서 매우 필요한 수단이라고 믿었다. 그 대가로 나는 매일 16시간을 집무하여야 하는 과노역을 맡은 셈이 되었다. 그 중 북부 야자림 구가 가장 컸다. 도민(島民) 호수 50여, 방인(邦人) 13가족, 코프라 생산도 2/3의 규모이다.

도민 인부들과의 충돌

나는 아침 5시에 기상(起床), 자취로서 조반을 서둘러 먹고 도시락을 싸가지고 6시 경에는 마라스 야자림 현장에 도착한다. 작업은 아침 8시부터이다. 한 시간 반 이상을 걸어야 한다. 야자림원 내 벌목 벌초 작업을 감독한다. 30여 명이 5간(間)(30척) 간격 야자나무를 심는 작업은 5간(間)×6간(間)에 인부 1명으로 횡렬로 지어 실시된다. 4백 정보나 되는 마라스는 하늘이 보이지 않을 만큼 거대한 정글이다. 인부들은 각자 2, 3척의 만도(蛮刀)를 휘둘러 잡목을 찍어 헤친다.

처음에는 매우 무서웠다. 장검(長劍)을 좌우로 후려대지 않는가, 체격은 좋고 만도(彎刀, machete, 스페인어) 사용 조작은 극히 치밀하다. 도끼보다 빠르다. 나는 그림 모양으로, 건방지게 헬맷과 안경을 쓰고 지팡이를 들고 다니며 외면치레로 위엄으로 가장했으나 속으로는 겁이 났다. 그들 체격은 동양인

들보다 월등하게 큰 데다 칼로 잡목을 휘두르며 전진하는 것을 보면 겁이 먼저 선다. 일본어를 하긴 하나 똥을 누러 갈 때 오야지, 미즈노무네 벤소 벤소(물 마실게요, 변소, 변소) 이런 정도다. 나는 나는 웃으며 OK, OK.

한 놈이 '미즈노무네(물 마신다)'하더니 원숭이처럼 야자나무에 기어올라 순식간에 야자 한 방자(房子)를 떨어뜨린다. 일방(一房)은 대략 6, 7개 열매가 매달린다. 배가 고프면 열매를 까서 부드러운 코프라 과육을 칼로 돌려 먹으면 시장한 줄을 모른다. 야자 열매 한 개면 충분하다. 마시고는 앉아서 쉰다. 그러자 다른 놈들이 똑같은 버릇을 해 보인다. 이놈들이 나를 조롱하는 것이 분명하다. 그 눈치를 챈 나는 도리어 웃고만 있다. 30여 명이 거의 이러하다. 음료수는 지참하지 않고 한 놈이 매일 5, 6차례 1방씩 따니 30명이 모두 한다면 천여 개 코프

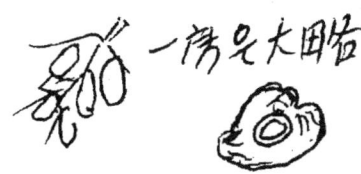

라 과실이 바닥나지 않는가. 나는 속으로 큰 손실이니 절제하여 마시라고 하고 싶지만 내 말을 들을 리가 없어서 그대로 내버려 둔다. 나는 인부 후면에 서 있다. 이쪽 가면 저쪽 놈들은

보이지 않는다. 그러면 앉아서 쉰다. 내가 그쪽으로 가면 늘어져서 서둘러 잡목을 쳐버리고 재빨리 전진. 내가 보이지 않으면 앉아서 쉰다.

점심때가 왔다. 당시 파간섬에서는 2년 전부터 비행장 공사가 시작되어 공사 청부조가 2조(二組), 3백여 명의 일본인(주로 오키나와 출신) 노동자가 고용 중이다. 이 공사는 매일 정오에 수백발의 다이너마이트를 폭파시킨다. 아마도 점심시간을 이용하는 모양이다. 이 소리가 나면 인부들은 작업 중지로 점심 먹으러 어딘가 내뺀다. 내 명령이란 마이동풍이다. 나는 허수아비 같은 존재였다. 일제하 방인대도민(邦人對島民)으로 반목이 심했다. 파간 역시 감독은 무조건 도민을 누르고 몽둥이로 때렸다. 그들에게 나는 '전상이란 놈'이 되었다. 도민들은 나를 깔보았고, 인부에게는 미운 놈이 되어 버렸다.

또 한 번은 장명환이 입항하여 라구나 창고에 쌓아 놓은 코프라 적하 작업을 하게 되었다. 이 작업은 회사로서는 제일 우선으로 생산물을 출하해야 하는 만큼 매우 중요하며 바닷길이 풍파에 좌우되는 만큼 평온기간에 적입을 마치라는 명령이다. 인부가 총동원되었다. 감독이건 사원이건 눈코 뜰 새 없이 분주해진다. 작업순서는 먼저 창고에서 포장하고, 간관(看貫-무게를 다는 것)하고, 운반을 하는 것이다. 창고에 포대를 메고 활주 투하, 절벽 아래(崖下)에 떨어진 포대는 모랫가로 다시 메고 가서 전마선(伝馬船, 매생이 배 5~6톤 재적) 가까운 낭타제(浪打際, 민물가)로 가져간다. 전마선이 모래밭에 가까이 오면 배의 밧줄을 육지로 던진다. 50미터 이상인데 한 놈이 물속으로 뛰어 들어가 뱃줄을 끌어와 10여 명이 끌어 당긴다(물결이 들어왔다 나갔다 함으로)물이 빠질 때가 5분도 안 걸리는 틈을 타 수십 명이 코프라 포대를 어깨에 메고 빨리 매생이 배에 던진다. 40~50 포대가 차면 본선에 싣고 가서 선적한다. 1톤당 30포대를 실을 수 있는데 그날 선적량 총 800여 포대를 창고에서 끌어내, 높은 언덕에서 모래밭으로 떨어뜨리면 바다에까지는 다시 어깨로 지고 가서 내리며, 60여 명의 인부가 하루종일 선적한다. 아침 다섯 시에서 작업이 되어 교대로 조반 점심 밤늦도록 7, 8시까지 초과 작업이 계속된다. 그럼으로 이 날만은 2일분으로 기입된다. 감독 한 명으로는 손이 부족해서 나도 자신해서 물가에 나가 일하는 인부 30 명을 보고 있었다.

남양 해는 아침부터 덥다. 정오가 지나면 모래밭이 매우 더워 판작을 깔고 운반한다. 전마가 낭타제(浪打際, 민물가)에 접근하면 로프를 선원이 던진다. 그러면 인부 하나가 물에 뛰어들어 던진 로프를 가져온다. 그러면 8~9명(老小耆)이 로프를 끌어 전마가 짐 싣기 쉽도록 버티어야 한다. 300톤을 오늘 하루에 실어야 한다. 1톤이 16~7포대다. 1차 전마선 운반량이 30여 포대이다. 5,000포대 100회나 운반(전마선). 그럼으로 예정대로 안 되는 경우에 다음날 일은 새벽, 민물가에 있던 것은 다 실어간다.

그해 2월 아침에 생긴 일이다. 새벽이라 바닷물이 매우 차갑다. 누군가 뛰어들어 배 로프를 꺼내 와야 하는데 저들끼리 눈치만 보며 머뭇거린다. 그러자 매생이 배(전마선) 선원들이 화가 나서 빠가야로(바보자식들) 라며 호통이 터진다. 너무 어물어물하기에 나는 19세 되는 젊은 놈 보고 야, 이번엔 네 차례다. 빨리! 라고 재촉을 했더니 이놈이 나에게 뭐라구? 하며 반항하지 않는가. 사실 나도 25세로 젊었지만, 나는 한 명, 그들은 수십 명이 둘러싼다. 겁도 났지만 이대로는 둘 수 없다. 일제 때는 언쟁이 아니라 손이 먼저 나가는 감독이라야 통용된다. 그러나 나는 사람을 치지 못하는 성격이라 그 놈을 이끌어 당시 새로 부임해 온 오카다(岡田)라는 자에게 끌고 갔다. 사무실에 있던 오카다에게 이놈은 내 말을 안 듣고 반항했다는 사연을 이야기하였다. 이놈이 내가 조선인이라고 본 것 같다. 그런데 오카다는 쟈모로 여성과 살고 있어 차모로 말이 능숙하였다. 그 놈에게 뭐라 뭐라 하더니 그 놈은 일터로 가 버리고 나만 남았다. 오카다가 너, 함부로 일을 시키는 거 아니야? 공평하게 인부를 다루어야 해, 하며 오히려 내가 잘못한 게 되고 말았다. 나는 속으로 화가 나서 당장 이런 회사에서 일하기 싫어졌다. 약자인 조선인이 가엾구나. 자위밖에 길이 없다. 나는 당장에 이 회사를 자퇴할 생각을 하며 동경으로 돌아갈 결의를 하였다. 오카다가 나를 내쫓고 싶어 하는 것이 분했다. 며칠이 지나도 아무런 소식이 없어서 일을 바꾸어 창고 속으로 들어가 간관(看貫)만 했다. 형무소 죄수와 다를 것이 무엇일까 자탄할 뿐이다.

또 한 번은 인부 식량배급 때 큰 소동이 일어났다. 먼저 말한 바처럼 아베가 하는 일을 인수하자, 약 한 주일간 매일 오후 6시 경이면 약 30명에게 식량배급을 하게 되었다. 이 일을 처음 맡자 나는 커다란 고역이 되어 밤 9시까지 걸려 겨우 끝났다. 배급 순서는 먼저 사무실에서 각 인부가 요구하는 식품을 기입에서 시작한다.

도민(島民) 성명은 동양인과 다르다. 처음 듣는 만큼 인부 이름을 모두 알아차릴 수가 없다. 일례로 호세이 빵에리난, 안도니요 데라쿠스, 비센테 아리오라, 이나시오 데리온, 게레로 아긴 마후나스. 이와 같이 성명이 너무 길어 암호 약자로 정했다. 호빠, 안데, 비아, 이데, 아마, 이러하다 그러면 하이! 호빠 무엇이 필요한가 ① 쌀 세 되 ② 사탕 두 근 ③ 된장 3근 ④ 시호마스 두 근 ⑤ 담배(당시 조선총독제 20본입 몇 보루) ⑥ 초 한 병 ⑦ 다꾸앙(무절임) 한 근. 이와 같이 6~7종을 요구한다. 30명이 기입이 끝나기까지는 적어도 반 시간은 걸린다. 그 다음은 창고 문을 열고 들어가 기록된 순서로 주어야 한다. 쌀을 되는 일이건 저울질 하는 일이건 해 본 적이 없었다. 몇 번이나 다소(多少)를 가감(加減)하노라니 시간이 걸리고, 손이 더러워져 몇 번 씻는다. 이런 일을 해야 했다. 그러나 한 달 이상이 지나자 단 한 번에 되고 저울질이면 80% 자신이 붙었다.

그런데 내가 맡은 지 한 주일 후에 아베가 와서 내 한 일을 보더니, 그는 놀란 표정으로 전군 이거 큰일이요. 출근표에 조월 잔액을 보고 돈을 남긴 자는 얼마든지 달라는 대로 주시오. 그러나 적자 빚 많은 자는 그날 일 안 하며는 제한을 하라는 것이다. 나는 겁이 났다. 참말 어떤 인부는 빚이 100~200엔 넘는 자가 있나 하면 돈 남은 자의 수보다 빚진 자가 70%가 아닌가.

다음날이다. 나는 창구(窓口)를 열고 식량 요구를 기입하나 출근표에 적자에 한해 일 나오지 않는 놈들에게는 단호히 제한을 했다. 그랬더니 30여 명이 사무실 앞에 몰려들어 석유 상자를 휘두르는가 하면, 만도를 휘두르며 벽을 친다. 빠가야로 아베, 죽여, 나와라, 내 가족을 죽일 셈인가, 야유와 위협 공갈로 떠들어댄다. 나는 각오하였다. 한 사람 대 30여 명, 삼방 창문을 굳게 닫고 앞 출입문만은 쇠 채우지 않았다. 내 탁자 옆에는 의자가 셋이다. 내 뒤에는 단단한 몽둥이가 있다. 문으로 들어온다면 먼저 의자를 던져 자세가 꼬꾸라지면 몽둥이 내리 패려했다. 세 놈쯤 죽이고 나서 내가 죽어도 죽자, 살기가 섰다. 이놈들아 들어오려면 들어와, 큰소리 질렀다. 그러나 그들은 좀 해서는 들어오려 하지 않고 밖에서 야단친다.

약 30분일까. 길 앞을 지나던 감독 니시다(西田)가 달려들자, 이것들은 산양(山羊)처럼 이리 뛰고 저리 뛰었다. 니시다의 문의에 내가 전후를 설명하였더니, 아베가 너무 과한 대책이라며 일 안하고 빚진 놈은 몇 안 된다 하여 제한을 해도 좋으나 무리하다가는 우리 감독은 칼 맞아 죽을 거란다. 니시다는 나보고 전씨, 여기는 일본인이 둘 뿐이오. 주재소는 멀어요. 차로모 인부들과 싸우지 말고 배급을 하고, 이번만은 부르는 대로 주어야 해요. 그러더니 내 시키는 대로 하시오, 하고 인부들을 부른다. 배급은 끝났다. 니시다는 전씨가 몰라서 한 일이니 다시 이런 일이 생겨서는 안 된다. 만일에 불평이 있으면 감독에게 먼저 말해라. 배급은 전씨의 일이 아니다. 아베가 책임자다, 라고 했다. 나는 마음이 그제야 풀렸다. 야, 사람 다루는 것이 쉬운 일이 아니로구나. 니시다와 같이 적어도 2~3년의 체험이 있어야 인부를 마음대로 쓸 수 있구나 하고 잘 깨달았다. 그 후부터는 아무런 불평이 전 같지 않고 나도 인부들에게 되도록 동정하여 제한으로 강제하지 않고 설득 후에 제한하였다.

파간섬에서 6개월 동안

파간섬에는 니시다(西田), 미야자키(宮崎), 모로미(諸見), 히가(比嘉) 등 4명의 감독이 있다. 그 중 니시다, 미야자키는 40세를 훨씬 넘어 사회생활에서 마시고 다투고 하는 일종 깡패에 가까운 듯하였다. 니시노미야, 아베, 오카다는 회사원의 명령에 잘 따르지 않고 반 자유라, 그들이 하는 대로 내버려 두는 것이 현명하다고 보고 있다. 나는 가장 약자라 이런 입장에서 감독들과 교류를 하지 않을 수 없었다. 그러면서 그때 눈치 챈 것이 네 명의 감독(니시다, 미야자키, 모로미, 히가) 들은 오카다와 니시노미야를 싫어했다. 나는 속으로 감독들과 손잡는 것이 유리하다고 판단했다.

언젠가, 니시다, 미야자키, 모로미, 3명은 매월 회합하여 주연(酒宴) 순차로 하는 모양인데, 이번에는 레구사에 있는 모로미의 숙소에 니시다와 함께 갔다. 우리는 소달구지를 타고 가는데 라구나 숙소에서 송송 시가지에 들러 니시다는 아와모리 한 상자, 나는 맥주 한 상자를 사 싣고 갔다.

　모로미는 가족이 있어 자기가 기른 돼지를 잡았고, 물고기도 많이 잡아, 상에는 놓을 틈이 없이 여러 가지 요리로 채웠다. 처음 찾는 만큼 정중한 인사를 마치고 포식하였다. 누구나 포식 후 주연이 시작되었다. 그들 3명은 아와모리만 마신다. 나만이 맥주이다. 내가 사 가지고 온 맥주를 한 병 마시고 났더니 취기가 나서 한 나절 취해 누워 자고만 있었다. 레구사 야자림을 혼자 돌아보고 저녁이면 다시 돌아가는 줄만 알았다. 하지만 연회 시작한 지 7, 8시간이 지나자 그들은 대취하고 나에게 아와모리를 한 잔 하라고 권한다. 할 수 없이 한 잔을 받았더니 3명이 모두 잔을 돌리지 않는가. 내가 나가 있는 동안에 노래와 춤이 한참이다. 흥이 겨웠던 판인지 웃음소리가 들려왔다. 그러나 그들은 니시노미야, 아베, 오카다 등의 시비가 나오기 시작하지 않는가. 간혹, 전씨는 스파이로 온 모양이라고 농락하기 시작한다. 나는 입장이 딱했다. 그들은 니시노미야를 매우 싫어한 것 같다. 이러한 이야기가 심야까지 계속되었다. 나는 근심이 생기기 시작했다. 혼자 갈 수도 없고 그렇다고 남의 집에서 잘 수도 없었다. 속으로는 내가 같은 일본인이라면 이런 때는 어디로 빼건 문제가 아닌데 할 수 없이 술 취한 체하고 옆에 누워 거짓 잠을 자는 체하였다. 그랬더니 이튿날 아침

세 시에야 니시다는 술이 깨어 나와 함께 회사의 우차로, 라구나 숙소로 돌아온 기억이 난다. 그 후 부터는 니시다와 나는 친구가 되어서 인부들도 무섭지 않았고, 니시노미야, 오카다와는 매우 멀어졌다. 일본인은 아무리 술을 먹고 (심야에) 지랄을 부리든 자기 책임에 대해서는 꼭 실행한다는 데 감명을 받았다.

자살한 오키나와 사람을 목격

어느 날인가, 장명환이 파간섬에 입항했다. 아침 9시경이었다. 우리는 배가 들어오면 반드시 하역관계로 부두로 가서 사이판 지점에서 보내는 식량과 자재를 하역하는 것이다. 이날 부두에서는 큰 소동이 일어났다. 오키나와 출신인 한 가족이 상륙 직전 배 위에서 면도칼로 목을 잘랐으나 아픔에 못 이겨 큰 소리로 울며 배를 다시 째고는 곧 물속으로 투신하였다. 선원들은 일대 소동, 전마선(傳馬船)을 내려 사체를 잠수 후 인양(引揚)해서 싣고 상륙하였다. 끔찍한 광경, 붉은 밸(창자)이 나왔고 눈알이 튀어 나왔고 혀도 빼물고 있었다. 보는 것이 잘못. 이런 추태로 자살하다니 나는 그 장소에서 물러났다. 그 남편 부인은 묵묵히 서 있다. 아마도 부부간 언쟁 끝에 자살한 모양이다.

이제부터 오키나와 사람에 대해 내가 아는 지식을 써 본다. 오키나와는 류큐라고도 부른다. 역사적으로는 독립국으로서 명치유신 전에는 중국과 통상거래를 했고 종속(從屬)국이었다. 왕국으로서 일본과는 전혀 다른 문화를 가졌다. 200만 인구. 섬에 비해 인구가 과밀한 관계로 일본영토가 된 후로는 언어불통, 약소왕국이 종속, 매우 빈한한 도민(島民)이다. 그러나 고유한 문화 예술도 있어 인품은 매우 순박하고 인정미도 강하지만 인구에 비해 경제상 넉넉히 못했다. 오키나와 이토만(糸滿)이라면 잠수어업으로는 세계적으로 유명하다.

일제시대 오키나와인은 방인(邦人)이라 하면서도 구분이 있었다. 남양 일대 출가노동자 거의 80%는 오키나와 사람이고, 그 가운데는 성공하여 큰 상점을 경영하고 토목청부업, 특히 어업(漁業)은 오키나와인이 독점하였다. 주로 서민은 주식이 고구마(甘藷)다. 그들이 처음 출가로 남양에 들어오면 반드시 고구마를 심는다. 3개월쯤 되면 수확하여 좋은 것은 팔고 남은 것은 큰 솥에 삶아 주식을 하고 남은 것은 반드시 돼지를 친다. 그들은 일체 현금 수입은 쓰지 않고 원금 이익을 늘린다. 3년이 될 때는 집을 사고 소를 사서 소작농(小作農), 자작농(自作農)으로 올라간다. 절대 조식(粗食), 구두쇠, 이런 사람들이 나중에는 큰 상점 주인이 된다. 중국인의 기질을 가졌다. 근면한 중국인과 꼭 같다. 휴일이 없이 일한다. 체력은 우리 한인보다 훨씬 키가 작고 약하지만 근면 절제로 돈을 모은다. 비가 와 밭일을 못할 때는 오키나와인들이 한 자리에 모여 앉아 아와모리를 작은 잔으로 조금씩 마시며 산신(三線)을 켜고 그에 따라 전원이 하루 종일 오키나와 노래를 부른다. 절대로 취하는 자를 보지 못했다. 그들 인정은 매우 두텁다. 섬사람 단결심도 강하다. 일본시대 남양개발은 거의 오키나와인의 손으로 되었다 해도 과언이 아니다. 사이판섬, 가라판정(町) 인구의 3분의 2는 오키나와 사람이었다. 오키나와는 제2차 대전 후 미군기지로, 섬 전체가 포장 도로화하였고 점령 후 20년쯤 미군정하였으나, 10년 전(1972년)에 일본으로 복귀하였다. 일반 오키나와인은 아직도 일본 귀화에 불평도 있는 것 같다.

일본인 하라(原) 라는 자의 가면(假面)

내가 사이판 지점에 전근으로 약 1개월, 척식 사무실에서 체류하였는데 하라(原)라는 자가 회계과에서 사무원으로 입사한 지 얼마 안 된 것 같다. 회계 주임으로부터 주의를 받는 것을 몇 번 보았는데, 늘상 자기변명의 말을 들었다. 자기는 규슈제국대학을 졸업하였고 전문은 과실가공이라 했다. 금전관계 사무는 골치가 아프다느니 자주 불평을 하고 여러 가지 호언을 하는 것을 듣고 있었다. 웬일인지 파간섬의 회계인 아베가 영전이 되자 그 대신 하라(原)라는 자가 후임으로 파간섬 회계과 주임이 되었다. 그는 차모로 여성을 처로 얻었고 부부가 라구나의 내 숙소 옆방에서 같이 살게 되었다. 나는 이 양반이 규슈제국대학 출신이라고 믿고 크게 존경과 지도를 기대하였고, 그 부인에게 식비를 낼 터이니 동식을 청하였다. 동의를 얻자 매우 기뻐 큰 기대를 걸었다.

이 양반 허세는 대단하였다. 어려운 전문서적도 옆에 있는가 하면 영문신문을 구독하고 있다. 나는 꼼짝 못하고 그가 회사 말을 타고 출근할 때는 반드시 말 타는 것까지 도와주었다. 그러나 두 주일이 못 가서 나 역시 사리간섬으로 전근(轉勤) 사령(辭令)을 받았다. 나는 매주 60명의 인부 출근표를 전부 기입하여 하라(原)에게 넘겼다. 그리고 만일에 인부들 출근표에 문제가 있으면 언제든지 사리간섬으로 연락하시오, 하고 겸손한 인사를 나누고 사리간섬으로 와 있었다.

6개월이 지난 어느 날, 파간 주임 오카다가 사이판으로 출장 시 잠시 사리간섬에 들렀을 때다. 오카다는 상륙하자마자 내가 파간에 있을 때에 출근표도 내지 않고 사리간섬으로 가 버렸다며 장부처리에 큰 문제가 생겨 그 때문에 지점으로 가야 되겠다고 하였다. 나는 인부 60명이라 하루 이틀 틀린 게 생긴 것이 문제가 되었나 걱정이 되어 죄송하다고 한 후에, 부족한 금액을 청구한다면 그 차액은 제가 부담하겠습니다 하였다. 나는 잘못 되었다 해도 10엔까지는 안 갈 것으로 생각하였다. 그러나 매우 부끄러워 몇 번 사죄를 하였다. 오카다는 그런 게 아니라 두 달 동안 아무 기록이 없어 하라 씨가 출근표 정리를 못하고 있다는 말이었다. 두 달 동안이라니. 이건 전혀 나와는 관계가 없는 것이다. 나는 오카다 주임에게 두 주일 동안 출근표에 등기되도록 하라 씨에게 전부 사무인계를 했다는 것, 나는 매주 아베에게 보고하였고 아베는 매월 마다 새로운 출근표를 보낸다는 것, 내가 할 일은 회계가 아니고 60여 인부들의 매주 삯 값(임금)과 상품대를 보고하는 것이며, 나는 회계가 아니라는 것, 내 의무는 인부들 삯 값에서 차이가 있을 때 내 잘못인지 인부 잘못인지 확인하는 것으로, 그 밖의 책임과는 관계없다고 설명하였다. 오카다는 그제야, 그런가 하며 알았다고 했다. 오카다 주임은 하라라는 놈이 매달마다 월보고서를 내야 하는데 두 달 석 달이 되어도 아무런 월보(月報)도 보지 못했다. 그래 그 이유를 재촉했더니 하라의 말이, 전 군이 주보(週報)를 하나도 작성해 놓은 게 없어서 못하고 있다, 하기에 이번에 너를 찾아온 거라며 잘 알았다고 하였다. 하라 놈이 규슈 제대를 나왔다는 것이 가짜인 것 같다.

오카다 주임은 다시 돌아갔다. 그 후에 들으니 하라에게 규슈 제국대학 졸업이 확실하냐고 추궁하였다고 한다. 이놈 거짓이었다. 규슈 제대에서 5년간 급사 일을 보았다는 것을 자술한 모양이다. 지점은 하라 놈을 가장 위험지로 알려진 라바울 섬으로 전근시켰다. 일본인은 아무리 자기 부하가 잘못이 있다 해도 목만은 안 자른다. 오늘날 일본이 경제에서 흑자를 내는 것은 미국이나 서구와 달리 종신고용, 서열진급, 인적의리가 종업원으로 하여금 정근(精勤)하게 함이다

사리간섬에서 3년을

나는 생전 처음 정든 고향을 떠나 일본을 거쳐 언제나 여름의 땅인 남양의 섬에 왔다. 처음에는 과연 이곳이 지상 천국이구나 했다. 보는 것, 듣는 것 모두가 신기했기 때문이다. 그러나 한 곳에 정착해 살아가노라면 여기에서도 다를 바 없이 번뇌가 따라 붙는다. 잠을 잘 때 꿈을 꾸면 벼랑에서 굴러 떨어져서 헛소리를 치다 잠에서 깨곤 했다.

1940년 4월, 나는 사리간섬으로 전근되었다. 이 섬은 남무

(南貿) 북도(北道) 5도(五島)(아나타한, 사리간, 아라마간, 파간, 아구리간) 중에서 가장 작은 섬이다. 약 20평방 리, 산형(山形)은 일제 시대 일본 육군이 쓰던 전투모(帽)비슷하다. 야자림 면적도 200정보(町步) 정도, 인부 가족은 17호, 관리인은 사사모토(笹本) 일가가 왕으로 군림하였다. 사사모토의 부인은 차모로 여자이고 그 친척들이 일가를 섬겼다. 관리인인 그는 하치조우(八丈島) 섬 출신인데, 어린 나이에 동경의 어떤 부유한 집에 양자로 들어가 젊은 시절에는 방탕한 생활로 세월을 보내다가 오래 못 가 사이판섬에 흘러 들어왔다. 차모로 여자와 정이 들어 원주민과 결혼한 만큼 차모로 말이 유창하여 한때는 남양무역주식회사의 로타 지점장까지 했다. 그러나 배운 바가 없고 사치 생활로 호의호식하며, 회사 돈을 물 쓰듯이 써서 막대한 빚을 진다. 회사는 그를 내쫓지 못해서 이 조그

만 사리간섬으로 좌천시킨 모양이다. 그 가족은 10명이나 되는 대가족인데다 처의 친척들이 야자림 100정보가 되는 이 섬에서 인부 노릇을 해서 그는 이 섬의 왕이나 마찬가지이다. 그의 장남이 병역으로 집을 떠나게 되자 사사모토를 돕는 회계원이 필요해서 내가 그리로 가게 된 것이다. 내가 상륙한 때가 하오 2시쯤이었는데 곧 야자원을 두루 살피는 데 3시간이면 섬 구경을 다 한 셈이다.

조그맣고 초라한 일본식 숙사, 차모로식 생활, 먹는 것도 야채는 없고 물고기와 코프라 요리 뿐이니 자취하는 것도 문제가 많다. 처음으로 사사모토(笹本) 가족 일원이 되어 차모로 식사를 먹게 되었다. 숙소와 취사장은 떨어져 있었다. 저녁밥을 먹자고 사사모토가 안내하였다.

집은 야자 잎으로 지붕 벽이 되어 있다. 우리나라 돼지우리 크기 정도의 12척 곱하기 12척 정도의 크기에 마루만이 일

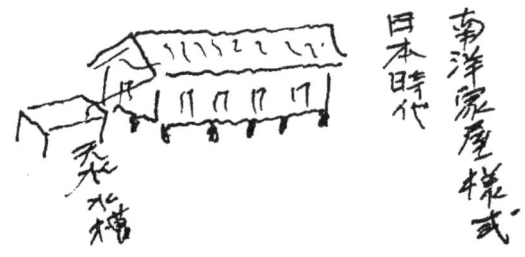

본 목판으로 깔려 있을 뿐, 재료는 전부 섬에서 얻은 나무로 지어졌다. 외모는 보기 싫었으나 안은 매우 선선하였다. 조그마한 탁자상이 놓여 있다. 앉아서 밥을 먹어야 했다. 그러나 놀란 것은 밥상이 더러운데다 새까맣다. 칼로 긁은 것처럼 밥그릇 녹슨 것이 조심스러웠다. 반찬은 코프라 요리로 된 생선국이다. 야채는 없고 밥뿐이다. 시장한지라 먹긴 했지만 내 맛이 아닌 식사를 하고 있었다.

그때가 해가 지는 무렵이었다. 야서군(野鼠群)의 습격(襲擊), 대형 쥐 대열이 기둥으로 올라가 밥상으로 떨어졌다. 놀랍게도 그 수가 100마리이다. 잠시만 눈을 팔면 태연하게 밥상으로 올라와 생선찌꺼기를 가로챈다. 그러므로 한 손을 단단한 회초리를 들고 쫓아내지 않으면 손가락이 물린다. 나는 겁이 났다. 쥐를 쫓지 않으면 제대로 밥을 못 먹는 곤궁에 빠졌다. 그제야 밥상 위가 칼로 된 것이 아니고 쥐 발톱 흔적이라는 것을 알았다. 매우 불쾌하였다. 사사모토란 50이 넘은 일본인이 이렇게도 원주민 그대로 변신했으니 참으로 불쌍하기도 하였다.

사사모토(笹本)는 2남 3녀의 자식을 두었다. 장남이 출정하였고 딸이 위로 19, 18, 12세로, 장모 합쳐서 일곱 명이 사는 집인데, 집이 매우 낮고 방도 두 칸이니, 좁은 집에다 내가 한 방을 얻어 사무실 겸 거처하게 되었다. 나는 사사모토에게 회사

주택인데 왜 이렇게 낮은가 물었더니 태풍 때문에 집이 높으면 바람에 날아가기가 쉽단다. 일리 있다고는 하나 외면상 매우 보기가 흉했다. 이 양반 이 섬에서 십여 년을 살고 있었다. 사사모토는 차모로 말이 능숙한데다 수완이 좋아 인부들이 꼼짝 못했다. 그는 술은 하지 않고 담배만 좋아 핀다. 취미는 일본민요로서 기요모토(淸元), 노(能). 고대(古代) 것이다. 딸들은 유행가로 밤낮 쉴 새 없이 백여 레코드를 축음기가 돌아간다. 이런 섬에서 유일한 오락이 될 것이다. 딸들은 일본 말이 통한다. 그 외 부인과 할머니, 친척들과 말이 잘 통하지 않았다.

 이 섬은 모기도 없다. 물론 뱀은 마리아나군도에는 살지 않았다. 짐승(늑대, 곰, 범)도 없다. 그러나 가장 큰 문제는 음료수인데 빗물을 받아 놓는 물탱크도 매우 부족하여 매일 인부들에게 물을 배급해야 했다. 천수(天水)를 받아 물탱크에 저장해야 된다. 우기 이외에는 매일 저녁, 먹을 물을 배급해야지, 자유로 방임한다면 큰일 난다. 이 모든 섬 생활환경에 익숙하지 못한 이십대 청년인 내가 과연 역경을 이겨내야 하니 자원(自願) 귀송자가 된 것 아닌가. 약 2~3개월 지내기까지는 신경쇠약증으로 남모르게 창파가 아우성치는 40척 벼랑 위에서 울었다. 회사 일은 파간 시절 때와는 반대로 현장 인부 감독은 사카모토가 하는 것이고 나는 내무로서 인부 출근표 기입, 일상상품 배급, 매월보고를 지점으로 보내는 정도, 매달 한 번씩 나카메이마루(장명환)가 기항하여 짐을 내려놓고 각 섬을 찾아다니다 다시 돌아올 때까지 약 일주일은 분주하였으나 그 뒤는 별로 일이 많지 않았다.

나는 신문, 월간지를 구독하였고 매선(每船)으로 삼십여 통의 편지를 써 보냈다. 그리고 그 답장을 손꼽아 기다린다. 이 고독을 이기다 못해 주임 후지노 씨가 순회로 상륙하면 자퇴서까지 써 놓고 기다린 때도 있다. 그러나 석 달 쯤 후에 주임을 만날 때는 차마 사표서를 내놓지 못했다.

사리간의 실태

사리간에 간 지 1년이 지나자 나는 생각을 고쳤다. 동경이 그리워 돌아간다는 것은 꿈에 불과하다. 내 자신이 야자에 관해 아무 것도 모르지 않는가. 이제부터라도 혼자 힘으로 연구하는 길밖에 없다고 판단을 내렸다. 멀지 않은 곳에다 시험구를 설정하고 각 야자나무에다 번호를 붙였다. 시험구에는 누구도 출입을 금했다. 2개월에 한 번씩 낙과수를 기록했다. 그리고 각각 야자 나뭇잎의 생태와 색깔을 기입했다. 그것도 종류가 3종이 있다는 것은 확인했다. 그리고 각 야자나무 열매를 까서 과

육의 양을 기록했다. 그뿐인가, 잎이 한 해 16매가 생육하다 낙과된다는 것을 확인했다. 2년간의 것을 종합한 통계표가 완성되었다. 이것을 백 그루(1정보 평균 수)에서 생산되는 코프라가 평균 1톤이 생산되는 것이 증명되었다. 그리고 사리간섬에 이미 있던 야자수를 헤아려 보았다. 그 결과 년간 70 톤의 코프라가 생산되어야 한다. 그리고 3년 전부터 이 섬에서 출하된 기록을 보았더니, 절반 정도인 35톤. 60톤에도 못 미쳤다는 것을 알아냈다. 30톤이라는 코프라는 어디로 갔을까. 물론 주민의 사용량은 기껏해야 10톤으로 보면, 이것을 빼고도 60톤이어야 하는데, 30톤은 어찌 된 것인가. 그것은 이 섬의 대형 쥐이라고 판정하고 창고에서 3톤쯤 손해를 준 것으로 보인다. 나는 보고서에서 야생 쥐를 박멸해야 한다고 하고, 다음은 부업으로 양돈과 면화 재배를 건의했다. 그것은 당시 양돈이 매우 고가였고 면화 역시 판매의 길이 컸다는 데서였다. 이 논문을 내 주임 후지노 씨에게 보냈더니 크게 기뻐하며 봉급을 갑자기 10엔으로 올리고 정사원으로 승격하였다. 내 논문은 남양청 산업진흥협회 월간호에 게재되었으니 나는 처음으로 회사에서 신임을 얻게 되었다.

나는 그 외에도 내무로서 인부들의 생활기록부 등 여러 가지로 통계를 내자, 전과 같이 회사 대 인부의 분규가 없어졌다. 나는 반드시 일지가 있어서 인부들이 날마다 어느 곳에서 무슨 일을 하고 누가 왜 쉬는지도 세밀한 기록을 하고 있었다. 이것은 물론 이 섬의 인부가 적기에 그들에게 배당되는 식량이나 심지어는 가족형성으로 부채가 있는 자를 위하여 자녀와 부인들에게 부수입을 도모하니 초적 3년 만에 그들 부채가 소멸하였다.

반 년쯤 지났다. 나는 차츰차츰 낯도 익어져 가고 년 2차 결산대차대조표를 작성해야 했다. 대학 시절 1 주에 한 시간씩 강의를 받은 부기법을 토대로 머리를 싸매고 해야 한다. 누구에게 물을 수도 없지 않은가. 나는 기초 재료가 되는 전표, 기록 등을 자기류로 생각해서, 한 달 이상이 걸려 처음으로 작성했다.

조그마한 고역이 아니었다. 결산서를 지점에 보냈더니 주임이 만족한 모양이다. 준사원 사령장을 받게 되고 본봉이 5엔이 오르고, 해외 이도(離島)수당이 나오게 되었다. 사사모토는 월급 80엔 뿐 수당은 없다. 만년 고용원(雇傭員)이다. 나는 2차로 상과 보너스가 나온다. 평균 200엔 월수입이 되었다. 그리고 사이판 이래 처음으로 내 봉급액과 상품 대금과 현금지급 명세서를 보게 되었다. 웬일인가. 파간섬 6개월분 전부 합쳐 300여 엔이 빚으로 남아 있다. 나는 이때까지 자기 월급도 하나도 모르고 있었다. 그 후부터 내 자신이 월급을 관리하게 되자 먼저 빚을 두 달 이내로 꺼 버렸다. 사리간섬에는 인부 이외

일본인이란 사카모토 뿐, 교제비는 전무, 월마다 식대로 30엔 외에는 돈 쓸 데가 없어 매 170엔이 그대로 남는다.

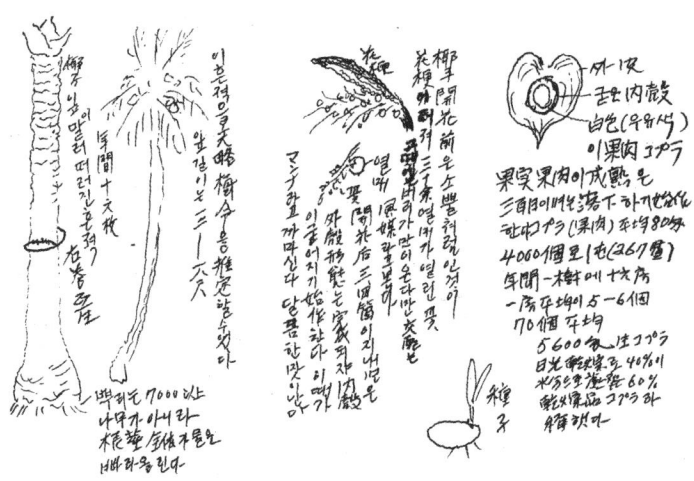

나는 시간이 남아돌아가기에 야자 과실 낙과를 2개월에 한 번씩 년 6회, 시험구 1정보 백 그루에 번호를 박아 놓고 한 나무씩 떨어진 것을 기록한다. 만 2년 동안 보고서를 작성하는 데 성공하였다.

이 보고서로 코프라 생산량을 측정할 수 있다. 연간 월별 낙과를 알게 되었다. 7~8월 우기에, 연간 총 낙과실의 70%라는 것이다. 이유는 성숙된 코프라 과실이라도 화경(花梗)이 잎 틈에 박혀 있다 비에 맞아 썩어야 분리가 쉽고 바람이 불어 흔들어져 쉽게 떨어진다. 코프라 과실은 땅에 정착된 지 2개월 만에 싹이 나온다. 바닷물에 떠 흔들리면 몇 년이고 싹이 나오지 않는다.

나는 한편으로 사리간섬의 야자림원 면적 약도를 측량으로 작성하였다. 야자 분포 형태와 나무 숫자의 기록을 만들었고, 또 한편으로 과거 5, 6년간 코프라가 수출된 기록을 작성하였다. 코프라 생산량을 정밀하게 지적하였다. 그 결과 사리간섬 코프라 생산으로는 결손이 될 거라는 경고와 함께 종전 관리법의 개선을 논했다. 사리간 야자원 관리총액 3만여 엔이다. 그 중 전체 가리(제, 나무벌목) 70%는 무용전폐하고, 그 대신 부업으로 대치할 것을 건의하였다. 양돈, 산양 방목, 면화재배로 수입증대를 꾀하는 대책을 논한 것이 주요 보고문의 내용이다.

보고 논문을 보고 주임 후지노(藤野)가 대단히 기뻐하였다. 종전까지 아무런 기록이 없어 맹목적인 경영정책이라 막연했던 것이다. 지점은 전례 없이 내 본봉을 한번에 10엔이나 올려주었다. 내 의견대로 경영개선이 되어 양돈과 목화재배를 시작하였다.

양돈과 면화 재배의 실태

사사모토는 사이판에 가서 종자 돼지로 암컷 두 마리, 수컷 한 마리를 매입해 왔다. 산양은 파간섬에서 4마리 암놈, 수놈 1마리 해서 5마리를 구해 야자원에 방목했다. 야자나무 아래 벌초(伐草)를 하면 산양들이 먹고 치운다. 면화 재배지는 약 40여 정보, 수로를 개간해서 목화, 연초 재배를 시작을 하고 있었다. 목화 4, 5종 중에서 이 섬에 적합한 육지면을 도입하였다.

면화재배는 한국과 다르다. 1회 수확이 끝나면 다시 주출이라 해서 2년쯤 4회 수확을 볼 수 있다. 초장(草丈)이 4, 5척에 달하는 것인데 적예(摘蘂 : 꽃술을 따는 것)하는 종래법을 폐지, 건조기에 들어가는 2, 3월이 가장 적합한 수확기라는 것도 알았다. 그런데 제1회 작업은 실패로 돌아갔다. 야자 아래에서는 들쥐(野鼠) 피해로 30%도 면 수확을 보지 못했다. 제2회는 장소를 바꾸어 야자 신식지대에다 심었다. 건조기라 적예 폐지로 면화지가 생겼는데 건기 억제로 자연히 낙화가 적었고, 결국 쥐 피해도 적어 성공하였다. 사이판 기록도 돌파하였다. 인부와 그 부녀, 아이들까지 동원했으나 농작이라 손이 모자라서 어느 쪽은 땅 위에 떨어져 우리나라 눈 온 풍경과 비슷했다. 그러나 그 다음은 들쥐(野鼠)의 피해로 중단하였다. 이유 수천 마리 쥐들은 물이 부족하면 면청과(靑果)를 까먹어 버려 목화 필 새가 없었다. 목화씨 먹는 것도 알고 있었다.

　양돈, 백, 흑 두 마리가 암컷인데 4개월 후 백돼지는 초산이 10 마리, 흑돼지는 6마리로 시작. 6개월 후에는 백돼지 16마리, 흑돼지는 10마리가 되어, 행운이랄까, 종자 돼지가 30여 마리가 되어 버렸다. 수컷은 5대 1로 도살 처리했으나, 종전대로 사료를 주려니 사료난(飼料難). 잡부 2~3명으로는 계속할 수 없어 방사로 개선을 해야 했다. 먼저 인부 주택지 주위를 석조 또는 잡목으로 울타리를 만들어 놓고 방임했다. 80%는 산에서 풀과 벌레(지렁이, 게, 들쥐 등)를 먹게 하고, 남은 20%는 생코프라와 음료수를 제공할 뿐이었다. 20여 정보에는 남양 특유한 마 종류(竽類) (뿌리가 2-3척으로 잎은 광대로 엄청나게 넓고, 풀의 길이가 6척에 달함)와 식용 바나나를 심었다.

　나는 처음 일본책에 나온 양돈법을 따라 돼지가 분만할 때 인부에게 지켜보라 했고, 어미에 깔려 죽지 않도록 목책(柵)안에 환목(丸木)으로 벽(壁)을 하도록 하였지만, 일이 많아지고 수십 마리를 다 해 낼 수 없다고 판단, 울타리 밖으로 내보내 산을 자유로 돌아다니며 출산하도록 하였다. 잡부들은 새끼가 낳은 곳만 발견하여 두었다가 새끼들이 걸어 올 때 가서 어미돼지에게 사료를 가져다 두라고 하였다. 그런데 어느 날 돼지 한 마리가 어디로 갔는지 일주일이 넘어도 돌아오지 않았다. 그래 난산으로 죽은 줄만 알았더니 10여 일이 지나자 12마리를 데리고 돌아오지 않는가, 그래 그 후부터는 먹이를 줄 필요가 없다는 것도 알았다. 그리고 돼지 새끼의 사망률은 매우 낮다. 돼지 사회도 자기일가 친족을 아는 모양이었다. 16마리 돼지 새끼가 어미젖으로 부족하자, 힘이 약한 놈은 젖꼭지를 빼앗겨 영양부족 상태가 되었다. 그러나 수십 마리 어미 돼지가 있으니까, 3일, 일주일 차가 있어 자기 어미젖을 뺏긴 놈은 다른 어미젖을 찾는다. 그런고로 공동체 다른 새끼라고 물어 쫓지를 않는다. 90% 성공.

다음은 돼지 훈련이다. 생후 3주면, 코프라 깎은 분말을 먹기 시작한다. 첫날은 무서워 도망친다. 다음 날은 먹이를 따라 사람 가까이 온다. 사흘쯤 지나서 몸을 만져본다. 나흘쯤에는 집어 던져도 본다. 다음부터 한 마리 잡아 어깨에 얹어본다. 한 주일 지나며는 사람을 무서워하지 않는다. 또 큰 돼지와 작은 돼지를 혼합으로 먹이를 주면 큰 돼지들은 작은 돼지를 주둥이로 떠 던진다. 무서웠다. 그래 작은 돼지를 보호하기 위하여 특별 책(柵)을 만들고 입구에 서서 몽둥이로 작은 돼지들을 모으면 이놈들 보라는 식으로 들어간다. 참말 재미나는 양돈이었다.

내가 아라마간섬으로 전근할 때까지 16개월 동안에 300여 마리로 늘어났다. 후일 들은 말이 돼지가 너무 많아져 방임 야생화 되었단다. 그 당시 기이한 현상이 일어났다. 돼지는 우리가 사는 계곡 아래에서 목장 안에서 방목이 시작되었는데 산양들은 같은 계곡 위에 고층 바위가 늘어선 지대까지 휴식처로 서식하고 있었다. 산양은 높은 바위 위에 서는 것을 좋아한다. 아마 삼십 여 마리나 되어 떼를 짓고 돼지 떼를 언제든지 내려다보고 있다. 말하자면 산양 떼는 계곡 아래로 내려올 수 없고 돼지 떼는 계곡 위로 올라갈 수가 없다. 한 번은 돼지 떼가 산 위로 올라가려다가 산양 떼와 부딪쳤다. 돼지들은 무서워 털을 곤두세우고 기성(奇聲)을 내며 뒤돌아온다. 산양들은 바위 위에서 내려다보고 네 것들이 하는 식으로 울음이 기괴한 소리를 낸다. 그 후부터는 돼지 떼들은 다시 산 위로 가지 않았다는 것, 떼를 짓는 돼지의 대장은 첫 종자 어미로 선두에 서서 행동한다.

들쥐(野鼠) 퇴치(退治)

코프라 건조장에서 일광을 이용하여 코프라를 펴서 말리는 데는 적어도 5~6일이 있어야 된다. 앞에서도 말한 바와 같이 들쥐가 무제한으로 번식(繁殖)되면서 창고로 운반되는 코프라를 들쥐 수천 마리가 매일 밤 먹어 버린다.

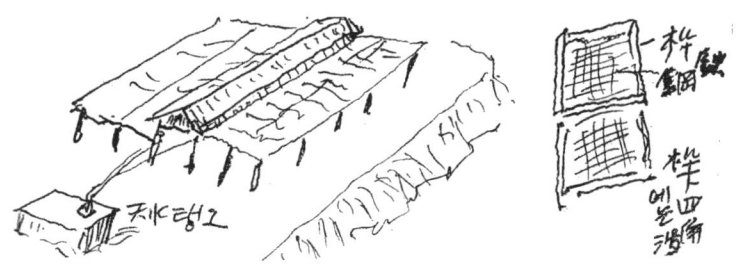

  나는 사리간섬에서는 내무 일에 열중하면서, 코프라 건조에는 주의를 하지 않았다. 일 년이 넘어서야 건조 코프라 형태가 하나도 완전한 것이 없고 모두 톱날모양으로 되어 있음을 알게 되었다. 어느 날 달빛을 이용하여 지붕 속에 밀어 넣었던 공이를 끌어냈더니 수천 마리 쥐들이 사방으로 도망치고 있지 않은가. 마치 대도시 번화가 인파를 방불했다. 다음 날 건조장 주변을 돌아보았더니 사면팔방으로 대로에서 소로로 갈라지면서 2~3천 미터 먼 데서부터 모여 든 것이 사실이다.

  나는 사이판 지점으로 쥐 피해가 막대하다는 보고를 보냈고 지점에서는 다음 배로 비산염과 탄산바륨 독약을 보냈다. 그래서 재빨리 바나나와 생선 고깃국을 끓여 밥과 혼합하여 신문지에 싸서 완자식으로 된 것을 2~3 정보 야자원 내에다 균일하게 투하, 그 결과를 2, 3일 동안 관찰해 보았다. 쥐는 영리한 동물이라 독 냄새 난 것은 먹지 않고 독 없는 것은 먹은 흔적은 있으나 죽어버린 사체는 하나도 보지 못했다. 그래서 사이판 지점에 그 쥐약으로는 퇴치되지 않는다고 보고하였다. 지점에서는 몇 달 후에 이번에는 L형 균과 불명명 균 이종(二種)종을 보내면서 취급주의와 사용법 해설 책자까지 보냈다. 설명서대로 생 코프라와 냄새 나는 생선에 혼합 투하하였다. 그러나 몇 주가 지나도 효과를 보지 못했다. 우리사람 보다 쥐들이 웃고 있는 셈이다. 속수무책 단념하지 않을 수 없다, 다른 대책, 사이렌으로 혼을 내는 일도 했지만 달아났다가 다시 온다. 하룻밤을 새워가며 지켜보나 이것도 오래 가지 못했다. 쥐가 말리는 코프라 1/3은 먹어 버리는 셈이다. 속만 앓고 있던 중이다.

하루는 잡부 둘에게 명하여 폐기물로 지저분하고 냄새도 나니 집 주변에 구덩이를 4척 폭으로 6척 깊이로 파라고 하였다. 그날 저녁이다. 먹다 남은 밥찌꺼기(잔반)를 취사장에서 그 구덩이로 던진 모양이다. 그 구덩이는 바로 변소 옆에 있었다. 나는 해질 무렵 어두워지기 시작할 때 소변보러 가던 참이었다. 쥐가 수십 마리가 숲으로 달아나는 것과 동시에 쥐 백 마리쯤이 구덩이에 빠져 올라오질 못하고 우왕좌왕 구멍을 뚫기 시작하는 것을 발견하였다. 아마 그날은 코프라를 말리지 않은 탓에 그곳으로 모인 모양이었다. 이거 좋은 수가 나왔다. 빨리 2, 3명 인부를 부르고 등불을 장만하여. 한 인부가 뛰어 몽둥이로 때려 죽였다. 박멸한 쥐를 세어 보았더니 백을 넘은 수가 아닌가. 이것이다.

　다음날 사사모토와 상의하여 인부 총 출원으로 해질 때를 기하여 3명 1조는 등불, 몽둥이, 포대를 준비하라고 지령하여 구덩이 안에 생 코프라를 투하 해 놓고 있었다. 나는 출발 배치대로 사이렌을 울렸다. 인부들은 지정 방면으로 헤어졌다 한 시간쯤 지나 모여 들었다. 첫날 잡힌 쥐가 2,500마리이다. 꼬리만 찍어 두고 쥐는 바다에 던지라 했다. 다음날 밤에는 1,500마리. 매일 구덩이 수리를 해 놓고 생 코프라를 먹이로 투하하였는데, 3일 날 밤에는 약 800마리, 6일 간에는 없다. 거의 전멸이 된 것 같았다.

　쥐는 영리한 동물이다. 도망친 놈도 있어 다시는 구멍으로 들어가려 하지 않는 것도 사실. 쥐잡기 작업은 이것으로 끝났다. 쥐꼬리는 5,000꼬리(尾) 이상을 중상자에 넣어 후지노 주임에게 보이려고 한 것이다. 쥐 잡이 비용과 박멸숫자를 보고하려고 다음 배편으로 상륙한 주임에게 쥐꼬리 실물을 보였더니 빨리 바다에 던지라고 한다. 사사모토는 웃으면서 사이판 흥발(興發会社) 사원 전부에게 의무적으로 쥐꼬리를 잡아 바치게 한다며 꼬리 하나에 10전이라는데, 팔면 어떻겠냐고 하였다. 주임도 웃으며 장사는 될는지 모르나 나중에 사리간 쥐꼬리라고 알면 큰일. 개인적인 일이면 모르나 회사에서 그런 부정을 하여서는 안 된다고 우리는 웃고 말았다.

사사모토는 관리인일 뿐
나는 남양무역회사 사원 견습인

　사사모토는 신분에서 나와 큰 차이가 났다. 나는 절대로 사사모토에게 순종을 하지 않을 것이다, 마음속으로 생각하였다. 나는 사사모토의 회유에는 절대로 넘어가지 않았다. 사사모토에게는 딸이 둘 있어서 여러 가지로 유혹하였지만 이런 핑계 저런 핑계로, 표면으로는 너를 사랑한다면서도 그녀들의 몸에는 절대적으로 기피했던 것이다. 참말로 큰 고역이었다. 만일에 그녀들과 성관계를 가진다면 나는 그것으로 내 인생은 끝난다는 데서 사리간섬에서 지내는 3년 동안 정조를 지킨 것이다.

　나는 사사모토 가족을 위해 회사에 이중 보고서를 작성해야 했다. 그것은 사사모토 자신 10여 명의 생계를 고려할 때 80엔은 어림도 없다고 했기 때문에 그들이 원하는 대로 해주자, 나는 그것을 위해 사사모토에게 일 능률을 올리라 권했다. 그의 부채는 장부 상 이중으로 만들어 그 부채를 인부 각각에게 판 것처럼 회사에 보고를 했다. 각 인부가 상품을 가져간 것처럼 분배 해 놓고, 잔액에는 동일하도록 꾸며 보고를 했다. 이렇게 함으로써 사사모토의 부채는 인부 전체가 부담한 셈이다.

사사모토(笹本) 가족의 반목을 해소

나는 사리간섬에 상륙한 첫날부터 사사모토 가족들이 보이는 태도에서 나를 자기들을 방해하는 사람으로 여겨 꺼리는 것을 눈치챘다. 이런 섬에 온 것은 나에게도 불행이었다. 그러나 사명(社命)이 아닌가. 나는 신입사원으로서 상사의 명령대로 따르려 할 뿐, 개인을 동정할 수가 없는 입장이다. 나는 학생시절에 사회에 나가서도 정의와 신의로 꾸준한 노력을 쌓아 올리면 점점 진보되고 나중에는 소망성취가 되려니 하는 막연한 세계관을 가지고 있었다. 그러나 자기가 실제로 사회에 몸을 두자 상상과는 다르게 너무 복잡하고 살기 힘들었다. 서로 간에 질투와 반목을 면할 수 없어서 실망을 금할 수 없었다. 더구나 식민지 사회는 더 한층 심한 것 같다.

사리간섬에 와 보니 그 가족들은 자기 것과 회사의 상품을 구별하지 않고 창고나 점포에다 섞어 놓고 있었다. 그들은 지점에서 보낸 상품이 인양(引揚)만 되면 자기 소유품으로 여기고 있었다. 인부들에게 배급되어야 할 상품까지 거의 독점하고 있었는데 그 원인은 무학(無學)에 있다. 나는 그들이 경제 관념이 거의 없고 죄악감을 느끼지 못하는 것이라고 판단하였다. 한 달이 지나자 나는 공사(公私)를 구별해야 한다며 회사 것이 아닌 물건은 딴 곳으로 이전해야 한다고 조용히 일러 주었다. 여기서 사사모토의 내력을 설명해 본다.

 그는 나보다 30여 년 전, 일본이 남양군도를 점령한 직후에 마리아나 섬으로 진출한 고참자 중 하나다. 그는 로타섬에서 개인상점을 열었는데 그때는 벌써 도민(島民) 여성과 결혼하였고, 남무(南貿)로부터 상품거래를 해왔던 모양이지만 상인으로서는 부적당한 면모가 있었다. 남무는 사사모토가 거액의 빚이 있어 자금 회수가 불가능하자, 부득이 최후수단으로 그와 가족을 사리간섬으로 보내어 일을 시키고 차금을 회수하고자 하였다. 그는 10여 년 전에 사리간섬으로 부임했다.

 사사모토는 부인이 차모로라서 차모로 말을 잘 알고 그 점 때문에 도민(島民) 인부를 부리는 데 매우 유능했던 것도 사실이다. 사리간섬은 마리아나 지역 중에 가장 작은 섬이라 좀 해가지고는 이런 섬에 갈 사람이 없는 것도 사실이다. 나는 이러한 사사모토의 내력을 알 리가 없고 신입사원으로서 부정을 할 수도 없었다. 약 1년이 지나자 사사모토의 부채는 800엔으로 뛰어 올랐다. 마치 쌀독에 들어가 먹을 대로 먹어왔던 쥐가 나에게 잡힌 셈이다. 그 뿐인가 인부들은 내가 오기 때문에 사사모토 가족들이 전과 같이 행세를 못하게 되었기에 오히려 나를 존경하게 되었다. 이런 판이라 사사모토와 나의 반목은 날이 갈수록 악화일로로 나 역시 곤란하게 되었다. 이것을 해결하는 방책을 구상하며 날이 갔다.

그러한 뒤 나는 사실인 것과 위조된 것 해서 두 가지의 장부를 만들려고 하였다. 기초되는 전표, 상품, 인부사용 작업명세서는 내가 가지고 있다가 사사모토 가족의 상품대가 봉급액을 초과할 때 금액을 수정해 준다. 다시 말해서 사사모토의 800엔 빚을 매월 조월 잔액에서 흑자로 만들어 일 년 내로 부채 탕감을 해 주어야 된다. 그렇게 하려면 사사모토 가족이 수입을 증가시켜야 한다. 그러기 위한 방책이 섰다. 하루는 사사모토와 나 둘이 밀담 상의. 먼저 나는 사사모토에게 봉급이 박하다는 것과 회사 측이 가족노동을 불허하지만 사사모토를 동정한다는 것을 전제로 하고, 나는 사사모토 가족들이 그저 노는 것보다 자유의지에 따라 회사 일을 도우라고 하였다. 그런다면 내가 지점 모르게 초과되는 부채를 없애고 앞으로 적자로 돈을 남기도록 하겠다고 사사모토에게 설명하였다.

또 다른 하나는 회사가 실제로 사용해야 하는 포대(包裝用) 현금 가격이 50전인데, 인부들은 이 사실을 모르고 마음대로 가져다 쓰곤 던지고 또 다른 새 것을 쓴다. 이것이 상품인 줄 모르고 있다. 앞으로 모든 자재를 절약할 것을 종용하면서 새 포대를 쓰려면 헌 포대를 가져와 새 것으로 교환해야 한다고 하였다.

그제야 사사모토의 태도는 일변하여 안면에 미소를 띠우며, 전군이 머리가 좋아서 나도 안심 한다면서, 그 이튿날부터 가족들은 코프라 채집에 나섰다. 나는 금액을 비밀 출근부에 등기하였다. 코프라 건조장에서 나오는 차액을 부인이 받게 되었다. 그 후 손 부족으로 두 딸과 아들도 거들게 되자 그들에게도 일당이 나왔다. 두 달이 못 가서 사사모토 월급만으로는 80엔이었던 수입이 가족 4명의 노동임금을 합쳐 200여 엔이 되었다. 사사모토의 가계는 일 년이 안 되어 부채는 없고 흑자로 넘어 갔다.

이 일을 계기로 가족들은 몰라보게 나를 믿었다. 그 후 두 딸(19세, 17세)이 요령(妖靈)처럼 젊은 나를 유혹하지 않는가. 나는 위기일발로 다행히 아라마간섬으로 전근되었다. 사사모토의 딸이고 또 회사 상사로서 인부들 부녀에 손을 댄다면 큰 사건이 된다. 그것을 피하려면 부득이 결혼해야 한다.

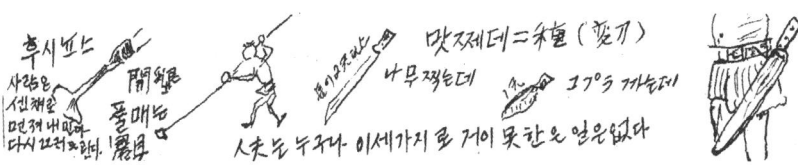

인부들에게 오락을,
자녀들에게 간이초급 교육을

나는 사리간섬에서 2년을 지내자, 야자원 관리의 기초에 자신이 붙고 성숙해졌다. 다행한 것은 사리간섬은 야자림이 가장 적은 곳이어서, 내 여가를 이용해 인부들을 위한 계몽(啓蒙)운동을 일으켰다. 사리간섬이 자기들의 섬이며, 우리의 회사라는 마음으로 순직(純直)하고 자진(自進)하도록 여러 가지 면으로 개선을 도모하고자 하였다.

마리아나의 북도(北道)로 오는 원주민 인부 거의가 사이판 섬에서 일해 보았자 저임금인데다, 맛없는 일본식품으로는 견디기 어려웠다. 토지 소유는 있었지만 사탕수수를 심어야만 밥을 먹을 수 있다. 그들은 이런 일이 그들 비위에 맞지 않았다. 고유한 야자림, 바다에 나가 싱싱한 고기를 잡으며 온 가족이 배부르게 먹고 자유로운 생활을 잊을 수 없다. 일본이 진출함에 따라 토지사용료를 강제로 정해 받는 돈으로는 밥도 못 먹었다. 그러므로 자기 정든 섬을 버리고 북도행(北道行)을 원한 것이다. 북도(北道)에는 남무(南貿)의 야자림(椰子林)이 있지만 야자를 먹게 허용하였고 일하다 쉬는 시간이면 산에서 게, 박쥐, 해조(海鳥)를 잡아 얼마든지 배부르게 먹는다. 바다에는 물고기가 많아 낚시 또는 쏠 창으로 바다만 조용해지면 얼마든지 잡힌다. 배부르게 먹고 남은 것은 젓갈을 담아 말리면 다음 날 반찬이 된다. 야자에서는 술이 나온다. 술 만드는 능력만 있으면 야자 술을 얼마든지 마실 수 있다. 남무(南貿)의 일도 일본인이 많은 사이판에서보다 힘들지 않다. 이러한 이유로 인부들이 이 섬에 들어왔지, 현금벌이를 위해서는 아니라는 것을 나도 알게 되었다.

  사람은 우선 의식(衣食)이 해결되어야 하지만 이것만으로는 만족할 수 없다. 오락도 있어야 하고 문맹(文盲)해서도 아니 된다. 원시인으로 사는 단순한 생활이 너무 길어지면 역이 난다. 이런 점을 생각하여 인부들을 이끌어 보자, 그러면 나에게도 보람 있는 섬 생활이 된다고 생각하였다. 나는 사리간섬에 들어온 직후에 인부들과의 관계를 변화시키려 하였다. 파간섬에서와 같이 인부 대 감독이 아니라 상사 대 노무원으로 상하를 두어서, 상의하며 신의를 만들어 가고자 하였다. 이를 위해 매일 아침 일 나가기 전에 사무실 앞으로 집합, 오늘 할 일은 전달한다. 출근부를 각자에게 나누어 준다. 일이 끝나면 다시 가지고 와서 그날 삯 값과 배급받는 상품 대금을 기입해 준다. 감독 잘못으로 돈이 자기의 계산과 다르면 무서워하지 말고 질문해야 한다고 했다. 파간 시절과 달리 매일 일지를 기록하였다. 만일 돈 문제로 의견이 다를 때 가령 모월 모일은 출근했다느니 안 했다느니 다투는 것보다 일지기(日誌記)를 놓고 시비를 판단했다. 그들은 기억만 하지 매일 하는 일을 기록하지 않았다. 틀리는 날이 나올 때, 나는 그들로 하여금 잘 알도록 너는 몇 시에 모 현장에 누구누구와 일했고, 그 다음 모 현장에는 누구누구와 같이 일했다, 이렇게 설명하였더니 자기의 부끄러움을 감추지 못하여 죄송합니다, 하고 가 버린다. 한 달이 못 가서 그들은 나를 믿고 출근표는 나에게 일임한다며 무조건 신뢰를 하게 되었다.

내가 사리간섬에 가기 전에는 어느 인부의 빚이 컸다. 자기 삯 값에 비해 무엇이든지 달라는 자(者)도 있다. 나는 그들에게 설명하였다. 너희들은 이 섬에서 종신(終身)토록 살 것인가. 회사는 (너희들이) 빚을 져야 달아나지 않으니 도리어 기뻐한다. 그러나 누구나 사람이면 욕심이 있어야 한다. 젊었을 때 돈을 모아 저금을 해 두어야 병이 난다든가 불행이 온다든가 할 때 자금을 끌어 쓸 수 있다. 그 뿐인가. 2년에 한 번씩은 사이판섬 본 고향을 찾아 친척(親戚)과 지우(知友)를 만날 수 있지 않은가. 저금은 매우 필요하다. 17명 중 돈을 남긴 자는 5명뿐이다. 이 5명은 오는 배로 사이판으로 가겠다면 언제든지 갈 수 있다. 그 외에 12명은 돈이 없으니 회사로서는 보내지 못한다. 이런 말로 통역을 시켜 이해하도록 말을 하면서 나는 거짓말을 하지 않는다고 덧붙였다. 내 말이 끝났다. 인부들끼리 뭐라고 웅성거리더니 통역자가 전 씨가 매우 고마운 말을 해 주어서 감사합니다, 라고 하지 않는가.

  나는 또다시 입을 열었다. 이제부터 각자에게 돈을 만들어 준다. 이 돈은 기명(記名)자만이 사용할 수 있게끔 되었다. 통장거래라는 것은 매우 좋으나 잘못 하면 쓸 데 없는 것까지 산다. 그래서 돈이 남지 않는다. 이 돈은 사리간 전(全)이라는 사람이 발행한 종이(紙)에 불과하다. 그러나 너희들에게 자기 돈이 얼마 남는가를 가르치기 위하여 내가 일부러 만든 것이라고 덧붙였다. 인부들은 이의(異議)없이 따를 것을 승인하였다. 약 3개월 동안 내 일은 더 많아졌으나 큰 효과를 거두었다. 그 후부터 누구 하나 적자를 내지 않고 흑자로 변했다. 그런데다 전쟁은 가열해짐에 따라 식량배급이 실시되었다. 상품 물건도 보급이 떨어졌다. 그래서 사리간섬 인부 17호에게 배급은 매주 한 번으로 바꿨다. 회사에는 자기 인부들 확보하기 위해 예비 비축(備蓄)을 해 둔 게 있어서 식량이 부족치 않았다. 나는 일 년간 인부 17호 각각이 무엇을 많이 가져갔는지, 일 년간 소비된 기록을 각 인부별, 월별로 총계를 명시하여 식량 연감을 만들었다. 그러므로 어느 가족은 쌀이 얼마, 어느 가족은 무엇을 더 소비한다는 것을 알았다.

  일례로, 산토스란 자는 부부 외 자녀 합쳐 7명 식구이다. 매주 등유를 한 되 이상으로 가져간다. 월 7되를 가져간다. 등유는 식량이 아니다. 보통 한 집에 약 2~3되를 쓰는데 빚 많은

이 양반, 등유를 먹는 것도 아닐 텐데 왜 이렇게 등유를 많이 쓰고 있을까 호출하여 물어 보았더니 취사장에서 나무에다 불 일으키기 위하여 사용했다는 거다. 나는 그에게 지금이 평화 시대 아닌 전쟁 시기다. 물자보급이 두절된 줄을 모르느냐 책망을 하였다. 이와 같이 그들 가정 내 살림살이까지 코치해야 했다. 나는 만 2년에 들어서서는 내가 마음먹은 대로 일을 할 수 있는 만큼 그들은 내가 하는 일에 절대 복종이라 해도 과언이 아니다.

  나는 자녀들을 위하여 일본어와 산수를 가르치도록 간이학교를 열었다. 교재를 만들어 오전에 사사모토의 딸이 가르치게 하였다. 그 중 2, 3명에게는 소학 4년 과정을 내가 가르쳤다. 7세 이상으로 16세까지 생도(生徒)는 17명인데 하오에는 회사의 면화 재배장에서 반 일 동안 풀매기와 수확(收穫)을 하도록 하여 어른 삯의 반(半)값을 주기로 했다. 배우며 용돈을 벌게 되었다. 이들은 음악, 즉 노래를 좋아한다. 학교를 열어 일 년이 못 되었다 해도 하룻밤 학예회를 열게 되었다. 그 날은 야자원 내 전예(全刈)를 끝내는 무렵. 한 달 전에 연습이 시작되었다. 당시 내가 일본군가 곡조(행진곡)에 가사를 지었다. 하나는 소학생들이 산으로 갈 때 부르는 가요. 또 하나는 전예(全刈) 완료 축하연에 인부들이 부르는 노래 가사다.

어린이들이 부르는 노래   1번은 勝ちぬくルイ"の軍歌?
    イッテ クルゾト   イサマシク
    チカッテ ヤマエ   キタカラヨ
    シゴトセズニ   カエリョーカ
    センキセンシ   ツ[?]センイ
    アセタマフラセ   ワレツヨシ

人夫用の全セ うた
 園内清朗 地に誇りて
 のびたつ椰子の 色黒く
 朝日に[?]にあう 山崖め
 我等が誇える 住場なり
간츅기(??)

 학예회 전날부터 회사에서는 돼지를 잡고 인부 가족들이 총 동원해서 물고기 생선과 야마이모(山芋)를 산에서 캐다 커다란 잔치 준비가 시작되었다. 애들은 만국기를 종이에 그려 식장을 장식한다. 축일 날은 하루 종일 레코드 노래가 울리고 전에 축하 노래를 다 같이 부르며 사무실 주위를 행진한다. 정오에는 준비한 식사를 같이 한다. 하오 4시부터 소년소녀 학예회가 열린다. 어른들은 야자술을 마시며 참관한다. 인부들은 흥이 나자 부녀자들과 차모로 춤을 추며 파티는 밤이 깊도록 노래가 이어진다. 3일간이 휴일이다. 사리간섬 이십 년 이래 처음 보는 위로제였다. 그들은 매우 만족했다. 서로 취하여 싸우는 것이 훨씬 적어졌다. 이것이다. 대중이 살아가는 데는 이런 명절이 있어야 함을 나도 느꼈다. 연습에는 한 달 이상이 걸렸다. 밤이면 노래 가사를 외워 부르며 놀 새가 없었다.

3년에 한 번인 귀성(歸省)이 연기되어 한 달 동안 사이판 지점에서 휴가. 돈 10여 일에 바닥

내가 남양무역에 입사한 지도 3년이 되었다. 척식과에서 주임을 보좌할만한 지위에 오르게 되어 정사원으로 승격하였다. 회사 규정에 의해 2개월간 휴가를 받아 귀성할 예정이었다. 이 모든 비용은 회사에서 부담하게끔 되어 있다. 그런데 휴가를 연기해야 할 사정이 생겼다. 주임 후지노 씨도 같이 휴가를 가야 할 입장. 그래서 후지노 주임은 나더러 자기가 먼저 갔다 온 뒤로 가라는 것이다. 척식부에서 둘이 다 자리를 빌 수 없다는 이유이다. 내 휴가는 두 달 후로 연기되었다.

나는 후지노 씨를 매우 존경하였다. 그는 인도네시아의 세레베즈섬, 수마트라섬, 뉴기니 등 11년간 해외 근무로 말레이지아어는 물론 인도네시아(네델란드 령)의 당시 사정에 정통한 분이고 무용담도 많이 들었다. 그는 나를 자기 팔처럼 여기며 사랑해 주었다. 전 군! 이도(離島) 생활은 당분간이니 좀 더 참아라. 우리는 멀지 않은 때에 수마트라로 가자, 광대한 땅 비옥한 토지, 자영 야자원을 경영하자며 그의 꿈을 들려주었다. 그때가 오면 나는 내무를 맡고, 히가군(후배)은 외무를 맡아 세 사람에서 자립경영을 하자고 하였다. 그의 말에 의하면 네델란드는 그 광대한 대륙을 다른 나라에 빼앗길 것을 우려하여 거짓 선전으로 맹수가 있느니, 큰 뱀이 있느니, 식인종이 있느니 하지만, 이거 다 거짓말이라고 하였다. 그러면서 그는 나에게 말레이지아어를 배워야 한다고 초급 말레이지아어 책자까지 주었다. 나는 해외로 웅비하는 꿈의 대망에서 모든 일에 정성을 다할 것을 결심하였다.

그때는 남양무역주식회사(南貿)와 남양홍발주식회사가 병합되기 직전이었다. 나는 사이판 지점으로 한 달 동안 휴가를 받아 가서 가라판 거리의 독신자 숙소에 체류하게 되었다. 사이판 지점 사원들은 내가 돈을 많이 남긴 것을 잘 알고 있었다. 1500엔이 그대로 회계과에 남아 있던 것이다. 사실 이 돈은 귀성할 때 2~3천 엔을 만들어 집으로 가져가려던 돈이었다. 이도(離島)에 근무하면 봉급은 거의 전액 그대로 남았다. 사리간섬 시절에는 파간섬 때와는 달라 교제비는 전연 없었다. 매달 생활비는 30엔이면 족했다. 술, 담배도 하지 않았다. 그래서 내 본봉은 70엔, 가봉이 260%, 년간 두 번 상급, 보너스 500엔이 가산하면 연수입 3000엔 이상이었다. 나는 돈을 가졌으니 젊은 이십대 사원들의 유혹에 금방 빠져들었다. 첫날밤은 그들이 내는 한 턱 접대를 받았다. 다음 날 부터는 내 차례가 돌아왔다. 당시 가라판 거리는 북가라판, 남가라판이라고 불렀는데 요리점, 바(일명 카페), 여랑(女郞)집, 모두 합쳐 백여 개가 넘었다. 우리는 북가라판에서 정벌이란 말을 썼다. 북에서 젊은 놈 4, 5명으로 그룹을 엮어 돌아다닌다. 맥주 한 병(4, 5홉 들이) 60전, 과일, 오징어 값인데 대략 한 집에서 10엔 이상이다. 말하자면 그 중에는 어느 카페 계집애가 처녀요, 애교가 좋은가를 돌아다니며 보는 장난이다. 밤 두 시까지에는 집으로 돌아오곤 했다. 또 중급 사원들은 다르다. 방석에 앉아 예자(藝者) 놀이다, 요리정이다, 이런 것으로 사원교제가 10여 일, 매일 밤이었다.

그것도 어느새 싫증이 났다. 이럭저럭 하는 동안 남은 돈 1500엔은 어디로 갔는지 바닥이 났다. 그러나 회계과는 내 사정을 잘 알고 있기에 얼마든지 현금을 끌어 쓸 수 있었다. 나는 한 달쯤에 다시 사리간섬으로 돌아왔는데 그 후 회계과에서 700여 엔의 현금을 차용하였다는 증서를 보낸 것이 아닌가. 후회는 늦었다. 한숨을 쉴 뿐 다시는 이러지 말아야 하겠다고 자성할 뿐이다. 이런 악도 해 보았으니, 젊은 시절에 나도 이런 일이 있었다 하는 과거를 회상하여 지금 내 자녀들이 나를 닮아 돈에 대한 애착심이 박약한가 보다 하고 꾹 참는다.

섬사람은 섬에서 먹고 살아갈 수가 있다.

　대륙에서 살던 사람이 남양군도에 오면 모든 면에서 생소하다. 아무리 먹고 싶어도 그 방법을 모른다. 도민(島民)들이 하는 법을 배워야 한다. 내가 아무리 회사에서 파견된 사원이라 해도 인부들이 하는 일에는 어림도 없고 배우려 하면 그들이 하는 것을 우선 본받아야 했다.

　일례로 야자나무에서 술이 나온다. 그 술 만드는 법을 섬사람에게 배워야 할 것이다. 또, 사리간섬에는 해조(海鳥)가 많다. 오사도리(백색으로 우리나라 집오리와 비슷하다)는 죽지가 매우 길다. 토어(土語)로 루아우라 한다. 이 새는 밤이 오면 사리간섬 뒷면 절벽 위에 잡목(雜木)이 무성한 곳에서 잔다. 매년 한 차례 3월이 오면 바다가 잔잔한데다 반달 정도로 달빛이 있을 때 전 인부(人夫)는 회사 보트로 저녁 해가 넘어가기 전에 그 곳으로 가서 보트를 감추고 숨어 오사도리가 날아오는 것을 보고 있다. 그리고는 어디서 자는가를 세세히 관찰하고 있다. 해가 넘어가고 달빛이 보일 때 산 위로 올라간다. 소리를 내지 않고 여러 군데로 흩어져 잡기 시작한다. 또 다른 손으로 날지 못하도록 날갯죽지를 끌어안고 입으로 목을 물어 죽이거나 목을 비틀어 죽인다. 죽은 놈은 그대로 두고 다른 놈을 다시 잡기 시작한다. 이와 같이 하룻밤에 잡을 수 있는 장소를 두루 돌아다니다가 해가 떠오르는 때까지 기다려 죽인 놈을 모아 보트에 싣고 집으로 돌아온다. 내가 처음 본 것이 3백 마리쯤 보트에 가득 싣고 돌아와 각 호에 골고루 배분하는 것을 보았다. 그 요리는 닭고기 요리 식으로 삶아 먹지만 나는 물고기 냄새가 심하여 먹질 못했다. 그러나 수십 마리를 돌 구이(석화)로 한다. 땅 위에다 많은 나무를 쌓고 그 위에 돌을 얹는다. 다시 그 위에도 오사도리를 싸 놓는다. 다시 바나나 잎으로 덮고 불을 지핀다. 반나절이 지나자 돌 굳기로 된 야끼도리(구운 닭)를 끄집어낸다. 전신(全身) 털은 보이지 않고 잘 구워져 있다. 이것은 먹을 수 있었다. 또 오래 저장할 수도 있다.

또 다음은 해조(海鳥 차모로 말로 화항)는 4, 5월이 되면 해안 바위 위에다 산란하는데 한 곳에다 꼭 한 알씩 낳는다. 그때가 되면 사리간섬 서북해안 일대 바위 위에다 수 천 마리가 산란을 한다. 우리는 야자 잎으로 만든 구럭을 가지고 다니며 줍는다. 알은 우리나라 지계(地鷄)가 처음 낳은 계란 만하다. 맛도 같다. 다르다면 고기 냄새가 난다는 것. 하루에 수 백 개 주워 온다. 다음은 10월, 11월 쯤이 되면 역시 섬 뒤쪽 절벽지대로 가면 바다제비 수천 마리 떼가 산란기에 들어선다. 그럴 때 배로 가서 절벽 위에 올라간다. 한 사람은 대 끝에 그림과 같은 그물(원형)이 붙어 있는 것을 잡고 앉은 자세로 땅 위에도 놓고 있다가 새가 자기 새끼가 잡혀 울고 있는 곳으로 날아든다. 그때다. 그때 그물채로 덮어 잡는다.

아라마간섬으로 영전(榮轉)

시국(時局)은 차츰차츰 역전되기 시작했다. 1942년 12월 8일, 일본은 미영 선전포고와 동시 하와이 진주만을 기습하였다. 이후 연달아 동남아시아와 남태평양 일대를 제패하는 등 대전과(大戰果)에 일본국민들은 승전에 대취하였다. 무적해군, 육군도 연승으로 대일본제국의 동아공영권을 호언하였다. 나도 믿었다. 그러나 일 년이 거의 지나자, 정세는 악화되기 시작하였다. 1942년 8월에 미 해전대는 솔로몬군도 과달카나르

섬에 상륙하기 시작했다. 솔로몬 해전이 일어나자 미군(美軍) 잠수 함대는 벌써 마리아나군도 해역까지 출몰하게 되었다. 그러자 우리 회사 남양무역은 남양홍발에 합병되어 버렸다. 주임 후지노 씨는 귀향한 후 1년이 지나도 폐렴이 낫지 않아 돌아오지 못했다. 회사는 사원들에게 귀성 금지령을 내렸다. 나 또한 미 해군 잠수선이 나타난 이상 무리를 해 가며 허가를 얻어 고향으로 돌아갈 생각도 없었다.

양사 합병은 남양무역(南貿)계 사원들에게는 불리한 조건이 되어 버렸다. 회사 인원이 이동(異動)이 일어나자 용원(傭員), 고원(雇員)으로 남무시대 종업(從業)자들은 매우 불평이 많았다. 남양홍발에서는 사원 계급에 따라 봉급에 큰 차이를 두었다. 그러나 나는 학력이 있다고 해서 다시 서기견습이란 지위로 변했다. 홍발은 사무관 계통으로는 서기, 서기보, 견습을, 기능면으로는 기사, 기정, 견습, 이런 제도로 계급이 정연했다. 나는 본봉이 76엔, 가봉(보너스)이 300%로 연간 4,000엔 수입으로 매우 유리해졌다. 그러나 관리인들은 용원으로 떨어져 봉급 외는 해외수당을 받지 못했다. 그것뿐인가. 아라마간섬 관리인 니시다(西田)는 전 파간섬 감독이었는데 좌천으로 아리마간섬을 떠나야 한다. 나는 아라마간섬으로 상륙하자마자 니시다 씨로부터 사무인계를 해야 했는데, 이 니시다라는 자는 자기의 능력부재는 모르고 약 일주일 동안 술을 마시고 광분하며 지랄을 부리지 않는가. 나는 니시다 씨의 처지를 동정한 나머지 위로(慰勞)를 할 겸 전시하라 무엇이든지 물자 부족한 상태이니 원하는 상품이 있으면 가져갈 대로 가져가라고 그로부터 상품 창고를 접수를 하지 않고 눈을 감아 주었다. 그 자는 괴이한 놈이다. 표면으로는 청렴을 보이나 이면에는 강도와 같다. 나는 니시다가 섬을 떠날 때까지 우대를 해 주었다. 속으로는 고약한 놈이라 생각하면서도 그와 함께 파간섬에서 6개월 같이 있었다는 의리로 참아야 했다. 그는 가 버렸다. 나는 그가 관리하던 문서와 상품 재고를 정리해 보았으나 그 또한 무학자라 사사모토와 다름이 없었다. 그래서 나는 사이판 지점으로 보고를 하였다. 나는 전임자 때의 것은 책임 못 지겠고 내가 새로 시작하겠다고 성명서를 낸 셈이다. 지점에서도 회사 합병 때문에 생긴 부득이한 사정으로 보아 승락을 해 주었다.

먼저 아라마간섬을 대략 소개해 보겠다. 이 섬은 파간섬, 아구리간섬, 아라마간섬 순으로 야자림 보유 면적으로 제3위나 되는 섬이다. 본섬인 사이판섬에서 175리, 북쪽에 있다. 면적 35리(평방) 활화산 섬이다. 정상에는 약 30 정보(町步)의 분지가 있고 50척 높이로 기복이 다양하다. 그러므로 계곡에는 도민(島民)들이 일상 생활에 필요로 하는 빵나무, 산마(山芋), 빈랑 나무, 야자게, 가와모리(蝙蝠), 산새(山鳥)(사스갈, 보진죠)

등이 있어서 5도(五島) 중 가장 생활하기에 좋다. 바다에는 물고기, 거북 등이 다른 섬보다 풍부하다. 해변 두 군데는 온천(溫泉, 민물 속)이 있다.

야자림은 기성림이 팟티도에 200정보, 손손에 150 정보가 있고, 신식림도 팟티도 200정보, 손손에 180정보 있었다. 그러나 나는 400정보 신식을 예정하고 있었다. 내가 이 섬에 왔을 때는 두 부락을 연결하는 건 수로 뿐이었으나 육로로 우차(牛車)가 통하는 도로가 개통되어 있다. 나는 주임이어서 팟티도 부락에서 일본인 요시다 감독과 동거를 하였다. 손손 부락은 사브란이라는 차모로 감독이 주재(駐在)하면서 인부를 통솔하고 있었다. 인부는 팟티도에 18호 있었고, 손손에 16호가 있었다. 각 부락에는 자기들의 카누를 보유, 합쳐서 18척이다. 또한 회사용 보트(15톤 적재량)가 있다. 손손 부락에서는 우차(牛車) 2대를 이용하여 코프라 채집을 하였다.

신임(新任)된 후 새 출발을 구상

　나는 약 한 달 동안 아라마간 야자림을 순회하며 지형을 살피고, 내무로는 전임(前任)이 해 놓은 것을 조사했고, 인부들과 감독들이 나를 어떻게 보고 있는지 통찰하고 있었다. 사브란 감독은 전에 니시다와 같이 있었으므로 섬에 관한 내막을 청문(聽聞)하였다. 그리고 난 뒤 두 감독에게 매월 정기회합을 해야 한다고 지령하였다. 모든 것을 새로 출발하자. 첫째, 각 부락 인부들이 살고 있는 집을 수리하고 개축하여 사는 곳을 깨끗하게 하라는 첫 명령을 내렸다. 약 8주일간 이내로 한다면 회사가 일당을 지불한다고 하였다. 감독의 지시에 따라 부녀노소가 총동원 되어 산에 가서 재목되는 나무를 잘라 나르는 한편, 야자 잎을 따서 엮었다. 그것으로 지붕이 되고 벽이 된다. 못(정)은 필요 없고 나무껍질로 잡아매면 된다. 방 마루만 회사 것을 내주어 깔게 하였다. 인부들이 사는 집이 깨끗해야 일하는 의

욕이 나올 것이므로 새 주임을 대하는 인부들의 마음에 자극을 주었다.

코프라 채집은 인부 총동원하여 매주 1차 의무적으로 실시하였다. 전례(前例)로는 야자림과의 거리에 따라 관 당 값이 달랐으나 나는 값을 일정하게 하였다. 그 대신 2전을 인상하여 7전. 우차 사용자는 3전에서 5전으로 인상하였다. 인부들은 매우 기뻐했다. 또 장차 소작제로 바꿀 수 있다는 전제로 각자의 채집구역을 설정하였다. 계곡의 기복이 심해서 운반에 힘이 들었으므로 어디에든 우차(牛車)가 다닐 수 있는 도로를 만들어 갔다. 감독들에게는 항상 야자원 안을 순회하여 코프라의 낙과 상황을 보고하게 하였다. 인부 각자의 수입이 일당 보다 많을 때에 채집 명령을 해야 하고, 코프라 과실 하나라도 엄두내지 않도록 감시하라고 했다. 그러자 실시한 지 두 달이 못 가서 종전의 2배나 코프라 채집으로 창고가 차서 보조 창고를 짓게 되었다. 나는 언제든지 내 자신이 장부를 기록하였고, 결손이 나지 않도록 필요 없는 잡비를 일체 금했고 비용지출을 극도로 줄였다. 이것은 사리간섬에서의 기초지식을 활용한 것이다.

한번은 이런 일이 있었다. 매월 한 차례 사이판에서 장명환이 올 때는 하역을 해야 한다. 짐이 많건 적건 전 인부 모두 총동원을 해야 한다. 인부들 가운데는 참말로 관능이 예민한 자가 있다. 상품의 포장으로 내용물이 보이지 않아도 무엇이 들어왔다는 것을 나 보다 더 잘 알고 있다. 감출 수가 없다. 그들이 가장 좋아하는 것은 사자크로스라는 남양홍발의 소주로 30도 정도 되는 것이다. 그러나 도민(島民)들에게는 판매해서는 안 된다는 법률이 있어 공공연하게 팔 수 없다. 방인(邦人)이라 해 봐야 나와 요시다(吉田), 이하(伊波) 3명밖에 없는데, 소주 3상자, 합성주는 4말들이로 3개나 보낸다. 금액도 적지 않다. 그래 하루는 인부들과 상의하였다. 하역을 맡으면 사자크로스, 합성주와 교환을 해주겠다고 제의하였더니 만장일치 찬성이 아닌가. 인부 심리를 이용하였다. 일당을 주는 것만 해가지고는 하역이 늦어지지만 이렇게 합의한 후로는 종전과 달라 단기간에 끝났다. 이와 같이 지도자는 항상 인부 심리를 구명하여 자주자주 자극을 주어 그들을 이끌어가야 한다. 자기가 섬 왕이나 된 듯이 앉아서 이래라 저래라 하는 것은 도리가 아니다. 그때까지 나는 술도 담배도 안 했다. 그러나 그때는 전시하에 있어서 인부들은 밤에 잘 때만 부락에 가기 때문에 인부들에게 원내에서 자기가 가장 마음에 드는 곳에 집을 짓고 대용식품을 증산하도록 명령하였다. 저녁마다 인부들이 사는 란초(농가 터의 집)로 돌아다니면, 야자술이 나오고 섬 음식이 나왔다. 나는 아침과 점심만 요시다 집에서 먹고 저녁밥은 거의 인부들이 만든 차모로 식사를 더 잘 먹었다. 매월 2, 3차 손손 부락으로 가면 역시 도민(島民)식사로 2, 3일, 때로는 일주일을 머물기도 하였다. 감독들은 월급을 받았으나 가족이 함께 동거하므로 수입이 적었다. 두 감독 부인에게 별도의 수입을 고안해 주었다. 상륙 3개월 만에 도민들을 장악하게 되어 다리 펴고 잠을 잘 만큼 되었다.

회사는 전시하. 방독 마스크의 재료가 되는 야자 내곡(內穀)이 분탄(粉炭)용으로 된다 해서 내곡 채집을 부녀의 부업으로 장려하였다. 나는 개인보다 집단으로 하는 것이 보다 능률이 나고 사이좋게 지낼 수 있다는 것을 권했다. 부인들도 좋아했다. 그때 내 이름은 전경운에서 마쓰모토(松本)로 개성(改姓)이 되었다. 도민들이 나를 마쓰모토 아저씨(松本오야지)라고 부르며 친근해졌다.

전쟁 시국 하에서 벗어난 이도(離島)는 평화의 나날이다

나는 파간으로 갈 때까지 아라마간섬에서 1년 3개월 정도 살았다. 시국은 악화일로(惡化一路)로 물자보급은 기대를 못한다는 것을 알았다. 막연하나마 미국 본토는 다치는 데가 없는 만큼 이 전쟁은 장기화할 것이라고 예감하였다. 언젠가는 이런 이도(離島)에도 공격해 올 것이라는 생각으로 감독과 인부들을 모아 놓고 전시체제이기 때문에 매일 아침 일장기 게재를 하도록 하였다. 코프라 채집 이외에는 각자가 자기의 농처로 돌아가 가족들과 같이 대피하고 대용식 확보를 위하여 작물을 심고 닭과 돼지에게 먹일 사료까지 준비하라고 명령하였다. 때에 따라 의무적으로 근무 봉사를 해야 한다고 했다. 당시 사이판은 비행장 공사를 하고 있었다. 린조(隣組) 방공연습(防空練習) 훈련을 하는가 하면, 적이 상륙하였을 때를 대비, 죽창돌격대로서 훈련하였다. 승리를 위하는 무상(無償) 봉사를 하고 있다는 것을 설명하였다.

식량배급이 곧 떨어질 것인데, 백미는 창고 저축량이 3개월 밖에 없어서 절약해야 했다. 그래 이것을 가지고 6개월을 견딜 수 있도록 백미는 반으로 줄여 배급하였다. 인부들은 낮에는 농터 집에서 지내다가 밤이 되면 자기 집으로 돌아간다. 각 감독들에게는 인부들이 대용식으로 작물을 심는 데 게으르지 않는가를 순회하라고 지시하였다.

만 석 달이 지났다. 그들은 내가 계획한 그대로 자급체제가 기반을 잡아갔다. 그 다음은 팟티도와 손손을 잇는 도로공사를 봉사하기로 되어 있어서 양쪽에서 시작하여 중간에서 합류되도록 나는 한 달이 넘도록 사전조사를 하였다. 공사한 지 두 주일 만에 도로가 개통되었다. 폭이 10척 이상으로 우차가 통

할 수 있게 하였다. 길은 꾸불꾸불하고 계곡을 우회로 돌아 먼 길이 되었으나 이 섬에 처음으로 제1차선이 낙성된 셈이다. 나는 회사에서 합성주 1통(4되 들이)을 받아 인부들에게 나누어 주어 노고를 치하하였다. 섬사람이면 누구나 장한 일이라고 자부하며 걸어서 왕래했다. 이제는 부녀들도 마음 놓고 두 부락을 쉽게 왔다 갔다 하였다.

年中行事로 오락과 위안을

나는 부임한 지 6개월 만에 아라마간섬 경영 개신을 성취하면서 섬사람들이 위안과 오락이 필요하다는 것을 느꼈다. 이제 생각하면 지점의 허가 없이 대담하게 내 마음대로 해낸 것이다. 코프라 값을 2전 인상할 때도 내 독단으로 하였기에 각 섬에 물의를 일으켰으나, 변해(辯解)의 이론이 정연하기에 니시노미야 연락 계장도 취소를 못 시켰다. 나는 젊은 혈기라 안 되었을 경우 회사 자퇴를 걸고 한 일이었다.

아라마간섬은 물고기가 많이 잡힌다. 4, 5, 6월은 연중 제일 바다가 잔잔해지는 시절이다. 저녁밥을 먹고 인부들과 카누에 올라 밤 낚시(트롤링 引繩)에 미친다. 먹는 것보다 잡는 재미.

더구나 보름날(滿月)에는 밤을 새우며 지낸다. 그리 큰 고기는 아니다. 일본말로 아카메(赤目魚, 가숭어)라 하고 길이 4.5cm 정도 된다. 기름에 졸이면 잔뼈까지 먹을 수 있다. 잘 잡힐 때는 하룻밤 새우면 2, 3백 마리를 잡을 수 있다. 잡은 고기는 인부들이 서로 나누어 가진다. 아침에 깨어 문을 열면 대문 현관 기둥에다 맛좋은 고기 구럭이 걸려 있곤 했다. 누가 가져왔다는 것은 말하지 않는다.

그림과 같이 카누에 둘이 탄다. 하나는 앞에 타서 천천히 노를 젓는다. 뒤에 탄 자는 텍스 실끝에다 바케(ばけ, 미끼처럼 보이게 만든 낚시)를 달아매었다. 수심은 대략 4, 5미터, 리프가 깔린 곳이다. 아카메는 바위틈 속에 서식하는 고기다. 수면에 바케가 지나는 것을 보면 먹이로 착각, 떠올라 물어뜯는 것이다. 걸리면 노를 멈추고 끌어올린다. 줄을 넣기만 하면 걸린다. 이런 조작으로 아카메 안식처를 왕래한다. 나는 여기에 힌트를 얻었다.

낚시와 쏠창 대회

 이 섬 중심부에 마이삐(덥다는 뜻)라는 곳이 있다. 온천이 있고, 물이 얕고 넓게 퍼졌다. 하루는 이곳으로 섬의 모든 사람을 회사 보트 18척과 카누로 실어왔다. 아침 아홉 시를 기해 싸이렌과 엽총을 쏘아 올렸다. 참가자는 한 시간 동안 고기잡이 경쟁을 한다. 쏠창 조(組)가 6명이고 낚시 조(組)는 5명이다. 쏠창 조는 물 위로 헤엄쳐가며 고기를 보면 잠수하여 쏘아 잡는다. 낚시 조는 카누로 자기가 자신 있는 장소로 간다. 참가하지 않는 사람들은 산으로 가서 빵 열매와 야마이모를 가져온다. 부인들은 해안에서 나무를 모아 불을 지펴 빵이건 고기건 굽는 숯불을 만들어 놓고 있다.
 경기가 중지되면 서로 잡은 고기를 세어 본다. 쏠창 조원 중 1등 76마리, 2등 65마리, 3등 45마리로 일등에게는 상금 5엔, 2등에게는 3엔, 3등에게는 2엔을 준다. 어획 합계 250마리이다. 낚시 조의 1등 36마리, 2등 30마리, 3등 25마리, 계 100마리. 특상도 있다. 쏠창 조에서 아카메 5킬로가 있어서 상을 받았다. 우리들은 모래 해변에서 잡아온 고기와 섬 토산물로 된 요리를 배부르게 나누어 먹었다. 하오 3시경이다. 수영 대회가 여흥으로 시작되었다. 일정한 거리에다 된장 나무통으로 만든 배를 띄우고 100미터, 200미터, 500미터 수영 경기를 한다. 홍,

백 2조로 카누 릴레이 1척에 둘이 탄다. 나도 참가하였다. 폭소가 터진다. 나는 백조(白組)인데, 나 때문에 백조는 패전(敗戰)이 되었다. 하루를 이렇게 즐겼다.

즐거운 크리스마스와 설날을

 도민(島民)들이 신년을 맞이하는 것은 서반아(西班牙) 영향이 크다. 서반아의 교화로 서양과 다름없이 12월 20일이 오면 크리스마스 행사에 들어서고 25일이 오면 새해를 맞이했다는 기분으로 새로워진다. 일본이 아무리 정월 1일이 설날이라고 해도 오랜 전통적 관습을 하루아침에 고칠 리가 없다. 그러나 이런 이도(離島)에는 신부나 수녀도 없다. 그렇지만 노인들은 한 곳에 모여 간단하나마 신년회는 가진다. 이 섬에 왔던 전임자들은 이런 것을 무시한 것이다. 나는 전임(轉任)후 방인(邦人)인부 숙소 일부를 교회당으로 쓰도록 배려하였고, 사리간섬에서 해 본 그대로 간이학교도 개설하였다. 나도 이 섬에서 신년을 맞이하게 되었다. 과거 아라마간섬에 신년이 오면 반드시 술에 취하여 서로 다툼과 큰 싸움이 벌어진다는 말을 노인들과 부인들로부터 들었다. 전임자들은 대개 술을 하는 자여서 일본인의 품성으로 그날이 오면 소주와 합성주를 선사하는 예가 있다. 그러므로 과음으로 사고가 나는 것은 당연했다. 그래 나는 이런 사고를 미연에 막아야 한다고 생각한 후 그 방책을 고안하였다.

이 섬은 두 부락이 있다. 나는 한 달 전부터 2조(組로) 나누어 연극을 하자, 대회일 전날 밤은 팟티도 사람들이 예인으로 출연하고, 손손 사람들은 관객이 되고, 다음날 밤은 손손에서 출연, 팟티도가 관객이 된다, 이렇게 짰다. 나는 시나리오를 일본말로 썼다. 차모로 통역자가 차모로 말로 번역하였다. 먼저 등장인물을 물색하였고, 차모로 성품에 맞도록 화목과 단합을 고취하는 제재를 구상하여 시나리오를 작성하였다. 한 달 전부터 모여 매일 밤 연습을 했다. 그러므로 손손에도 몇 번이나 체류하며 출연 연습을 시켰다. 또 한편 생도들은 합창, 독창, 일본말 연설 등 막간에 출연하기로 되었다. 4막이다. 끝나기까지 세 시간이 걸린다. 젊은이들은 일본말이 능숙하여 쉽게 지도를 하였다. 그들의 음악과 댄스의 재능은 놀랄 만하다. 깊은 의미보다는 정의. 악은 망한다는 것인데 폭소가 나와야 하룻밤 졸지 않으리라. 인물선정에는 특히 이런 것을 중요시해서 시나리오를 작성하였다.

바로 그 날이 왔다. 장소는 인부 숙소 2칸이 무대가 되고, 그 앞마당에서 170명이 관상한다. 물론 분장은 보잘 것 없으나 그래도 대중의 지혜를 모으니까 놀랍게도 소인극으로는 만족이었다. 얼굴에 분장을 두텁게 바르고 붓으로 그렸더니 누가 누구인지 잘 모를 만큼 되었다. 연단에 출연하자마자 폭소가 터지며 손을 치며 야단이다. 4막이 끝날 때까지 관중들의 웃음이 차고 넘쳤다. 첫날밤에 팟티도, 다음 날 밤에 손손, 이틀 밤 누구나 피곤하여 술 먹는 자는 하나도 없었다. 소인극은 100%의 성공이었다. 정월 초하룻날 아침에 나는 합성주 4되 들이 통 하나를 각 인부들에게 분배하였다. 그러나 웬일인지 누구 하나 취해서 길가에서 큰 소리 치거나 하는 자가 한 명도 없었다. 왜냐하면 긴장과 피곤으로 하루 내내 자고 말았던 것이다. 노인, 부인들은 매우 기뻐하며 좋은 설날을 보냈다고 고마워했다. 나는 만족하였다. 지도자는 민중 심리를 정밀하게 관찰. 거기에다 이끌어가는 수완이 필요하다. 고린내 나는 설교로는 어림도 없다고 느꼈다.

종자 돼지 새끼 도살 사건

나는 아라마간섬으로 부임한 지 몇 달을 지냈다. 시국 악화에 대한 준비로 가축 증식의 필연성에서, 사리간섬 경험을 토대로 삼아 돼지에 착안하였다. 아라마간섬에도 회사 돼지가 종자로서 큰 암컷 두 마리, 수컷 한 마리가 있었다. 역시 보통 양돈대로 좁은 우리에다 매일 조석(朝夕)으로 먹이를 끓여서 준다. 그것을 맡은 인부는 사십이 훨씬 넘은 오키나와 출신인 이하(伊波)라는 자다. 도민(島民) 인부들 가운데 단 한 명의 방인(邦人) 인부(人夫)다. 니시다 주임의 신변을 돌보는 머슴살이를 했다. 목욕물을 끓이고 청소를 하면서 잡부(雜夫)로서 술이나 마시고 살아가는 이 양반. 나로서는 있어도 좋고 없어도 좋은 머리 아픈 존재였다. 그렇다고 도민(島民) 인부와 같은 일을 시키는 것도 어렵고 하여 당분간은 방임했다.

그러자 돼지 새끼를 열 마리 낳았다. 나는 인부들을 소집하여 돼지 새끼를 방사한다는 이유를 설명하고 나서 대용식 작물에 피해가 날 때는 반드시 보고해야 하며 피해자의 소원대로 보상할 것을 고시했다. 종자 돼지를 하루바삐 증식시켜 앞으로 인부들에게 분배할 것이라는 것을 약속했다. 그리고 이하(伊波)는 돼지 사육 책임자로 방목된 돼지를 감시할 것인데 저녁 때 돼지에게 코프라와 마실 물을 지급하는 것이 그의 책임이었다. 방사한 지 열흘도 못 된 어느 날 이하(伊波)는 빈 바구니를 가지고 왔다. 피 묻은 흔적에서 누군가 몰래 돼지 새끼를 잡아먹었다는 것을 확인하였다. 나는 요시다(吉田)와 이하(伊波) 세 명과 함께 그 대책을 토의하였다. 그들 둘은 잡아

먹는 놈을 색출하여 엄벌에 처해야 한다고 주장하였다. 그러나 나는 다른 이견(異見)이었다. 요시다나 나나 이 섬에 온 지 두 달도 못 된다. 아직 인부 각자의 습성을 잘 모르고 있는 판에 방인이래야 우리 세 명뿐. 특히 아라마간섬 인부들은 체격도 뛰어나게 좋은 데다 일본말도 잘한다. 헛보지 못할 인부들을 잘못 다루다가는 또 무슨 일이 일어날지 신임자들을 반역하는 수작인지도 모른다. 나는 곰곰이 사려한 후 요시다에게 아라마간 전(全)인부(人夫)를 하오 5시 후 사무실 앞마당으로 집합 사령을 내라고 지시하고 해결방안을 고려하고 있었다. 그러자 인부들은 모두 참석하고 있었다. 손손의 감독 사브란 씨가 통역을 맡았다. 나는 입을 열었다. 나와 요시다가 부임해 온 지 처음으로 너희들과 회합을 가지게 된 것으로 매우 고맙다고 전제하였다. 그리고 나는 두 달 동안이나 구상하여 새로운 운영정책을 처음으로 인부 전원에게 공표하는 기회라고 말하였다. 통역은 차모로 말로 내가 하는 말을 그대로 통역을 하였다. 정책은 차근차근 설명했다. 그리고 나서 우리는 상하가 합의로 일치단결해야 어려운 시국을 수습할 수 있다고 역설하였다. 누구나 잔말 하나 없이 듣고 있다.

그때 이하(伊波)에게 야자 바구니를 가져오라고 했다. 나는 바구니를 들고 인부들 앞을 돌아다니며 바구니를 보여주었다. 그리고 돼지 새끼를 훔쳐 잡아먹은 것은 사람이 한 것이지 개가 한 것은 아니라고 하였다. 또 회사가 돼지 새끼 한 마리로 손해를 보았다 해도 10엔~20엔이니 문제될 것이 없다고 일단 말은 끊었다. 그랬더니 인부들 간에는 저들끼리 뒤숭숭하며 말이 많았다. 그때다, 나는 웃었다. 나도 사람이오. 먹고 싶은 것이 있으면 하지 말아야 할 일도 하게 돼요. 먹고 싶기만 하나. 그러나 지금 돼지는 종자예요. 아무리 먹고 싶다 해서 종자까지 먹어 버리면 그 농부는 앞으로 배고파 죽어야 됩니다. 돼지 새끼는 종자라는 것을 너희들은 잊지 말라. 그러나 다 지나간 일이니, 누가 했다고 시비하질 마시오. 그는 그걸 몰랐던 것이오. 이제는 알았지요. 여러분. 이것뿐입니다. 돼지는 종자이니 주임이나 감독만이 감시하는 게 아니라 여러분이 다 같이 감시해서 또다시 이런 일 없도록 합시다. 내 말은 끝났다. 인부들의 얼굴에서 알았다는 표정을 나는 보았고 속으로 매우 만족했다. 그 후에는 돼지를 훔치는 일은 두 번 다시 없었다.

정사(情事) 혐의(嫌疑) 소동

내가 이 섬에서 지낸 지 거의 일 년이 되어가는 무렵의 일이다. 인부들의 생활 내막뿐 아니라 몇 안 되는 섬사람들의 성질이며 장단점을 다 알게 되었다. 그만큼 인부들도 나에 대한 신뢰도 커졌다. 그러나 이런 평화로운 섬에도 인간관계에서 불화와 질투가 없는 것은 아니다. 그레고리오라는 자는 고기잡이 명수(名手) 중 하나다. 성질이 급하여 부부 다툼이 있는 것 같다. 그의 처는 십 년 아래로 미녀는 아니나 좀 활발한 여성이다. 그런데 에롬이라는 자는 50이 훨씬 넘었는데 변재(辯才)도 있고 노름도 잘 하는 편이고, 사교성 있는데 일을 그리 뛰어나게 하지는 못한다. 도리어 그 처가 온순한 데다 꾸덕꾸덕 일 잘하는 여성이다. 이 노인 에롬이 그레고리오의 처와 정사했다는 게 사실인지 어쩐지는 모르나 소문은 그리 돌아갔다. 차모로 습관은 우리와는 상이하다. 유부(有夫)자인 여인은 남편 없을 때 다른 남자와 대화를 한다면, 간부(姦婦)라고 의심을 받게 된다.

 어느 날 저녁이었다. 인부 중 가장 나이 많은 늙은이가 일본말 잘 아는 통역자를 동반하고 나를 찾아왔다. 용건이 무엇인가 물었더니 위와 같은 사건이 일어났다 한다. 하도 어이가 없어서 일소(一笑)해 버리려 했다. 내가 판관도 경찰도 아닌데 이런 정사문제까지 개입할 일이 아니라고 보았다. 그러나 자세히 듣고 나자, 살인사건이 날는지 모른다며 이 영감이 호소하는 것이 아닌가. 나도 그제야 이것을 방치했다가는 큰일이 나서 나 또한 황당한 일을 당할 것이 분명했다. 잠시 생각을 하다가 나는 그레고리오 부부에게 마쓰모토 숙소로 꼭 둘이 같이 오라고 전하라고 그들에게 말했다.

그날 밤 여덟시쯤이었다. 닫은 문을 두드리기에 문을 열었더니 부부 둘이 서 있다. 그래 내가 불렀다고 하고 방으로 들어오라고 권하였다. 부인은 부끄러운 표정과 겁이 난 안색이다. 좀 해선 들어오려 하지 않는다.

여러 번 권해서 비밀(秘密)히 이야기 할 게 있으니 들어와야 된다고 하여 겨우 들어섰다. 나는 문을 닫고 자리에 앉아 그들을 번갈아 보며 입을 열었다. 이 부부는 일본말이 통한다. 부인은 좀 서투르지만 내가 알아듣기 쉽게 짧은 일본말로 서로 화해하는 것이 가장 현명하다, 자녀도 있는데 이혼하면 아들딸이 불쌍해진다. 또 부부간은 어디나 말다툼이 있고 질투도 있다. 서로 간에 사랑이 식어지기도 한다. 그러나 잘못은 한 편만이 아니고 쌍방이다. 때린다, 죽인다, 이것은 아무 소득이 없고 둘이 다 불행해진다. 이런 식으로 50분 정도 여러 가지 예를 들며 설득시키려 했다. 그러나 아무 대답도 아니 한다. 나는 그들을 응시하고 있다. 남편된 자는 살기에 찬 것 같다. 우선 그레고리오를 마음 돌리도록 할 수밖에 없었다. 그래 나는 거짓말을 했다. 사이판 경무과장 모씨는 내가 여기 올 때 아라마간섬에는 경찰이 없으니 내가 범죄자를 구류했다가 선편으로 압송하라는 지령을 받았다며 위엄을 보였다. 그랬더니 그레고리오의 마음이 차츰차츰 동요하기 시작하지 않는가. 이때다 하고 내가 에롬을 불러다 심문도 할 것이라고 이야기했다. 그러나 한 섬에서 같이 살며 일해야 하지 않는가. 개가 닭보듯 만으로는 오래 못 간다. 내가 중간에 들어가 증인이 될 것이다. 에롬은 네게 사죄를 시킬 것이다. 한번 용서한 후에 마음을 고치지 못하면 나는 에롬을 사이판 형무소에다 쓸어 넣어버릴 것이라고 약속하며 내가 증인이 되겠다고 하였다. 그러자 이 자는 겁이 난 모양이었다. 처음으로 입을 열어 오야지노 이마고토오 기키마스, 내 말을 따른다고 하였다. 이제는 되었다. 그의 처를 보고 당신 남편은 마음을 고쳤으니 안심하고 사죄하시오. 다시는 그 남자와는 손을 끊겠다고 하시오. 잘 되었소. 오늘 밤 돌아가면 지난 일을 물로 씻고, 일곱 번 접물(接物)하라고 이야기 하여 돌려보냈다.

그 다음 날 에롬을 호출하여 어젯밤에 생긴 일을 자세하게 설명을 하고 난 후 이제부터 주의해야 한다고 당부하였다. 나는 그에게 사죄를 해야 한다고 하였다. 에롬은 정해진 시간에 모든 인부들과 내 앞에서 그레고리오에게 머리를 숙이며 사죄하였다. 나, 이제 다시는 안 해요. 나빴어요. 후에 이 말은 인부들 간에 화제로 올라 폭소가 일어났다. 이렇게 공개재판으로 일반 인부들은 안도하였다.

손손 부락에서 일어난 감독 가족과
다른 가족의 항쟁

　손손 부락에서 일어난 이 사건은 같은 동족의 항쟁(抗爭)이다. 이것을 해결하자는 것은 용이(容易)한 일이 아니다. 다행히도 나는 4년 동안 차모로족과 매일처럼 상대하며 회사 일을 해야 했으므로 자연히 그들의 성격, 습관을 잘 알고 있었다.
　하지만 나는 당시 차모로 말을 배우려 하지 않았다. 이런 마리아나군도 말을 배워보았자 무슨 소용이 있나 하였다. 남양군도는 각 종족에 따라 말이 다르다. 카나카족은 카나카 말이 있고, 캐롤라인, 마샬, 팔라우, 포나페, 얍, 각각 섬의 언어가 다르다. 또 내 자신의 큰 꿈은 내 주임과 운명을 같이 하여 인도네시아 대륙으로 갈 것을 꿈꾸고 있었다. 말레이지아어를 배우면 배웠지 이런 것 배울 필요가 없다고 생각하는 과오(過誤)를 한 것이다.
　후일에 후회하였지만, 그러나 4년이란 긴 세월이라 그들이 하는 말은 전부는 몰라도 30 % 쯤은 알고 있다. 해외에 나가서 정착 또는 사업을 하려면 토어(土語)를 잘 알아야만 유리하다. 국제어로서 영어, 서반아어, 포르투칼, 불어만으로는 부족하다. 일반 대중이 아는 말 즉 토어(土語)를 알아야만 모든 면에서 유리해진다. 해국어((海國語)를 배운다는 것은 역시 40세

이내, 아직 기억력이 살아 있을 때에 배워야 한다. 40대에 들어서면 자기의 생활권에서 복잡한 문제에 대한 판단력을 길러야 하기에 기억력은 점점 감퇴(減退)하고 만다. 젊었을 때 언어를 해야 한다. 명심해야 하오.

말이 옆으로 나갔지만 손손 감독은 호세이 사브란, 성은 서반아 것이다. 체격은 6척에 달하고 일본통치하라, 두뇌도 명석하다. 사이판 지청 경찰과에 순경(巡警)으로 5년간 근무한 만큼 일본말이 숙련되어 어떠한 통역이건 할 수 있었다. 또 나보다 먼저 이 섬에 3년 전에 와 있어 섬 내막도 잘 알고 있다. 나는 그를 매우 신임하여 모든 것을 그에게 맡겼다. 나는 감독도 인부들과 같은 차모로라 손손 부락 인부들은 행복한 줄만 알았다.

그러던 어느 날 이 양반, 내가 꼭 와주어야 할 일이 있으니 사자를 보내어 카누로 영접하겠다는 거다. 나는 도대체 무슨 일인지 예상도 못한 만큼 당혹하였지만 손손 부락으로 갔다. 카누에서 내려 손손 사무실로 들어갔더니 그는 매우 기뻐하며 식사를 대접하고 사건 내용을 자세하게 설명하였다.

내용인즉 인부 스트라이크를 겪은 셈이다. 나는 잠자코 그가 당한 인부들의 반항에 대한 시비를 듣고만 있었다. 또 한편 이것을 어떻게 선처해야 할 것인가를 모색하고 있었다. 이럭저럭 두 시간이나 그와 대화를 하는 동안 나는 그에게 우선 한쪽 말만으로는 해결할 수 없으니 내게 맡기겠는가 물었다. 그도 할 수 없다는 모양으로 수긍하는 태도를 보였다. 그래서 나는 쌍방의 화합이 되도록 최선으로 노력을 할 터이니 안심하라고 하며 자리에서 일어나 인부들이 사는 부락으로 갔다.

  인부들 중 가장 중심은 마다고라이 가족이다. 친척이 7, 8명이나 되어서 17명 인부 가운데 세력을 가지고 있다. 나는 그 두목 되는 집을 찾았다. 그들은 주임이 자기의 집을 찾아왔다며 기뻐했다. 저녁부터 밤늦게 술과 차모로 음식으로 정중한 대접을 받고 있었다. 내가 사건 문제를 꺼내며 생활면에서 부족한 것이나 회사 일에서 불만이 있으면 무엇이든지 말해 보라 하고 내가 할 수 있는 것은 해 줄 것으로 언급하였다. 그들은 그런 문제에는 관심이 없다고 하였다. 그 동안에 술이 얼큰해지자 농담(弄談)과 노래가 나온다. 나도 역시 기분이 좋아 합류하였다. 그들 중에는 팔라우섬, 포나페섬, 축섬의 민요를 일본 가사로 노래하기도 하여 듣고 놀랐다. 차모로족 고전 노래도 나온다. 그 노래는 일정한 리듬에 단순하다. 먼저 남자가 부르고 여자가 받는다. 즉흥적인 노래이지만 연가이다. 밤늦도록 놀면서 나는 섬 생활에서 처음으로 희열감(喜悅感)을 느꼈다. 밤은 깊었다. 나는 이것으로 끝내고 숙사로 가겠다고 하였다. 그때 나는 여러분 고맙소 해놓고는, 그런데 감독의 잘못은 알고 있소. 그러나 화해는 해야지요. 그런데 나는 가서 자야 하겠고, 내일 다시 감독과 인부 전부 모여서 해결을 지웁시다, 이만 합시다, 하고 일어나 숙소로 돌아왔다.

　이튿날 아침이었다. 감독 부부는 조반을 차려놓고 나를 기다리고 있었다. 나는 식사를 같이 하면서 그 두 부부의 얼굴을 살펴보았다. 매우 불안한 표정. 아무 말도 없다. 그때 나는 감독에게 아침 10시에 인부와 온 가족이 사무실 앞마당에 집합을 하도록 한 후, 큰 문제가 아니고 화해될 것이니 안심하라고 하였다. 나는 해결책이 머리에 떠올랐다. 10시가 되자 전원이 모여 들었다. 이열횡대로 서게 하고, 거기도 일장기 게양대가 있어 일장기 게양식을 거행한다고 호령, 기척, 게양한 후 적전(敵前) 제일선에 선 장병들의 노고와 옥쇄(玉碎)한 영령을 위하여 5분간 묵도(黙禱) 호령을 질렀다. 다 같이 엄숙하게 묵도가 끝났다. 다음 나는 입을 열었다. 여러분 우리는 평화로운 매일을 보내고 있습니다. 이것은 시국하에서 온 국민이 생명을 돌보지 않고 우리를 위하여 적과 싸우고 있습니다. 그런데 우리들은 섬에 살고 있어 전쟁을 실감하지 못해 평화라는 고마움을 모르고 있습니다. 자, 우리가 다 같이 전시 체제하에서 사생활상 불평과 입 싸움, 서로 질투를 할 때가 아닙니다. 나는 여러분들과 함께 우리들이 시국에 대하여 감사가 부족함을 이 자리에서 다 반성해 보자고 묵도를 하였습니다. 집단생활에는 반드시 의견대립, 불화가 따라가는 것입니다. 이것은 우리 뿐 만이 아닙니다. 그러나 감정문제에는 부자간 형제간 하물며 친구간 어디에나 일어나는 법입니다. 그러나 깊이 반성해 봅시다. 결과는 아무 소득이 없습니다. 여러분은 다 같은 혈족이요, 가톨릭 신자입니다. 예수님은 사랑하라고 가르쳐 주었습니다. 적, 원수를 사랑하라 하셨습니다. 나는 여러분이 나를 주임으로 섬겨 주는 데 감사를 드립니다. 주임된 나는 여러분이 사이좋게 지내는 것을 원합니다. 누가 잘 했고 못 했고가 아니고 잘못이면 모두 다 잘못입니다. 역시 주임도 잘못이 된 것입니다. 나는 오늘 이 자리에서 이미 지나간 일이요, 다시 마음 고쳐 서로 사이좋게 지내던 것을 찾고자 합니다. 여러분 내 말이 옳다고 보는 자는 손을 드시오, 하였더니 그들은 묵묵히 듣다가 전부가 손을 들었다. 그러면 우리 박수를 칩시다, 하고 나서 나는 전부의 손을 잡고 나왔다. 물론 감독이 통역을 한 것이다. 이러고 나자 저들끼리 웃는 얼굴로 웅성거리며 반목하는 얼굴을 보지 못했다. 나는 속으로 순박한 그들이 매우 사랑스러워 한편 눈물이 났다. 이만큼 나를 믿어준다는 데 항쟁은 이것으로 해결이 되어 다시 팟티도로 돌아왔다.

마리아나군도(群島)는
적군 점령이 되려는 날만 가까워

1944년 새해를 맞자 아라마간섬 인부 중 8명을 해군 관하(管下)로 징용하게 되었다. 그때까지도 나는 전황(戰況)이 어떻게 되어 가는 것도 모르고 있었다. 사이판과는 격리(隔離)된 이도(離島)에서는 우물 안의 개구리(井底之蛙)와 다름없다. 일본은 경제력만 보더라도 미국의 상대가 못 될 것이라고 막연한 생각뿐이다. 그럼 그 당시의 실상은 어떠했던가. 후일 본 기록(記錄)을 전재(傳載)한다.

1941년 12월 8일	대미영 선전포고, 진주만 기습. 말레지아곶 해전, 괌, 웨이크섬 점령, 필리핀 루손섬 점령, 홍콩 점령.
1942년 1월	보르네오, 마닐라, 셀레베스, 말레이반도 등 상륙 점령.
1942년 2월	자바곶 해전, 싱가포르 함락, 호주 퀸 항구 공습, 티모르섬 상륙, 발리섬 해전, 스라바야곶 해전
1942년 3월	바타비아곶 해전, 일본군 자바 상륙, 바타비아 점령, 랑군 점령, 뉴기니아의 에라 사라모아 상륙, 네덜란드령 인도네

1942년 4월	시아 무조건 항복, 안다만제도 상륙 바타안반도 총공격, 부겐빌섬 점령, 코레히돌 요새 공략.
1942년 5월	만다레 점령, 쓰라기 상륙, 산호해 해전
1942년 6월	미드웨이 해전(3일간) 일본 항공모함 기타 10척 손실.

이때까지 일본은 자원 확보를 위해 동남아시아, 남태평양제도 등 광대한 지역을 점령했다. 그러나 7월부터는 미군의 역공이 시작되어 1942년 12월까지는 솔로몬 해전, 사모아섬 해전, 남태평양 해전, 룽가곶 해전 등으로 승부에서 역전, 일본 해군은 정예부대는 거의 소모되었고, 1943년에 들어서자 미군이 공격에 나섰다. 1942년 12월에는 미군은 부나, 과달카날 등 솔로몬군도 남단 섬을 징검다리(渡石)식으로 점령을 해 들어간다.

1943년에 들어서 7월까지는 뉴기니아 동쪽에 있는 솔로몬군도 라바울 뉴브리테인 근해에서 10여 차례 전투 중 일본 해군은 3분의 2의 함대와 공군을 소모했다. 그리고 유명한 야마모토(山本) 제독이 전사했다. 이때까지가 승부의 백열전이었는데, 일본군은 패멸(敗滅)되고 말았다. 1943년 말이 되자 미군은 완전히 제패(制覇)되어 승산(勝算)에 자신을 가졌다.

1944년에 들어서자 일본 영토 마샬군도에 상륙하였고, 2월

17일에는 일본해군의 아성(牙城)인 축섬을 공습하여 해군기지는 2일 만에 초토화되었다. 2월 23일에는 미국의 기동부대가 마리아나군도를 공습하기 시작했다. 3월 8일에는 연합함대 사령관 고가(古賀)가 전사하였다. 일본 해군은 거의 전멸이 되었다. 1944년 6월 15일 사이판섬에 상륙, 7월 7일에는 점령. 7월 21일 괌섬에 상륙, 8월 10일에는 점령. 7월 23일에는 티니언섬에 상륙, 8월 1일에는 점령. 이러한 전황에 있었다.

당시 일본은 점령만 했지 수비를 생각하지 못했다. 전황이 역전되자 그제야 덤비기 시작. 무리하게 만주 수비 관동군을 대거 남방으로 비밀리에 이동시키기 시작했다. 그러나 미 잠수함에 잡혀 운수송선은 1944년 초까지는 태평양에 거의 수장(水葬)되고 말았다. 일본 공군도 마찬가지다. 공해(空海)는 미군이 완전 제패로 병기, 식량 두절로 죽창(竹槍)대결(對決)이라 해도 과언이 아니었다. 나는 이런 것을 알 리가 없었다.

육군 조사대 아라마간섬 상륙

1944년 2월쯤이 아닌가 기억된다. 당시 북도(北道)를 순회(巡廻)하던 장명환은 주간(晝間)을 피하여 주로 야간 항해를 하였다. 어느 날 이른 새벽에 모 소위의 인솔로 병대(兵隊) 6명이 식량을 지참하고 상륙하였다. 물론 나는 사이판 지점으로부터 그들에게 협조하라는 지령을 받았다.

처음 보는 군인들의 인상은 너무나 초로한 감을 금치 못했다. 그들은 섬 지형을 그림으로 그리고 적의 상륙 가능성을 탐사(探査)하려는 것으로 천막을 치고 자취할 모양이었다. 나는 시국이 시국이니만큼 군인들을 냉대해서는 안 된다 하는 마음에서 내가 거처하는 숙사를 제공하고, 첫날 식사는 요시다 부부에게 접대하라고 지시하였다.

그런데 이 요시다 부부의 태도가 전과 달라 위화감이 들었다. 또 병대(兵隊)가 들어오자 인부 가운데는 자기 마음대로 행동하는 자도 있었다. 나는 불쾌한 마음에 못 이겨 이하(伊波)라는 자와 동숙하며 술을 마셨다. 그날 밤, 내가 취하여 큰소리를 쳤다고 하였지만 기억나지 않았다. 이튿날 아침 한 병대(兵隊)의 표정이 내게 대하여 증오심을 드러내는 것 같았다. 전날 내가 취한 이유는 엔덴이란 자의 술주정 때문이었다. 그는 대낮에 병대(兵隊)와 동행, 어디서 술이 취하였는지 나에게 와서 술주정이 대단하였다. 그것이 몹시 화가 나서 나도 술을 마셨다. 주임으로서 객(客)을 영접(迎接)할 입장인 내가 술에 취한 것은 군대(軍隊)들에게 반감을 사게 된 것이라는 점을 깨달았다. 그날 아침 대장을 찾아갔다. 전날 밤 우리 인부들의 태도 때문에 내가 섬을 통제하는 데 매우 좋지 못한 결과가 되었다는 점을 이야기하고, 그들의 조사 일정을 물었다. 그는 안내 인부 2, 3명만 제공해 주면 자기들이 조사할 것이라고 대답하였다. 그러나 나는 모든 것을 내게 맡기시오, 조사 목적만 알면 내가 맡아서 협력해 드리겠고 했다. 그는 그런 호의에 고맙다고 하였다. 나는 두 감독과 상담하여 전(全)인부(人夫)를 총원(總員)을 하여 안내와 접대에서 유감(遺憾)없이 모든 성의를 보이자고 하고 일정(日程)순차(順次)를 짰다. 2~3일이면 족하다고 보았다.

하루는 산꼭대기에 올랐다. 지역별로 어디서 시작하고 어디로 갈 것인지 개도(開途) 벌목(伐木)을 할 인부를 배치하였다. 그리고 짐은 인부가 지게 하고 행군 도중에 지형을 잘 아는 놈을 앞세워 가며 나는 안내를 하였다. 나 역시 산 정상으로 다닌 일은 없어서 좋은 기회였다. 인부들 중에는 고기잡이, 게잡이가 있었다. 그들이 잡은 섬 토산물을 요시다 부부에게 제공하여 아침 점심 도시락, 저녁 식사를 준비 시켰다. 밤이면 야자술도 맛보라고 했다.

제2일은 해안지대 탐사여서 내가 아는 한 설명하였다. 다행했던 것이 육상도로가 개통된 뒤여서 매우 편리하게 끝났다. 제3일이다. 가장 즐거운 날이었다. 나는 회사 보트와 카누 5~6척을 가지고 이십여 명이 노를 저으며 섬을 일주(一周)하는 하루 종일의 코스를 생각했다. 섬 북쪽은 인부들도 그리 가지 않는 해안이다. 배가 북쪽으로 돌자 절벽이 있는가 하면 바위 위에 덮인 야생 정글에는 야자게, 해조(海鳥)가 많이 잡혔다. 바다에는 귀갑(龜甲)이 많다. 두 마리나 잡았다. 섬 중심점에서 점심을 한다. 잡았던 게와 산새, 거북이를 바비큐 해 먹었다. 병대들은 생전 처음 먹는 것이라며 기뻐했다. 세 시간이나 해변에서 쉬며 먹고 나자 다시 출보(出步) 하여 손손 부락에 도착하였다.

그날 밤은 손손 부락에서 하룻밤을 지냈다. 나는 먼저 바다를 도는 동안 손손의 가족을 총동원하여 차모로의 고유한 요리로 잔치할 터이니 협력하라고 감독에게 먼저 지시해 두었다. 손손 부락에는 샘물이 나오는 곳이 있다. 우리 일행은 저녁 다섯 시 쯤에 손손 부락에 도착하였다.

감독 이하 인부들은 대원(隊員)을 환영하였다. 식사 전에 샘터로 가서 몸을 씻으라고 안내하고 나는 인부들이 만든 식사를 골고루 돌아보았다. 나도 처음 보았다(어떤 요리). 쌀가루로 뽀도, 비빙카(우리나라 시루떡과 비슷), 식용 바나나, 토란, 코프라 요리, 생선찌개, 게요리, 빵나무(パンの実) 떡 등 십여 종의 요리가 식탁을 가득 채웠다. 해가 지는 무렵 우리는 모닥불로 사무실 앞뜰을 밝히고 축음기에서는 군가가 연달아 울렸다. 부대(部隊)들은 황홀한 기분으로 먹고 싶은 대로 먹었다.

감독은 능숙한 일본말로 하나하나 설명을 해 주었다. 야자주가 나오고 술이 얼큰하게 취하자 인부들이 노래를 시작했다. 남양 고유한 나체 춤이 나오는가 하면 일본유행가가 나온다. 병대(兵隊)들은 깜짝 놀랐다. 노래와 춤이 다양했다. 군데군데에서 밤늦도록 담소가 이어져 밤 가는 줄을 몰랐다. 군인들은 이런 섬에서 인품 좋은 우대는 처음이라며, 다시 사이판으로 돌아가 부족한 식량으로 단일하게 먹게 될 터이니 애석하다고 말을 한다. 그들은 우리들의 환영에서 본선(本船)에 오르기까지 손수건을 흔들며 석별을 슬퍼했다. 그들은 4개월 후 사이판에서 옥쇄했을 것이다.

시라미 함대(艦隊)
유인(誘引)으로 대환영하는 밤

1944년 4월경으로 기억된다. 평화로운 아라마간섬의 생활은 언제나처럼 조용하였다. 단순한 나날이 지나가는 어느 날 하오 3시경 앞바다 수평선에는 무언가 이상한 떼가 보인다. 나는 팟티도 사무실 앞뜰에서 이것을 발견하였다. 그러자 선두에 선 17~8척이 섬으로 점점 가까워 온다. 나는 보고만 있었는데 점점 배 형체가 커지자, 이삼십 톤 어선(漁船)이란 게 분명했다. 그 당시 선박 부족으로 작은 배도 모두 징용되어 수송선단으로 남방전선으로 보낸다는 말을 들은 바가 있다. 시라미

함대(艦隊)라 칭하였다. 저런 배로라니. 전국은 비상(非常)하게 총동원을 요구하다니 내일 생명을 모르고 10여 일 해상에서 긴장과 고독으로 항해(航海)하다가 섬이 보이니까 육지를 보려하는 모양이라고 속으로 동정심에 잠겼다.

그때다. 요시다 감독도 배를 본 모양인지 내 옆으로 와서, 주임 저것 보았소 한다. 세어보니 70척이 넘었다. 나는 요시다에게 섬으로 들어오는지 시험 삼아 유인해 보자고 하였다. 물품교

환도 될 것이니 일장기를 올리라고 하였다. 그도 동감, 재빨리 일장기를 올렸다. 그랬더니 선두 배가 키(舵)를 이 섬으로 돌리지 않는가. 다른 배들 역시 따른다. 우리는 비상(非常) 사이렌을 울렸다. 인부들이 모이기 시작하였다. 나는 인부들에게 선원들을 위로(慰勞)하자고 하였다. 그리고 우리가 필요한 것을 교환할 수 있는 절호의 기회라고 하며 손손 부락에도 연락해서 각자는 자기가 가지고 있는 것과 빵나무 열매도 따 모아라, 식용 바나나, 야마이모 등을 빨리 마련하라고 명령을 내렸다.

처음 보는 광경에 호기심이 동하여 섬 전체가 왕왕거리며 준비에 나섰다. 선착(先着) 배는 해 지기 전에 팟티도항에 투묘(投錨)되었다. 배는 배끼리 연결해 묶었다. 17척이 먼저 들어오고, 약 1시간 반이 되자 뒤따라 다른 배들도 꼬리를 물고 들어왔다. 70여 척이었다. 이런 선단을 보위(保衛)하는 해군 함정은 70톤급 하나뿐이었다. 장비라고는 선미(船尾)에 기관포 일문, 선두에 기관총 2정뿐이 아닌가. 준위(准尉)가 지휘관, 하사 1명, 수병 5명, 전부 7명뿐이다. 우리는 머리를 흔들었다. 이것 가지고는 적(敵)의 습격을 받으면 속수무책(束手無策) 대포(大砲)밥이 되는구나. 측은한 생각뿐이었다. 어둡기 전에 해원(海員) 전원(全員)이 거의 상륙하였다.

우리는 상륙을 환영한다며 오늘밤 선원들을 위하여 멸사봉공하는 데 감사를 드리는 뜻으로 도산품(島産品)으로 환영 파티를 열 것을 고했다. 우리들의 준비는 밤 8시경에 끝났다. 빵 열매를 구워 떡을 만들었다. 이것을 코프라 국에다 말아 대접했다. 바나나, 야마이모 요리, 야자게 요리, 회사 돼지 한 마리, 산양 두 마리가 바비큐, 이백여 명의 선원들이 포복(抱腹)하기에 부족하지 않았다. 식사는 두 시간쯤에 끝나자 야자 술이 나왔다. 선원들은 야자술을 마신다. 이 섬이 생겨난 이래 인산(人山)을 이루었다. 모닥불은 넓은 뜰을 밝혔다. 도민(島民)들의 연예(演藝)가 시작되었다. 선원들은 매우 기뻐했고 일본유행가, 로맨스 많은 섬 노래와 춤에 넋을 잃고 보고 있다. 군가와 유행가가 흥겨워 혼합일체 되다가 심야(深夜)새벽 두 시경에야 파티가 끝났다.

다음날 아침이 왔다. 나는 준위(准尉)에게 우리가 필요한 것은 천수(天水)를 받기 위한 도라무깡(통)이라고 하였다. 그는 약속하였다. 떠날 시간 해 뜨기 전이다만 이십여 개의 도라무깡과 백미 30섬(俵), 미소(된장) 39통, 장 20여 통으로 답례를 받았다. 우리는 바나나와 야자열매를 선사하였다. 섬 아니면 볼 수 없는 그 식량은 당시 식량 부족 하에 있던 군대에게 커다란 도움이 되었을 것이다. 우리가 접대했던 선원들은 틀림없이 미군 기동 부대와 포탄 투하 연습 대상물로서 바닷속의 한 혼(恨魂)이 되었을 거다. 전쟁의 비극을 체험 못한 청소년들은 그런 일을 이해 못할 것이다.

드디어 예상했던 징용령이 내렸다

6월초였다. 해군은 북도(北島) 각 이도(離島)에서 도민(島民) 인부(人夫) 징용자 수를 할당하였다. 아라마간섬의 인부는 20명이다. 당시 인부 총원(總員)은 노인과 소년 모두 합쳐 약 40명뿐이었다. 장정(壯丁) 인부가 30명밖에 없었다. 나는 이삼일 동안 인선(人選) 문제로 머리가 몹시 아팠다.

제1차 징용 8명이 티니언섬에서 돌아온 지 한 달도 못 되었는데 체격 좋은 그들이 돌아올 때는 뼈만 남았다. 징용 고역(苦役)이 얼마나 무서운가를 인부들은 누구나 잘 알고 있었다. 그들의 말에 따르면 하루 12시간 중노동을 해야 했고 휴일도 없다. 거기에다가 일본말이 능숙하지 못한 데다 소수이다 보니 일본인 노무자의 행패가 심했다 했다. 때리고 차고, 죄수 이상으로 취급(取扱)을 받아야 했다. 무엇보다 도저히 체력유지를 못할 식량배급 하에서 강제노동을 해야 했다는 것이다.

이러한 사실을 다 아는 인부들은 징용을 기피하기 위해 여러 가지 이야기가 나오고 있었다. 누가 징용될 것인지 사람을 지령(指令)하기도 전에 섬이 떠들썩했다. 징용을 보낼 사람을 결정하는 일은 매우 어려운 일이었다. 그렇다고 감원(減員)도 못할 지상명령(至上命令)이 아닌가. 이 생각 저 생각에 골똘하였지만 날짜가 다가오니 결정을 내려야만 했다. 열흘 이내로 우리 인부가 가야만 하니 하루바삐 총동원으로 빵 열매를 따고 건조품을 만들어 준비하라고 명령을 내렸다. 또 잎담배를 가진 자는 전부 입납(入納)할 것을 명령했다. 그리고 나는 두 감독과 약 반나절에 걸쳐 상의하였다. 먼저 나는 두 감독의 의견을 듣기로 하였다. 그들은 역시 자기인부를 되도록 보유하는 데만 논쟁이 되었을 뿐 별다른 묘안을 얻지 못했다.

가야 할 날이 2, 3일 밖에 남아 있지 않자 더 이상 인명(人名) 지시(指示)를 지연시킬 수도 없게 되었다. 나는 그날 단안(斷案)을 내렸다. 각 부락에서 노인, 소년, 병약자를 먼저 뺀다. 다음은 각 부락 부녀들을 돌보아야 한다. 이러한 점을 감안하니 각 부락에서 8명씩 제외시켰다. 그렇게 해서 남은 23명 징용을 결재(決裁)하였다. 두 감독은 자기가 맡은 구내 인부들 중에서 누구누구 하고 지령하기 시작했다. 오랜 시간을 끌어 결정은 되었다. 두 감독은 가족이 있고 하니 주임인 내가 먼저 인부들과 동행할 것을 고하였다. 잔류(殘留) 가족들은 공동 취사를 하며 남편 없는 주부들을 보호할 의무가 있다고 하며 회의를 끝냈다.

다음날 아침이었다. 모든 인부들은 사무소 앞뜰에서 집합하였다. 나는 인부들을 향하여 엄연한 자세로 전일(前日)의 결의 사항을 일일이 통역을 통해 납득시켰다. 그리고 나서 이 명령은 주임이 하는 것이 아니라 해군의 명령이니 무조건 따르라,

너희들만 보내는 것이 아니라 우리도 교체한다. 잔류 인부도 그렇다. 주임은 파간섬 회사주임과 동등한 지위이나 해군 장교나 설부대(設部隊)라도 내가 대변할 터이니 아무 걱정 말고 나를 따르면 그만이다. 다 알아 들었나, 이 자리에서 이견(異見)이 있는 자는 서슴없이 이번 지명(指名)에 불복(不服)한다면 이야기해라 그랬더니 누구하나 불평은 없었다. 나는 또다시 주임은 너희들과 동거동락(同居同樂)하면서 공사장에서 지휘할 것을 약속했다. 인부들은 안심한 표정이다. 아무런 시비도 듣지 못했다

파간섬에서 14개월 동안 생애 처음의 전쟁 경험

모르는 것이 겁이 있나! 일제(日帝)는 이겼다, 이겼다, 온 국민을 속여 민간 동원에서 끌어갈 대로 끌어 나중에는 낙도(落島) 몇 안 되는 도민(島民)들까지 끌어갔다. 누구나 역전(逆轉)된 전쟁 패망을 모르고 속아 나도 참가 안 한다면 면목이 서지 않을까봐 죽을지도 모르고 맹종(盲從)한 것이다.

때는 왔다. 확실하지 않지만 1944년 6월 12, 13일이 아닌가 한다. 파간섬의 해군 수비대 배인 다이하츠(大発)를 타고 기타

가와(北川) 소위와 수병(水兵) 7명이 아라마간섬으로 우리들을 인솔하기 위해 왔다. 나는 섬 주민을 총동원하여 대환영연을 베풀어 그들의 환심을 샀다. 그들은 굉장히 기뻐했다. 이튿날 아침 23명과 나는 내가 사랑하던 주민들과 작별의 눈물을 흘렸다. 죽을는지 다시 살아올는지 당시의 감회를 아직도 잊을 수 없다.

건조된 빵 열매, 잎담배 등 짐은 거의 20톤 배에 윤선(輪船)되었다. 나는 지카다비(작업화) 3켤레, 갈아입을 의류 3착뿐, 홀몸으로 배에 올라탔다. 승선 명령이 내려지고 배가 떠나자 천주교 신자인 부녀들은 눈물을 흘리면서 남편이 무사하기를 하나님께 기원하는 찬송가와 기도를 올린다. 아듀스 아듀스, 사요나라 사요나라. 손수건을 흔든다. 배가 보이지 않도록 그들은 돌아가려 하지 않는다. 선상에선 인부들이 눈물을 흘렸다. 배 안에서는 무언(無言), 비참한 광경. 바다는 잔잔하였다.

파간섬까지는 45리. 눈으로 볼 수 있었다. 점점 가까워져 오는 파간섬, 전근하여 첫 임지(任地)였고 그 동안 서너 번이나 왕래한 섬이었다. 하오 2시경에 파간 부두에 다이하츠가 입항(入港)하고 우리들도 상륙하였다. 아카바(赤羽) 기사가 영접(迎接)하였다. 트럭 1대가 왔으나 짐이 너무 많기에 두 번에 나누어 비행장으로 갔다. 이들은 숙소 부족으로 격납고에서 우리 일행을 머물게 할 생각이었다. 나는 우리 도민(島民) 인부(人夫)들은 이런 비행장에서 기거하는 것을 무서워한다고 이야기 하였다. 그러면 너희들은 어디가 좋으냐고 나에게 물었다. 나는, 내가 숙박을 구하겠다고 하고는 회사의 파간섬 주임인 아라시로(新城)씨를 예방(礼訪)하는 겸 의논한 결과, 소작인 숙소 한 칸이 빈 것을 얻게 되었다. 우리 일행은 곧 그곳으로 이전하였다. 손손 시가지였다. 기연(奇緣)이다. 내 처의 집이 바로 옆이다. 건설(建設) 부대, 주재소(駐在所), 파간 주임 숙사도 가깝다. 말하자면 시가 중심점에 자리 잡은 셈이다. 이 날은 금요일이다. 인부에게 거처 준비를 오늘밤 중으로 끝내라고 하였다.

 일본인 관례(慣例) 대로 그날 밤 주재소(駐在所) 다나카(田中) 경찰부장, 히구찌(樋口) 의사, 후카호리(深堀) 소학교 교장, 바간섬 촌장 시노하라(篠原) 등을 예방하였다. 이튿날 나는 해군 본부, 육군 본부로 준비했던 야자게 5마리씩을 인부 1명을 동행하여 예방 절차 선물을 드리며, 아라마간섬 인부 23명을 인솔하여 왔으니 앞으로 부탁합니다, 하고 인사를 드렸다. 외교에서 성공한 셈이다.

 이 날은 토요일, 설부대는 식사 취사장 설비 잡일로 하루는 쉬고, 내일 일요일 아침 6시에 비행장 확장 공사지로 도착하라는 명령과 아울러 인부 식량배급을 타 가져가라는 것이다. 나는 바로 옆 설부대 사무소에 갔더니, 1인당 식량이란 3식분이 못 되는 1식분이다. 다행한 것이 우리가 다 대용식을 가져왔기에 당분간은 이겨낼 것이지만, 첫날부터 화가 났다. 나는 처음이라 꾹 참고 주는 대로 받았다. 그러나 매일 와서 가져가라고 하지 않는가. 인부 23명 중 늙은이 3명은 취사반으로 숙소에 남는다. 그들은 무서워서 못 간다는 게 아닌가. 할 수 없이 내가 식량을 받게 되었다. 나는 불쾌하였다. 이놈들 말만 듣다가는 내 일이 너무 많다. 첫날부터 대결하였다. 나는 매일 배급이 아니라 일주일에 한 번 배급해 달라는 거였다. 고만(高慢)한 주임은 도민(島民)들은 자제심(自制心)이 없기에 매일 배급(配給)이어야 한다고 주장하였다. 나는 우리는 대용식이 있으니 염려 말고 일주일에 한 번 배급하라고 주장하면서 이것으로 첫 항쟁이 벌어졌다. 나중에 주임은 오케이. 마쓰모토군 네가 책임져라, 만일에 배고파 일 안 나오면 너를 징벌하겠다고 위협한다. 나는 각오하고 있다고 주장하였다. 마지못해 일주일분을 가져다놓고 인부들에게 사정 내용을 모두 설명하고 모든 것은 내 명령대로 따르라고 당부하였다.

파간섬 미 기동대(機動隊)의 공습 하에서 생사의 투쟁으로

당시 파간섬에는 해군 수비대 500명, 육군 혼성(混成) 연대가 2,500명 있었고, 민간 방인(邦人)과 도민(島民) 합쳐 800명이 거주하고 있었다. 해군은 먼저 왔으나 육군 상륙은 내가 가기 전, 2, 3주 전후로 왔다. 병기(兵器)는 완전 육양(陸揚)이 안 된 채였고, 진지 구축은 아직 시작하지 않았다. 육양된 식량도 나누지 않고 비행장 복판에 있는 해군 창고 바라크(목조건물)에다 놓아둔 채 3,500명이 비행장 확장을 서둘렀다. 아침 6시에 작업을 시작하고 8시에 1시간 동안 조반(朝飯)이었다.

우리들은 아침 다섯 시에 일어나 비행장 공사장으로 갔다. 아직도 사람이 보이지 않았다. 의기양양한 마음으로 일을 빨리하여 성적을 올리자, 그런다면 우리는 몇 달 후면 섬으로 돌아갈 수 있다. 모범을 보이자 누구나 힘들다. 불평을 하지 마라. 내가 너희들 뒤에서 무슨 문제도 타개(打開)할 것이다. 이런 훈화(訓話)를 하였다. 이 날은 일요일이었다.

비행장 공사의 책임은 육군이다. 오전 7시 현장사무실을 찾아, 코지마(小島)부대 대장과 면접하여, 작업용구(삽, 곡괭이 등)를 받아가지고 지정된 장소로 돌아왔을 때는 벌써 오전 8시였다. 한 시간 동안 휴식이었다. 우리 현장과 가까운 모 육군 소위와 초면 인사 후 같이 앉아 잡담을 하던 때였다. 문득 히노마루(日の丸) 비행기 1대가 하강하더니, 십 분도 안 되어 그림 같은 편대로 파간 섬 동쪽 하늘에 나타났다.

우리는 비행기를 세어 보았다. 80여 대가 아닌가. 우군기가 아니라 미군 공격 출동이란다. 그런데 이 편대는 파간섬을 일주 하더니 동쪽으로 3대가 저공 일선 자세로 하강하지 않는가. 3,500명은 모두 하늘만 쳐다보고 있었는데 돌연 기관총을 발사하지 않는가. 그때야 적기(敵機)다, 하며 대피(待避)명령이 내려졌다. 지상에서는 일본군의 기관총 소리가 요란하다. 위-잉, 위-잉, 탁탁 나는 죽음의 공포로 몸이 떨렸다. 너희들 빨리 대피해라 소리를 쳤다. 사람들이 뛰었다. 다이너마이트 대피호(待避壕)로 물밀 듯이 달아났다. 인부들이 뛰어 나가는 것을 확인하고 나서 보니 내가 뛰어가기에는 이미 때가 늦었다. 빙빙 돌다가 일광(日光) 막이로 세워진 그늘 속으로 들어가 두 손가락으로 눈과 귀를 막고 엎드렸다. 그때다. 캉, 캉, 캉. 쇳내 소리, 저공공격이 연속이다. 몇 분 동안인지 정신이 반 실신이 되었다. 아버지 어머니 저는 부모님 말씀 안 듣고 이런 전쟁지에서 와서 쓰러지게 되었어요, 하며 속으로 울었다. 어느 사이에 폭탄에 맞게 될 건가, 이젠가, 이젠가, 떨고만 있었다. 얼마쯤 지나고 정신을 차리게 되자 머리를 들었다. 각 함재기(艦載機)는 소이(燒夷)탄을 떨어뜨렸는가 하면 폭탄이 된다.

다행한 일이다. 적의 목표는 첫째 비행장 부근에 세운 건물과 사이판에서 도피해서 밀려들어 온 수백 척의 시라미 함대였다. 30분 동안이었다. 검은 연기가 먼저 보이는가 하면, 일분 후에 꽝, 탕 소리가 들렸다. 건물은 모두 타고 있었다. 그 다음에 배를 폭격하는 모양이었다. 그 소리는 멀어졌다. 이제 다 하고 끝에서 있는 힘을 다해 야자림으로 뛰쳐나갔다. 깊이 파놓은 어떤 갱도(道)에 뛰어 들었다. 기총발사(機銃發射)를 피하기 위하였다. 이제는 살았구나 조금 안심이 되었다. 떨리는 손으로 담배를 피웠다. 마음을 가라앉기 위해서였다. 나는 살았다. 그러나 인부들이 죽지는 않았나 걱정이 되기 시작하였다.

그때까지 약 50분이 지나갔다. 적기(敵機)는 날아가 버렸다. 나는 다시 내가 앉았던 현장으로 돌아갔다. 인부들이 모이기 시작하였다. 인원 점호로 무사하다는 것을 알았다. 그러자 오늘은 이것으로 작업 중지, 모두 피난하라는 명령이 내려졌다. 적은 또다시 공격해 올 거란다. 우리 인부들은 마라스 야자 숲 속으로 가기로 하고 뛰어갔다. 두 시간 쯤 해서 목적지에 도달하였다. 여기는 안심이다. 야자 만나로 목마른 것을 축이고 배가 고프면 코프라를 까 먹었다.

에이, 이 군인 놈들아, 사전에 적습(敵襲)도 모르다니, 일본은 망했구나, 깜짝 속았구나, 부아도 났다. 우리를 아라마간섬에서 끌어다 총 밥으로 죽이자는 짓이 아닌가 싶어 섬에 남은 가족들은 어떻게 되었을까 걱정도 났다. 앉아서 멍하게 하늘만 쳐다보았다.

그러던 차에 오후 3시경인가 한다. 높은 고지에 서서 서쪽 수평선을 바라보았더니 쫓겨 달아나는 40여 척 시라미 함대가 미군 함대에 잡혀 하나, 둘, 셋 바다 속으로 꺼지는 게 아닌가. 비행기는 몇 번이든 5~6대가 회전(回傳)하여 가며 전멸(全滅). 불쌍하구나, 불쌍해. 우리는 육지니까 도망쳤지만 바다는 헤엄쳐도 기총소사로 한 놈도 안 남았다. 약 45분간이다. 배는 보이지 않고 비행기도 가 버렸다.

해가 질 무렵 숙소로 돌아왔더니 시가지는 그대로 남았다. 사상자가 50여 명이라 했다. 격납고에서 신음하던 군인 환자들이었다. 그 외는 별고가 없었다. 그러나 식량은 전부 타버렸다고 했다. 다음날은 비행장 파괴 수습 작업을 하라는 설부대의 명령으로 우리들의 일이 시작되었다. 매우 무서웠다. 매일 한 차례씩 강습(强襲)한다. 하루 3차례 습격(襲擊)을 하고 연 280기가 습격을 가했다. 견디다 못해 산 속으로 모두 피난하여 하루종일 보냈다. 저녁에 돌아왔는데 식수가 불결한 탓으로 무서운 배앓이가 나서 식사를 못했다.

폭탄 소리에 신경이 곤두서서 잠을 못 잘 것 같았다. 그래 파간 주임을 찾아가 소주가 없느냐 물었더니 있다면서 자기 숙소에서 같이 마시자고 했다. 옆집에서 의사가 술안주를 가져왔고, 우리는 대화를 나누며 마음 놓고 마셨다. 하루 동안의 절식(絶食) 때문에 흠뻑 취하여 인사불성이 되어 하나도 기억이 나지 않을 만큼 대취(大醉). 이튿날 아침에 깬 것도 해군 제1소대 방공호 속을 어찌 알고 들어갔는지 의약품을 은폐한 물건 위에 누워 잤는데, 이른 새벽 한 수병이 약품을 가져가려 들어왔다가 내 발을 밟았다. 수병은 누구야! 하며 놀랐지만, 내가 나도 모르게 나다 ! 하였더니 다시 아무 말 없이 돌아가 버렸다. 정신이 발칵 나고 술이 깨었다. 일어나 호(壕)를 나오니 숙취가 심하였다. 내가 어제 저녁 큰 추태를 한 것이 틀림없다고 생각되었다. 그래서 다나카 부장, 아라시로 씨, 히구찌 씨, 두루 돌아 찾아가서 사죄하였다. 틀림없었다. 술주정이 심했단다. 큰 소리를 질렀단다. 큰일이 났구나. 설부대 사무실이 멀지 않기에 내 술주정을 알고 있을 것이다. 현기증이 심하였다. 그들을 찾아 내가 전날 복통이 심한데다 공습(空襲) 공포병(恐怖病)이 생겼습니다. 회사원끼리 처음 인사 겸 술을 먹은 것이 하루 절식(絶食)한 후라 꼼짝 못하고 술에 취해 자제심(自制心)을 잃었습니다. 사죄합니다만, 오늘 반나절만 쉬게 해 주시오 하였더니, 아카바 이 양반, 커다란 눈을 끔벅거리며 내 얼굴만 쳐다볼 뿐 1분쯤 입을 닫고 있다가 괜찮소. 이쪽에서 미안합니다, 하였다. 고맙다고 인사말을 끝내고 발길을 돌리자, 설부대 일등 고원(雇員) 한 놈이 이 놈! 시국도 모르고 술만 처먹다니 하며 경멸(輕蔑)의 언사를 퍼붓는다. 성낼 수도 없고 자기 잘못이니 할 수 있나. 그러나 이놈들이 앞으로 나를 대하는 태도는 그리 좋지 못할 것이라고 각오하였다. 한 달 쯤인가 서로 말도 하지 않고 그놈들 시키는 대로 따라 해야 했다. 식량은 한 달도 못 가서 가지고 온 대용식이 바닥이 날 것 같아 앞이 캄캄했다. 그러나 세상은 악인만 있는 건 아니다. 하루는 우리를 인솔한 기타가와 소위가 우리 숙소에 찾아왔다. 나는 반가웠다. 그 소위는 무슨 불편한 점은 없는가 묻는다. 일에는 별 문제 없다만 식량배급 받는 것으로는 우리 인부들도 영양불량이 될까 봐 염려를 한다고 하였더니 그런가, 그러면 오늘 밤 몰래 인부 4,5명을 자기 숙소로 보내라고 하였다. 비밀이니 설부대원에게 눈치채지 않도록 감추어 두라는 것이다. 하라는 대로 하였더니 백미 다섯 가마니(20말)와 미소(된장) 3통, 소금에 절인 고기 4관 쯤을 밤중에 운반(運搬)해 와서 감추었다. 이런 고마운 선인(善人) 군인(軍人)도 있다.

매일(每日)이 비행장 폭탄 맞아 뚫린 구멍 메우기 작전

우리 인부들은 비행장에 들어가는 것이 소가 도살장에 들어가는 만큼 무서워했다. 그래 나는 언제든지 선두에 서 먼저 간다. 이리 와 ! 이리 오라고 ! 왜냐하면 매일 반드시 적기는 비행장 수리를 정찰하고 있고 그 후 불규칙한 폭파를 가했다. 어제 활주로에 4개인가 구경(口徑) 약 10m, 깊이 5m의 큰 구멍이 파진 때였다. 트럭 2대로 50여 명이 한 구멍을 돌로 메우는 것이 하루 일이다. 어느 시간에 함재기(艦載機)가 날아올지 신경질이 나도록 무서웠다. 초소 높은 언덕 위에 공습을 알리는 철잔교가 20m, 동서남북으로 해군 수병이 정장(正裝)을 하고 망원경으로 감시하고 있다. 적기를 발견하면 빨간 깃발을 걸고 속사포를 쏜다. 딱딱 소리가 요란하다. 토치카가 비행장 근처에 있기는 하였다. 그러나 인부들은 토치카로 가려하지 않고 야자 숲 속으로 뛰어 피난한다.

 도민(島民)들의 귀는 밝다. 경보 1분 전에 폭음을 미리 듣고 뛰쳐나간다. 나도 처음에는 꾸지람도 하였다. 물론 설부대로부터 책망도 들었다. 그러나 이것은 나중에는 틀림없기에 방임하였다. 함재기(艦載機) 한 대는 반드시 폭탄 3개를 3회로 던지고 나면 기총(機銃) 소사라는 것을 알고 나서는 처음같이 무서워 떨지는 않았다.

 나도 한 번 죽을 운을 넘겼다. 공습 때였다. 인부들끼리 대피하라는 호령과 아울러 그들을 확인한 후 뒤늦게 활주로 옆길을 넘지 못했는데 비행기가 하강하지 않는가. 할 수 없이 지상에 엎드렸더니 폭탄이 바로 옆에서 터지자 내 반신이 흙에 묻

했다. 다소 상처는 났으나 무사하였다. 그러므로 눈과 귀를 두 손으로 막고 있었다. 작업인들이 모여 구조 받고 병원에도 갔다. 큰 상처 사고 없이 2, 3일 휴식하고 다시 복귀하였다.

또 한 번은 일본 비행기가 사이판섬을 저공비행으로 역습하려다가 도저히 불가능한 것을 깨닫고 도피하여 파간섬 비행장으로 불시착을 감행하였다. 비행사는 유능한 파이롯트였으며 진주만을 공습했던 경험가였다. 무겁고 위험한 어뢰를 동체

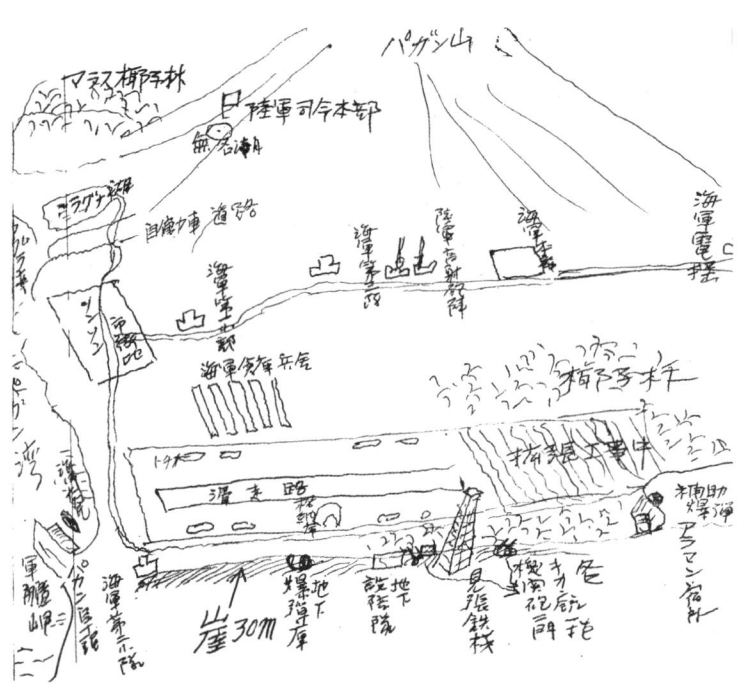

밑에 달고 활주로가 파괴된 것을 알고 옆으로 무사하게 하륙(下陸)에 성공했다. 미군기가 따르고 있다는 것을 알렸다. 우리 작업 중인 총원이 재빨리 어뢰를 분리 이전하고 비행기를 은폐 작전 중이었으나, 때는 이미 늦어 적기에게 발견되고 말았다. 우리는 점심을 먹기 위해 손손 숙소로 돌아간 후였고 예상도 못했다. 함재(艦載)기 공습에 시가지 파괴가 시작될 줄이야. 첫 기습에 부딪혔다. 나는 해안지대로 전력을 다해 뛰어갔다. 기관총환이 비 오듯 바다와 바위 위에 와 퍼부었다. 살 운명이라 무사했다. 해제되어 돌아와 보니, 숙소는 그대로 남아 있었다. 그러나 바로 옆집은 날아가고 돼지는 즉사하였다. 인부들은 모두 무사했다. 설부대는 당분간 비행장 작업을 중지한다고 하였다. 설부대와 우리는 절벽 아래로 감시 초소 이전을 서둘렀다. 그 동안 매일처럼 시가지에 공습이 되어 4, 5일 사이에 주택과 건물이 아무 것도 남기지 않고 완전히 파괴되어 버렸다.

  설부대 숙소의 위치는 감시초소(見張)의 철잔교(鉄棧) 부근 절벽(산비탈)을 파 들어가 지하실(6미터×4미터)을 구축하고 폭풍을 막기 위해 야자나무를 이용 벽 울타리(壁柵)를 만들었다. 모두 우리 인부가 공사한 것이었다. 고만(高慢)한 설부대원들이 하라는 대로 무엇이든지 우리 인부와 나는 두 달이 지나도록 머슴살이를 감수하여야 했다.

배급이 부족하여 파간 회사 주임과 상담하여 고구마를 융통하였다. 도민 일당은 먹여 주고 60전이라고 했다. 하루는 시가지가 전멸되자, 기르던 돼지 한 마리가 우리가 이전한 야자림 속으로 들어온 것을 설부대원이 발견. 돼지를 잡으려 하나 잡히지를 않았다. 한 놈이 나에게 와서 도민(島民) 힘을 빌려 달라고 했다. 그래서 나는 우리 도민들이 잡고 도살해 줄 터이니 육골(肉骨)은 가져가고, 기름 지방만은 도민(島民)들 식량으로 주겠느냐고 물었다. 이 작업은 군과는 무관계라는 것을 이야기 했다. 그랬더니 주임까지 승낙(承諾)하였다. 나는 우리 인부 가운데 돼지를 몰아내는 인부 5명을 보냈다. 그랬더니 단 10분도 못 가, 돼지를 잡아 가지고 우리 숙소 취사장에서 해체하여 살과 뼈는 다 보내고 껍질 아래 지방분만 남겼다. 우리는 그것을 졸여 기름을 만들었더니 일곱 되가 되었다. 그런데 이 기름까지도 필요하다며 2되만 남겨 놓고 5되를 가져가지 않는가. 나는 노했다. 이놈들이 종 부려 먹도록 하고 굶겨 죽이려 한다고 인부들과 이야기했다. 인정이면 고기도 수고 값으로 주는 것이 원칙이다. 불쾌하였다.

내일부터는 야간작업을 시작한다고 했다. 낮일은 오늘 뿐이라고 하였다. 아침이면 반드시 점호를 하고 병난 자 신고를 받는다. 누구나 비행장 일이 싫다. 20명 중 3명쯤은 안 나와도 나는 해명할 수 있었는데 이날따라 6명이 병으로 쉬겠다는 것이 아닌가. 나는 처음으로 꾸중을 하였다. 그래 아침부터 불쾌하였다. 16명을 데리고 비행장으로 들어섰다. 웬일인지 아침 여덟 시도 못 되어 공습을 받아, 야자 숲 속으로 인부들은 가 버리고 좀 해서는 나와 일하려 하지 않고 느릿느릿하였다. 나는 설부대 신축 숙소에 서서 인부들의 작업 복귀만을 기다렸다. 그러나 40분쯤 되어도 집합이 되지를 않았다. 나는 이놈들아 이게 무슨 장난이냐, 하며 근심으로 우왕좌왕 하던 판이었다. 인부에 대한 화로 신경이 곤두섰다. 그때다, 설부대의 주임 다음 가는 자가 호 안에서 아라마간 도민 놈들은 공습 해제가 난 지 30분이 넘어도 나와 일 착수도 안한다며 내가 들으라는 식으로 큰 소리로 이야기 하지 않는가. 나는 과열한 신경으로서 자제심을 잃었다. 두 달 거의 이놈들에게 사람 취급을 받지 못한 울분이 참을 수 없이 터졌다.

무엇이라고, 아라마간 도민(島民)이 어떻다고, 너희들은 죽으면 야스쿠니 신사가 기다리고 있지만, 도민(島民)이 죽으면 소나 말, 개처럼 길가에 묻거나 팽개친다.

어떻다고! 너희들도 구멍 속에 숨어 있지 않느냐. 도민(島民)은 소나 말과 다름없다. 사람으로 보이지 않지. 기억해 둬. 도민(島民)도 인간이야. 훌륭하다구. 구멍 속의 이놈들아. 거기서 나와 돌 한 개라도 날라 보라. 이리 나와. 폭탄에 맞아 죽어야 하는 판. 너를 먼저 죽이고 죽을 거야. 이리 나오

라. 빨리 나와.

나는 미친놈이 되었다. 저 놈 나오기만 기대하고 전신이 떨린다. 살기가 찼다. 언젠가 폭탄에 맞아 죽을 것이다. 죽기 전에 미운 놈을 죽이고 죽겠다는 대결 자세를 보였다. 거짓이 아니었다. 두 달 동안 일본인이라며 행세하는 통에 나 역시 조선인이라고 멸시를 받았다. 고만(高慢)한 그들의 태도에 화가 났다. 나는 젊었고 일본말도 잘한다. 회사에서는 한 섬의 주임직이다. 네가 제 1등 고원(第1等 雇員)이라 행세하지만 패망하는 일본이란 걸 알고 있다, 이놈아 나와라. 분풀이를 하려고 나오기만 기다렸다. 약 5분 동안 나는 미쳤다. 대결 자세로 빙빙 돌았다. 그러나 그들은 죽은 척 침묵을 하는 게 아닌가. 15분 동안 나는 나오면 내가 죽든 저놈 자식을 죽이려는 광기에 찼다. 시간이 오래 지났다. 나는 광기가 차츰 가라앉았다.

정상회복이 되자 상급에 대한 반항 죄를 인식하게 되었다. 단기(短氣)불편(不便)의 자기 잘못을 후회(後悔). 자, 이대로 도망칠까 도망쳐도 죄는 죄다. 기왕 죄인식이니 먼저 사죄밖에 길이 없다. 그래 군법에 잡히기 전에 먼저 아카바(赤羽) 주임을 면회할 수밖에 없다고 판단했다. 나는 방공호 안의 주임실로 들어갔다. 무릎을 꿇고 사죄의 언사를 일일이 설명하였다. 즉 오늘 아침부터 인부를 대하며 언쟁으로 불쾌, 도민(島民)들이 비행장 작업을 매우 두려워한 경위, 중간에서 내가 고

뇌한 결과, 생각이 막혀 광질로서 큰 잘못을 했다고 애청하였다. 5분 동안 위와 같은 변명을 하였다.

아카바(赤羽)주임은 노한 얼굴은 아니었다. 눈을 감고 듣고 있었다. 내 말이 끝나자 마쓰모토군 들어와 앉아. 이 말 뿐이었다. 나는 아무 것도 알아차리지 못했다. 이놈이 권총을 가졌으니 쏘아죽일 수단이 아닌가, 의심과 공포심이 앞섰다. 그래 할대로 해라, 나는 주임 앞에서 무릎을 꿇고 있었다. 주임은 예상과는 딴판, 다른 표정으로 두 개의 담배를 내게 주며, 이것은 보통 담배가 아니다. 은사 하사(下賜) (천황폐하가 보낸 것) 한 것이다. 그리고는 일본 술을 가져와 큰 컵으로 한 잔을 일부러 권하였다. 이때만 해도 이놈이 무슨 흉계가 아닌가 의심하였다. 나는 단념한 판이라 서슴없이 받아 한 번에 마서 버렸다. 그랬더니 붉은 일본술(丹日本酒)을 내놓으며 마시라는 것이다. 그리고 아카바(赤羽)주임은 얼굴을 천장을 바라보는 자세로 자기 술회(述懷)를 차근차근 이야기하기 시작하지 않는가. 나는 여우 묘계(妙計)에 빠진 것 같았다. 그러나 그는 일본인과 도민(島民) 3년 이상 사역(使役)하였지만 도민(島民)들을 어떻게 해야 할지 아직도 모르겠다며 마쓰모토 군에게 일임한다는 것이다. 나는 꿈 아닌 현실에 크게 놀랐다.

그래 나는 처음으로 나 역시 도민(島民) 사용(使用)하기까지는 3년이 지나 그들이 습성을 알게 되었다는 것, 도민이 일본인보다 체격이 크기에 식성이 크기는 하지만 대식은 아니라는 것, 도민(島民)은 방인과 비교하여 인내력이 부족하다. 그러나 청부(請負)가 가장 능률(能率)을 올릴 수 있다. 또 나와 같이 1년이 넘으면 인부 각자의 개성을 자세히 알게 되어, 누구는 무엇이 장점이고 단점을 알기에 가급적 적성에 맞도록 작업처리를 해야 한다. 때리고 위협으로는 오래 못 간다는 등을 이야기하였다.

내 체험을 듣고 난 후, 오늘은 휴식하고 마쓰모토는 내일부터 새로 인부 분배를 해야 한다며 나는 매일 아침에 지시만 하면 된다고 하지 않는가. 나는 아키바 주임에게 감사합니다. 미흡하나마 주임님의 한쪽 팔이 되어 돕겠습니다, 하고 자리에서 일어났다. 그것으로 끝났다.

다음날이 되었다 아카바(赤羽)주임은 12명 고원(雇員)들에게 명령하였다. 무슨 일이든 아라마간섬 도민을 써야할 때는 마쓰모토에게 물어 인부를 받으라고. 하루아침에(一夜一變)에 내 지위가 고원(雇員)들보다 상 지위(地位)로 역전된 셈이다. 그런고로 현장 감독이 아니라 주임급과 동행 총감독이 되었다. 마쓰모토 군이 아니라 마쓰모토 상, 그 후부터 그들은 나를 경원(敬遠)하기 시작했다. 나는 설부대의 자급 감저(甘藷, 고구마) 농경지도 우리 인부의 힘으로 만들어 주었다. 아카바 주임은 모든 일에 나를 신용하였다. 야간작업에도 어떠한 실수가 있어도 나를 믿었다. 나는 주임과 대등으로 작업상에 문제가 있을 때도 서슴없이 의견을 내놓았다.

야간작업(夜間作業)

　나는 우리 인부들의 신임을 얻음과 동시에 설부대의 아카바(赤羽) 주임과도 서로 간에 대립이 아니고 협동에 성공하였다. 나는 서른 살의 청춘. 체력, 사고에서도 성숙하였다. 나는 5년 가까이 섬 생활 체험을 하고 있었다. 일본말도 능숙하였다. 일본인, 도민(島民) 양 습성에서 누구에게 손색없는 체험을 하였다.

　일본 육군 소위와 중위는 간섭을 하지 않았다. 나는 전시(戰時)하 자족(自足)자급(自給) 체제(體制)에서 우수한 도민(島民) 20여 명을 인솔하고 있었다. 이 섬에서 필요한 건 돈이 아니라 물건(物件)이었다. 내 명령 한 마디에 우리 아라마간 섬 23명을 좌지우지할 수 있다. 참말 왕(王)이나 마찬가지였다.

　본토 식량 보급이 떨어진 판에 자족자급 없이는 굶어죽을 것이었다. 아카바(赤羽) 주임은 현명한 분이어서 나는 23명의 원주민을 인솔하며 그를 많이 도왔다. 군 명령은 비행장 확보였다. 다시 말해서 파괴된 활주로를 수리해야 하는 것이 가장 중요한 작업으로, 해군(海軍) 정비대(整備隊)와 해군 건설부대가 주로 하는 작업이었다. 육군은 진지 구축을 하였으므로 해군의 일과는 달랐다.

내가 주권(인부)을 잡은 후 해군 정비대장이 우리 아라마간섬 인부들의 작업을 시비한 일이 있다. 나는 서슴없이 대변인으로서 나섰고, 우리 주임 아카바(赤羽)는 반론 항의 하였다. 이와 같이 설부대와 우리 아라마간섬 인부들은 형제지간이 되었다. 우리는 아카바(赤羽) 주임을 장(長)으로 믿었고, 아카바(赤羽) 주임은 나를 누구보다도 신용하게 되었다.

야간작업(夜間作業)은 달이 떠야 한다. 그러나 만월(滿月) 다음은 매일 달라져서 시간이 느려진다. 인부들은 나보다 피곤하기에 깊은 잠에 들었으므로 심야(深夜)에 깨워도 잘 일어나지 않았다. 나는 밤에 자지 않았다. 인부들을 깨워 일을 시켜야 하는 중임(重任)을 내가 진 것이다. 약 10일간, 나로서는 큰 고역이었다. 그러나 지상명령이었다. 해야 한다. 한 번은 정비대장이 아라마간섬 인부가 늦게 왔다며 처벌해야 한다며 위협했다. 그때 우리 주임은 우리 편을 들어 언쟁이 일어났다. 우리 주임은 논쟁에서 비결(非決)로 일추(一追)하였다. 일본인 동지(同志)이면서도 이론(理論)은 정당(正當)해야 한다.

그 후 해군은 비행장 수복(修復)작업을 포기해야 하게끔 되었다. 나는 종종 우리 주임에게 이런 작업을 하루바삐 그만 두고 식량 증산을 건의하였다. 장기화되고 있는 전투 속에서 인명피해를 최대한 막으려면 전투 후의 체질 저하를 막는 것이 현명하지 않는가. 일본군의 비행기는 거의 전멸한 것 같았다. 그러므로 최후는 적이 상륙할 때 항전할 수 있도록 체력을 유지하는 것밖에 길이 없다. 오늘 한 구덩이를 메우면 미군은 정찰하여 웃고 열 구멍을 뚫고 가지 않는가. 밤낮 자지도 못하고 이 작업만 한다면 적이 상륙하기도 전에 굶어 죽을 것이라고 서슴없이 이야기 했다. 아카바(赤羽) 주임도 아무 대답이 없었다. 내 말이 옳다고 인식(認識)한 것 같았다.

　이런 이야기가 나온 지 얼마 아니하여 해군도 단념하여 비행장 일은 포기했다. 나는 기뻤다. 2개월 이상 우리 인부들이 싫어하는 작업이었다. 그 후 부터는 해군 관할 하에서 시키는 잡일뿐이었다. 우리는 인부들과 합숙하였다. 나는 장(長)으로서 23명이 오야지가 된 셈이었다. 참말로 나는 전시 체제하에서 통솔력을 충분히 발휘한 셈이다. 그들은(인부) 여러 가지 과오가 있었다. 그러나 나는 부하가 어떠한 사건을 저질러도 결코 노한 일은 없었다. 물론 나도 신이 아닌 이상 잘못도 있었다. 그러나 그들(인부)에게는 내가 있어야 했다. 통솔자로서 무조건적으로 신임을 받은 셈이다. 독신인 나는 내 부하와 동거(同居)동식을 같이 하였다.

돼지 잡이 일대 사건

식량부족으로 우리 인부들은 항상 배가 고파 있었다. 숙박소(宿泊所) 야자림 속에 다른 회사 소유인 돼지가 들어왔다. 전시하라서 돼지우리에서 뛰쳐나온 것이다. 그들은 나에게 보고하였다. 옆 회사 돼지가 우리 회사 야자림으로 들어 왔소 하며 한 마리 잡아먹겠다고 했다. 우리는 돈이 있어도 돼지고기를 사 먹을 수 없었다. 그래서 돼지우리에서 뛰쳐나와 소유 없는 돼지이니 한 마리쯤은 잡아먹어도 좋을 거라고 생각하여 승낙하였다.

전시하(戰時下)였다. 소유자가 자기 책임상 빨리 도망친 돼지를 처리해야 한다. 식량이 부족한 파간섬에 무슨 정의가 있겠나. 의식(衣食)이 족해야 예의(禮儀)도 차린다는 속담이 있다. 나는 눈을 감았다. 그러나 인부들은 돼지(중 60Kg 정도) 두 마리를 도살한 것이 아닌가. 불행하게도 모 회사 소속인 조선인 인부가 지나가는 길에 목격(일본이름은 야쓰다(安田)라는 자다)하였다. 그는 돼지고기를 한 독 달라고 하였지만, 인부들이 거절하였다. 조선인 이놈은, 그런가 그렇다면 내 회사 주임에게 보고할 거라는 말을 하고 가 버렸다. 인부들은 겁이 나서 나에게 처음에는 실상 보고를 하지 않았다. 나는 책망도 했지만, 이 사건이 용이한 게 아니라고 판단하고, 너희들 들어

라. 한 마리만 먹고 한 마리는 설부대와 해군 본부에 분배하라고 지시하였다. 심상치 않은 일을 저질렀다. 큰 사고가 생겼다고 근심 중이었다.

그런데 며칠이 지나자 아닌 게 아니라 모 회사의 회계과 주임이 나를 방문하여 위협 항의를 하지 않는가. 군에 보고하여 처벌할 것이라고 전하러 왔다고 한다. 나도 이놈아 하고 소리를 질렀다. 우리 인부가 너희 돼지우리에 가서 잡은 것은 아니다. 야자림 내에서 잡은 것이다. 누구 돼지이건 전시다. 소유자는 도망친 돼지를 빨리 찾는 게 규칙이다. 이 섬 야자림은 우리 회사 소유, 가령 그 돼지가 풀 한포기라도 먹었다고 하면 회사 입장에서도 용서 못할 것이다. 재판을 하자며 나는 강경한 태도로 역습변론을 하였다. 이 집은 내 집이니 빨리 돌아가라고 야단을 쳤다. 그랬더니 이놈은 옴짝도 못하고 저자세로 바꾸어 미안했다고 사과하였다. 그래서 나도 모든 사정을 이야기했다. 우리 인부는 파간섬이 아니고 아라마간섬에서 징용되어 왔다. 돈으로 돼지고기를 팔아주는 자는 없는데, 도민(島民)도 사람인지라 먹고 싶은 것은 누구나 마찬가지다. 그러니 당신네가 두 마리 돼지 값을 정하시오, 우리가 살 것이니 그리 노하지 마시오 하였더니 당연하다며 후일 돼지 값을 상의하여 알리겠다고 하며 가 버렸다.

이 사건은 이것으로 끝날 줄만 알았다. 그러나 모 회사 주임이란 자는 회계와 무관계한 야쓰다란 이름을 쓰는 조선인을 보내어 자기 사무실로 출두하라는 명령을 전달하였다. 나는 미운 야쓰다 놈을 때려 보낼까 까지 생각했으나, 꾹 참고 이놈아 너는 한 명이고, 우리 인부는 23명이다. 네까짓 개자식 하나 죽이는 것 문제없다. 불쌍하니 너도 조선인, 나도 그렇다. 이 자리를 떠라, 용서 못하겠다. 너 가서 건방진 주임 보고 볼일이 있으면 나에게 찾아오는 게 원칙이라 일러라. 나는 남양홍발 회사 사원이라고 여쭈어라. 너 같이 조그만 회사인지 유령 회사인지에서 나에게 큰소리를 치지 마라. 이 땅 야자림은 전부가 회사의 소유라는 것을 알려라, 하고 고함을 쳤다. 이놈의 자식이 겁이 나 달아나 버렸다. 그렇지 않아도 군사령부에서 명령이 내렸다. 자급제 배분체제로 설정이 되었고 고구마 재배가 가장 급한 지상대책이므로, 공습으로 도망친 돼지이건 소이건 산양이건 3일 내로 처분하라는 명령이었다. 어리석은 자라고 속으로 웃고 있었다.

  그 후 한 달이 지나도 아무 말썽은 없었다. 그러나 모 회사 인부와 그 주임 놈과 매일처럼 한 비행장에서 작업을 하고 있었다. 주임이라 하는 자가 좀한 일본 놈이 아니었다. 육군 해군에게 감언이설 술책으로 우리 인부들을 적대시하지 않는가. 물론 큰 문제는 아니다만 이 작업이 언제 끝날지 모르니 사전에 재충돌 가능성을 고려하였다.

비행장 현장에서 내게 대한 태도는 전과 매우 달랐다. 그래 한 달이 지난 어느 날 나는 처음으로 그 숙소를 찾아갔다. 그리고 전번에 돼지 사건 문제에 대하여 전후 우리 인부의 입장이 매우 불리하다는 사연을 설명하였다. 우리 인부들은 아라마간 섬에서 왔다. 현 식량 보급의 길이 막혀 큰 걱정을 하고 있다. 현금 돈은 아주 소용없는 종이와 같으니 중요한 것은 물건이라고 누누이 이야기하고 난 후 노하지 말고 두 마리 돼지 값을 정하면 내가 지불할 것을 제의하였더니 약 15분간 머리를 돌리고 정면 상대를 안 하다가, 내 말이 끝나자 차츰차츰 재고한 모양. 태도는 변하여 내 말에 도리가 있다는 것을 깨달은 것 같았다. 마지막에 마쓰모토상, 잘 알았소. 돼지 값을 후일에 알리겠습니다. 그리고 미소로서 작별하였다. 훗날 좀 비싼 값이지만 500엔을 전해 지불하였다.

　전쟁 때는 돼지 도적은 보통이었다. 우리 처 장인은 가끔 우리 인부들을 데리고 밤중에 도망친 돼지를 4, 5번 잡아다 먹었다. 그렇지 않고는 인부가 영양실조에서 헤어날 길이 없었다. 과로한 몸에 돼지를 잡아먹지 않고서는 살 수 없다. 이것이 전쟁시에 살아갈 수 있는 유일한 길이었다. 죄악이라는 양심만 가지고 있다가는 누가 생활 보장을 해 줄 것인가. 도적도 불가피한 것, 이것이 전쟁이다. 언제 적전상륙으로 점령될지 모른다. 몇 차례에 걸쳐 군인들과 일체로 상륙할 거라서 군인들은 정장을 하고 대기한다. 비상 옥쇄 자세이다. 나는 민간인, 옥쇄로 죽어야 할 각오는 서지 않았다. 내 나라도 아니고 이곳이 내가 난 땅이 아니다. 죽어야 할 이유가 없다. 나는 살아야 한다고 생각했다.

아키바(赤羽) 주임은 나와 친근해지자, 언제든지 동행하면서 마쓰모토 군은 군속으로 채용된 것은 아니지만 매일 일당 5엔을 지불하게끔 서류에 등록했다고 알려주었다. 당시 방인(일본인) 노무자는 1엔 60전(自費食), 도민 인부(貸每食) 는 60전이란다. 그러나 마음으로는 믿어지지 않았다. 전쟁은 장기화되고 있었다. 운이 나쁘면 옥쇄할 수도 있다.

비행장 수리작업을 포기하고 해군 진지 구축으로

미군 공습 이후에도 약 3개월간은 안간힘을 다해 비행장을 수리했으나 노력이 허사가 되고, 자재(資材) 소모(消耗)라는 판단에 포기하고 체념(諦念)한 모양이었다. 그 후부터는 아라마간섬 인부는 해군 전용 인부가 되어 해군 관리 하에 들어가게 되었다. 여러 곳에서 인부 배치를 명령받았기에 매일 해군

본부 출입을 하였다. 해군은 육군과는 판이하게 달랐다. 지상에 있으면서도 군함 위와 다름없었다.

해군 보초망대(見張鉄桟) 바로 옆에 지하호가 있었다. 지휘관 마쓰바야시(松林) 해군대위가 일본도를 잡고 적기와 대치하고 있다. 20m 높이의 철로 짜놓은 망대에는 동서남북에서 적기가 습격할 것을 감시하는 감시병 4명이 정장을 하고 초계 중이다. 망루 아래에 1명이 있고, 호 내에 1명, 수병(水兵)이 전화기를 끼고 있다. 초병(哨兵)이 적기 내습을 발견하면, 적기 그라망 20기 내습, 남남서 상공, 고도 300 미터라고 외치고 망루 밑에 있던 통신병이 호 내로 전달한다. 호 내에 있던 지휘관이 아는 동시에, 전화선으로 해군에 통신이 된다. 해군본부에는 지하실(地下室)이 있다. 지하호에 있는 7명이 각 소대와 설부대에, 전탐(電探)하여 전화교환수처럼 그대로 알린다. 7명은 꼭 소학교 시대 선생님이 글을 선독(先讀)하면 생도들이 그대로 따라 읽는 광경처럼 꼭 같이 따라 말한다. 초병(哨兵) → 망루 아래 사병 → 지휘관 밑의 통신병 7명이 이렇게 연락 체제다.

적기 곧 온다, 지휘관 공격하라, 모두 엎드려. 한 대 연기가 난다, 적기가 도망간다. 두 대가 추락, 적기는 남동방면으로 도망갔다. 한 대는 바다로 추락.

나는 처음에는 무서워 호 내에 들어갔지만, 나중에는 호 문

앞에서 관전(觀戰)하였다. 미군기가 낮게 날면서 진지에 폭탄 투하하고 지상에서 대응 포화하는 광경이 확실하게 보인다. 해군 기관포는 20대, 육군 고사포는 2문, 속사포 5대, 기관총 15대가 적기가 접근하면 쏘아 올린다. 적 포연(砲煙)이 꺼멓게 떠오른다. 적기는 초소의 망대를 파괴하고 돌아섰다가 몇 번이나 돌격하지만 좌우 2문 기관포와 고사포, 기관총이 보위를 하고 있기 때문에 직접 발사가 불가능하여 우회하여 공습해 온다. 적군은 2개월간 수십 차례 공격해 왔으나 일본군은 도괴(倒壞)를 면하였다. 장관이었다. 나도 포수라면 쏘아 보고 싶은 마음이 동하였다. 적기를 쏘아 떨어뜨리자는 전의에 차서 겁도 없었고, 죽는다는 것은 생각하지 않은 것 같다. 승부는 반반, 피차 손실이 났다. 그 후 해군 전투는 3개월만에 중단되었다. 보급 두절 때문이었다. 최후의 적전상륙을 고려한 모양이다. 육군은 고사포 이외에는 총포 1발도 쏘지 않고 매일 같이 진지 구축 작업을 하였다.

1944년 9월이 아닌가.
설부대 소량배급도 종말(終末)

  해군 소속 전용 인부 아라마간섬 23명은 보조(補助) 폭탄(爆彈) 창고에서 지냈다. 일출(日出)에서 일몰(日沒)까지 적기 내습이 매일처럼인데다가, 사이판, 티니언, 괌섬을 점령한 미군은 유황도(硫黃島)를 점령했고, B29 4발 비행기는 매일 언제나 상오 8시부터 하오 5시까지 9시간 동안 파간 상공(上空)에 나타나 빙빙 돌며 폭탄을 투하하였다. 그런가 하면 하루 2, 3차례 불규칙적으로 항공모함(航空母艦) 함재기(艦載機) 40~50대가 불시에 급습(急襲)한다. 말하자면 신경전(神經戰)이다. 주간작업을 못하도록 하는 작전이었다. 파간섬 내에서는 군인과 민간인 합쳐서 4,000여 명이 식량보급이 떨어진 가운데서 살아가야 했다. 그 중 육군이 가장 심했다. 육군은 각 1병(兵) 1인당 쌀 1일분이 숟가락으로 세 개, 담배는 3개피뿐이었다. 식량은 거의 없었다. 육군의 총지휘하에서 3대대(大隊)가 지역 관할(管轄) 하로 민간 역시 거기에 포함되었다. 같은 육군이면서도 각 대대(大隊)가 자급제의 실권(實權)을 가지고 있었다.

  공습 이후 약 6개월은 식량 자급이 빈약하여 폭탄에 맞아 죽는 자 보다도 영양불량으로 300여 명이나 아사(餓死)를 냈다. 지역에 따라 야자림이 있는 곳은 문제가 없었다. 야자나무는 남양 원주민에게 하느님이 주신 선물이었다. 야자 열매는 참기름, 전분(澱粉), 지방(脂肪), 단백질(蛋白質)을 조화롭게 함유하고 있기에, 이것만 먹으면 생명유지는 되었다. 그것뿐인가. 야자술을 얻는다. 나무는 재목(材木) 대용(代用)이 되고 잎은 지붕과 바구니를 만들 수 있고, 횃불도 된다. 야자(椰子) 외곡(外穀)으로는 사발, 재떨이, 그릇을 만들어 쓴다. 식물의 왕(王)이다. 감저(甘藷) 재배가 장려(奬勵)되어, 군민은 누구나 심어야 했다.

가타쯔무리(영어로 snail)는 우리나라 달팽이와 비슷한 것이다. 전쟁 전에는 농민들의 대적(大敵)이었지만, 식량이 모자라자 전화위복(轉禍爲福), 맛좋은 단백질 식품으로 등장하게 되었다. 그래서 육군은 이 달팽이를 오카사자에 라고 개칭하였다. 누구나 이른 아침에 깨자마자 달팽이를 잡아와야만 하였다. 그날 반찬(飯饌)이 된다. 달팽이 요리는 먼저 물에 데워 삶는다. 재빨리 겉껍질을 벗기고 내장(內臟)을 분리해 물로 씻고 난 후, 삶아도 좋고 야자 기름으로 졸여내면 그날 반찬이 되었다. 바닷물로 만든 소금과 섬의 고추양념이 식용으로 제공된다. 달팽이 반찬의 맛은 담백하여 얼마를 먹어도 싫증이 안 난다.

우리는 야자와 달팽이로 사람 목숨을 구할 수가 있었으나, 매일 이것만 먹는다는 것도 무리였다. 역시 고구마 외에 잡곡(雜穀)도 필요했다. 물론 같은 회사라는 명분으로 처음에는 고구마 대용식도 분배받긴 했지만 식량난이 혹심(酷甚)하게 되자 그것도 오래 가지 못하였다. 해군은 자급체제로 재생하라는 명령을 내렸다. 자급체제를 확립한 후에는 해군작업에 자진협조하기를 원하였다. 이것은 완전 해고(解雇)와 다름없었다. 이전까지는 부족하나마 해군의 식량제공이 있었기에 부족된 것은 우리들 대로 보충해왔다. 그러나 이제는 완전히 고립되어 있었고, 자족자급할 만한 땅도 없었다. 23명의 아라마 간섬 인부들은 아사 직전까지 갔고, 먹는 문제에 봉착(逢着)한 셈이었다.

  나는 인부 전원을 소집하여 이런 비참한 처지에 들어섰다고 이야기하고 각자는 자기의 살 길을 자기가 찾으라며 해산(解散)하자고 선포하였다. 내 말이 끝나자 인부 전원은 비상(悲相)한 얼굴, 누구도 말이 없었다. 5분, 10분, 무언(無言)이었다. 나는 너희들의 의견을 말해보라고 재촉하였다. 그렇게 시간이 흘러갔다. 그때 한 인부가 일어서며 오야지(주임)! 우리는 개인행동은 절대 해서는 안 됩니다. 굶어 죽어도 다 같이 오야지를 모시고 23명은 같이 행동할 것입니다, 라고 하지 않는가. 23명 인부들은 이의(異議)없다는 만장일치로 오야지와 동고동락으로 죽어도 같이 죽자는 것이 아닌가. 나는 속으로 기뻤다. 그러나 현재로서는 이들을 어떻게 먹여 살려야 하나 하는 방안(方案)은 전혀 없었다. 나는 대답을 못했다. 그러나 그럼 2, 3일 동안 너희들도 생각하고 나도 생각하자, 우리들 목숨을 위하여 오야지도 없고 인부도 없다. 우리 살 길을 모색해 보자, 이렇게 전달하고는 회의를 끝냈다.

파간섬 남단(南端)으로 이동작전

나는 우리 인부와 같은 숙소에서 지내지는 않았다. 당시 나는 23명 인부를 거느린 장자(長者)였다. 식량이건 담배이건 인부들은 나를 위하여 무엇이든지 장자(長者)라고 섬겼다. 나는 왕(王)이었다. 그런고로 처의 아버지 되는 장인(전라남도 나주(羅州) 출신)은 외동딸을 데리고 우리 아라마간 부대를 따라다녔다. 내 처가 되는 19세의 처녀는 절세미인(絶世美人)은 아니나 10 중 1명에 들 정도는 되었다. 파간섬 회사 상점 점원으로 일했던 탓으로 안목도 많아 일본 명(名)으로 '기짱'이라는 애칭(愛稱)으로 불리며 군인, 민간 할 것 없이 사교 관계에서는 우월하였다. 나 역시 독신이어서 19세 처녀가 옆에 있는 것이 즐거운 일이었다. 그러나 결혼은 할 수 없었다. 내게는 본국에 처와 아들이 있었고 그들도 그것은 알고 있었다.

파간섬 주민 중에는 어린 여성이 10여 명 뿐이었다. 전시하에 2,500여 명의 군인들은 이런 여성에 미쳤다. 처녀가 그

때 같이 다니고 있었으니까, 육해군 중 하사관 격 되는 자들이 여성을 보는 것만으로 위안이 되는지 수십 명이 자주 찾아왔다. 그 가운데 육군사령부에 근무하는 야마다(山田) 조장(曹長)(야마다 군조는 제1대대 소속. 그 후 조장 승급으로 연대본부로 영전)이 제1대(隊)에 용무차로 3, 4 차례 내방하고 있었다. 자연히 친구가 되었다. 또 일본인 오하라(小原)라는 자가 사리간섬에서 우리 23명 인부들과 같이 있었는데, 이놈 역시 우리 인부들이 만든 야자술을 탐내어 와서는 인부와 동거하였다.

하루는 나와 야마다 조장과 파간 남단으로 이동하는 것만이 아라마간섬 인부들이 살 길이라고 설명하고 협조를 청했더니 그것 좋은 안이라고 하였다. 야마다 조장은 1 대대(大隊)는 숯(水炭) 굽는 것을 원한다고 하며 아라마간섬 인부들이 남쪽 섬으로 가서 숯 굽는 작업을 요청하면은 허가가 나올 것이라고 알려 주었다. 계획이 잡히자 다시 한 번 구체적으로 입안(立案)을 세우자며 그 날은 헤어졌다.

섬 남쪽으로 가면 인부들의 식량 문제는 해결된다는 말은 누차 듣고 있었다. 그러나 문제는 수송(輸送)과 연락(連絡)이 험한 육로로 이동이 어렵다는 것을 알고 있었다. 그래서 나는 오하라(小原)라는 일본 놈을 불렀다. 왜냐하면 오하라는 전전(戰前) 파간섬에서 날치(飛魚) 어부라는 것을 사리간섬에서 듣고 알고 있었기 때문이었다. 파간섬에는 날치 어선의 선주가 누구냐를 물었더니 오하라는 선주가 오가사하라(小笠原) 출신인 노인 오쿠야마(奥山)라고 하였다. 카누는 8인승이고 날치 그물, 보우게 망 등 획렵(獲獵) 용구가 구비되어 있다는 것과 자기가 3년간 어부로서 일했다는 것도 알려 주었다. 나는 이삼일 후 야마다 조장이 찾아왔을 때 이 모든 계획을 알리고 우선 제 1 대대장 고지마(小島) 대위의 호기심을 탐색해주기를 부탁하였다. 그는 그날 밤에 다시 찾아왔다. 고지마 대위는 대환영하고 있으며, 아라마간섬 인부는 육군 제 1대대 관할(管轄) 하에 소속될 것이 분명하다고 하였다. 나는 곧 해군건설부 주임관 아카바((赤羽)씨를 방문, 상기(上記)한 바 모든 사정과 카누를 가지고 고기잡이 한다는 말에 아카바 주임은 매우 기뻐했다. 당시 어느 누구나 바다 물고기를 먹는 일은 공습 이후 전무(全無)하니만큼 우리 아라마간섬 인부와의 인연으로 큰 기대를 둔 것 같아 아카바 주임은 곧 제1대대 소위 대위에게 전화를 걸어 면회를 청하였다.

그 날 하오에 오라는 연락이 왔다. 아카바와 나는 제1 대대장 숙소를 방문하였다. 처음 아카바의 소개로 시작, 해군 건설부대는 식량부족으로 아라마간섬 23명을 해고하니 육군에서 인접(引接)해 달라는 말로 끝냈다. 고지마 대위는 매우 기뻐했다. 야마다 조장과 연락하며 대략 내 계획대로 회담은 원만하게 진행 되었다. 숯 굽는 것, 날치로 본부에 납입(納入)할 것을 이야기 하고, 카누는 내가 사서 할 것이라고 하였더니 그럴 필요가 없다고 하였다. 고지마 대위의 말은 오쿠야마(奧山) 노인은 제1대대 관할(管轄)이기에 카누를 자기가 산다면서, 걱정 말라 하였다. 당장에 사자(使者)를 보내어, 오쿠야마(奧山) 노인을 호출(呼出)하자, 오쿠야마 노인이 출두하였다. 당시 군인이란 무서웠다. 카누 1대 1,000엔, 날치 어망도 300엔으로 강요하고, 마쓰모토에게 내일 당장 인도(引渡)하라는 명령을 내린 것이다. 노인은 옴짝 못하고 예, 예 하며 승낙을 하였다.

만사는 오케이.
야마다와 나, 카누 선장 오하라, 일체감

　우리 일행은 아라마간섬 인부 23명, 제1대대 소속 야마다 군조 외 2명, 오하라(小原) 전원(全員) 30명이 험한 육상 섬, 산길 없는 무인지대를 향하여 출발하였다. 미군도 무인지대에는 폭격도 없다.　오하라가 선두에 서서 안내하며 산악지대로 출발하였다. 아침 8시였다. 산길은 생각만큼 험하지 않았다. 도중 시장하여 점심때가 되자 휴식 명령을 내렸다.

　우리 인부들은 30분도 못 되어 산 속에서 야자게(蟹)와 해조(海鳥) 알을 수렵하여 숯불을 만들어 구워 먹었다. 천하진미였다. 배부르게 누구나 먹고 잡담의 꽃이 피었다. 다시 행군 도중에 대형 야자게를 잡는다. 가는 도중에 빵 열매를 따서 짐 지고 목적지 바리야르 해변에 도착했을 때는 저녁 5시 경이었다. 우리는 대용식량으로 첫날 하룻밤을 지냈다.

　인부들이 요리를 하더니 나, 야마다, 병사 2명, 오하라에게 저녁식사를 가져왔다. 일생 잊을 수 없는 산해진미. 게 한 마리가 4킬로쯤 큰 놈이었다. 해조(海鳥) 알과 빵 열매 구워 온 것과 야마다가 감춰 가져온 일본 청주 1되로 식사하며 도착지 첫 밤은 대만족이었다. 이곳에는 미군의 폭격도 없었다. 그런 고로 우리는 전쟁지에서 도피한 셈이다. 밤이 왔다. 그러나 해안은 하얀 모래 민물 속이지만 더운 온천이 있다. 처음으로 온천에서 몸을 씻고 깊은 잠을 잤다. 인부들은 매우 기뻐했다.

바리야르 격절지(隔絶地)에서의 희비극

나는 23명의 왕(王), 모든 주권을 행사하였다. 취사반 3명, 어로(漁撈)반 5명, 야자주(椰子酒)반 5명, 목탄 숯 굽는 반 5명, 빵 열매와 산마(山芋) 채집(採集)반 5명으로 분업이 시작되었다.

다음 날 오하라(小原)와 어로반은 다시 산길을 돌아가 그날 저녁에는 10인승 카누와 어구(漁具)를 가지고 도착하였다. 병대(兵隊) 2명과 5명은 숯 굽는 가마를 만들기 시작하였다. 약 1주일이 되자 모든 일이 정상화되었다. 어로반은 파간섬에서 밀수입된 다이너마이트로 고기를 잡았다. 당시 바리야르해안에는 보라(잉어와 흡사)떼가 우글거렸다. 보라 고기는 보통 20Kg 이라서, 5명의 잠수 명인들은 B29 비행기가 북쪽으로 날아간 후 30여 분의 시간 동안에 카린도(화약)에다 심지(라이간: 뇌관)를 꽂고 길이 2~3cm의 도화선을 만들어 보라 고기떼를 발견하는 즉시 투하한다. 이것은 매우 위험한 일이었다. 투하 동시에 폭발이 되어야 하지만, 잘못 던지면 사망자도 생긴다. 그만큼 숙련된 자가 아니면 못할 일이었다. 그들의 말에 의하면 다이너마이트가 터지면 일단 고기 떼는 흩어졌다가 다시 모여든다고 한다. 그때 폭발이 되어야만 고기를 많이 잡게 된다. 말하자면 인화(引火) 후 약 1 분간, 이런 무서운 일이다. 사고가 난다면 큰일이다. 그러나 그들은 자신이 있었다. 첫날이었다. 단 일발로 커다란 보라 70여 마리를 잡아왔다. 공습 상태였기에 삼 분의 일도 줍지 못했단다. 우리 일행은 만세를 불렀다. 대렵(大獵). 커다란 보라고기 몇 마리는 숯불로 구워 가져왔다. 남은 고기는 두 토막 내어 커다란 솥에다 넣고 국을 끓인다. 코프라 콩국이다. 또한 다른 솥에는 빵 열매를 삶았다. 이것은 밥 대용이다. 야자술반은 저녁이 되면 야자주 30되를 가져다 놓는다. 야마다, 병대(兵隊) 2명, 오하라(小原), 나 4명은 매일처럼 잔치기분을 내며 지냈다.

　야마다와 병사 2명은 일주일 출장인데 십여 일이 넘어도 복귀하러 하지 않았다. 나는 우리 손님이라 모든 접대에 신경을 썼다. 그러나 이들은 돌아갈 생각이 없는 것 같다. 또 오하라란 자는 야간에 나가 날치를 잡아 오라 해도 거짓말만 한다. 선장(船長)이 그러고 있으니, 인부들은 어찌 할 수 없었다. 오하라란 놈은 바람이 세다느니 몸이 아프다는 핑계만 대고 술만 처먹고 인부들이 잡아 온 보라 회에다가 구운 고기만 먹고 잠만 잔다. 나는 부아가 났다. 하루는 내가 오하라에게 명령하였다. 오늘밤 나도 배에 타서 날치잡이를 견학할 터이니 잡히건 잡히진 않건 모든 준비를 하라고 지시하였다. 참고로 그물 치는 방법을 소개한다.

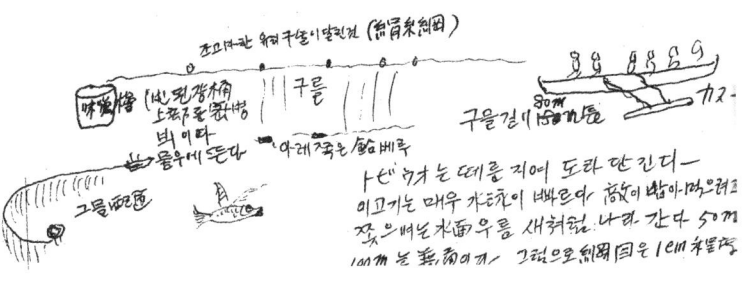

날치는 떼를 지어 돌아다닌다. 이 고기는 속도가 매우 빠르다. 적이 잡아먹으려고 쫓으면 수면 위를 새처럼 날아간다. 50m, 100m는 보통이다. 그러므로 그물 눈은 1cm 정도이다. 비상한 속도를 내는 고기라 그물망에 머리를 끼어 박히면 옴짝 못하다가 2~3분간이면 죽어 버린다. 그물을 쳐 놓고 약 2시간 후에 걷어 올린다. 그물눈에 걸린 고기를 떼는 거다. 대략 그물 한 번 치면 100~150 마리가 잡힌다. 하루에 보통 500Kg 잡았다.

그러나 어쩐지 고기가 안 잡혔다. 겨우 15 마리만 잡히는 이

변이 일어났다. 적기 폭탄 투하와 해안변 기총소사(機銃掃射)로 물고기도 도망친 것 같았다. 전에는 상어도 많았는데 이 상어도 보기 힘들다. 나는 어로업에 완전 실패가 되었다. 커다란 걱정거리가 되었고 앞날이 막막해졌다. 불길(不吉)한 마음에 속은 우울해졌다. 오하라 놈에게 강행의 명령을 내렸더니 이 놈은 밤에 술을 처먹고 고기잡이를 나갔다가 술 취해 잠이 들어 그물을 잃어 버렸다. 나는 화가 동하여 당장 이놈을 내쫓고 해고시켰다.

육군 내부의 갈등과 카누 1대 변상의 말다툼

고기는 안 잡히고 있었는데 육군 연대(聯隊) 본부에서는 말이 나왔다. 제1대대가 아라마간섬 인부를 시켜 고기잡이를 독점하고 있으니 전시 식량 부족 하에서는 부당한 일이라는 것이다. 연대본부 아래 3개 대대에게 잡은 고기를 공평하게 나누어야 한다는 압력에 제1대대는 고기잡이를 단념하였다. 그러나 나에게는 커다란 문제가 남았다. 제1대대가 지불하기로 한 카누와 그물 값을 아직도 지불하지 않았던 것이다. 이 모든 사정을 알게 된 배 주인 오쿠야마 노인은 나를 무척 미워하면서 카누와 그물 값을 변상하라며 반 공갈을 하였다.

그물이 그대로 있다면 돌려보내면 되지만, 오하라란 놈이 바다에서 그물을 잃어 버렸으므로 나만 딱한 입장에 놓이게 되었다. 그 대금(代金)만큼 현금도 갖고 있지 못했다. 해군측은 5개월 동안 우리들의 일 값을 한 푼도 지불하지 않았던 것이다. 전쟁에 지고 있었던 시기에 일본 본사와는 연락이 두절(杜絶)상태였다. 23명의 월급 약 400엔, 내 월급 150엔, 받아야 할 돈은 3,000엔 이상이었다. 그걸로 카누 값을 계산하면 문제없다. 그러나 내 손에 현금이 없었다. 나는 인부들과 상의하였다. 카누를 우리 돈으로 매수하는 수밖에 없다고 하였다. 인부들은 자기네 돈은 오야지 것이니 아무런 이견이 없다며 카누 사는 것에 동의, 만장일치로 위탁받았다. 나는 현금 2000엔을 2~3일 동안 사색한 후, 그렇다 우리 회사 파간섬 주임 아라시로(新城)씨에게 상의하는 길이 틀림없다고 판단하고 그날 인부 5명을 인솔하여 카누를 타고 송송에 갔다. 야자게 7~8 마리를 가지고 마라스 숙소를 찾았다. 아라시로 씨와 대면, 나는 모든 경위를 자세하게 설명한 후 2,000엔 현금을 차용할 것을 제안하였더니, 현금은 얼마든지 있다며 만 엔이라도 쓰라는 것이다. 전쟁 중 내일 죽을지 누가 아나 얼마든지 가져가라는 것이다. 나는 매우 기뻤다.

그날 현금 2,000엔을 받아 가지고 당장 오카야마 노인 숙소를 찾아갔더니 이 노인 나를 보더니 대노한 태도, 좀 하여서는 상대를 하려 하지 않는다, 나는 속으로 웃으며, 노인. 왜 그리 노해서 마쓰모토가 악인이라 떠드나. 이 양반아, 당신이 사정도 모르면서 무조건 나를 미워하는 것은 괘씸해. 오늘 네 카누 값과 그물 값을 내주러 왔소. 좀 건방지게 말을 걸었다. 노인 태도는 일변하였다. 정중히 들어오라 하며 차까지 마시라며 우왕좌왕 대만족인 모습이다. 나는 카누 값으로 1,000엔, 그물 값으로 300엔, 해서 먼저 1,300엔을 받으라고 하고 영수증과 교환하였다. 처음에 노인은 나를 경원(敬遠)한 자세였으나 내가, 오하라(小原)란 놈이 그물을 잃었으니 또 다른 그물이 있냐고 물었더니, 노인은 그물을 갖고 있다면서 사라고 권하였다. 자기는 연로하여 고기잡이는 그만둔단다. 날치 그물 외에 준치와 전갱이 잡이 그물도 가지고 있다며 모두 사라는 것이다. 나는 승낙하였다. 날치 그물 외에 3반(反), 보우게 그물 5반(反), 전액 700엔으로 매수하였다. 당시 나는 전쟁 중 내일 죽을지 살지 일본 돈이란 종이와 같다. 돈은 현금으로는 가치가 없는 것이다. 그렇다고 그물도 꼭 필요한 것도 아니다. 이 노인이 너무나 악덕(惡德)스럽게 마쓰모토를 원수같이 여기고 뒷말이 많은 것을 보고, 고약하고 욕심이 많은 영감이라 여기며, 한편 우습게 생각했다. 돈, 돈, 하는 이 노인의 애착이 어이가 없었으나, 한편 노인 생애가 돈 때문에 오가사하라제도에서 파간섬으로 이주했던 것을 생각해 보았다. 모두 돈 때문에 생기는 일이었다. 노인은 각별하게 인사를 하며 배웅했고, 나는 카누로 귀로(歸路)에 올랐다. 다시 날치 잡이를 재개할 것에 소망을 두었다.

현재의 처와의 애정, 드디어 결혼

나는 본국에 처와 자식이 있었다. 집에는 조부님과 아버지가 계셨고, 내가 20대에 들어섰을 때는 3대가 한 집안에서 동거하고 있었다. 아버지는 나보다 18년 위, 조부님은 아버지보다 20년 위이다. 자수성가한 조부님은 실권을 아버지에게 물려주었으나 사실은 조부가 모든 실력을 쥐고 있었다. 조부님은 나를 극진히 사랑하였다. 조부님은 당신이 일본어를 모르기 때문에 관청 출입 때 불편하니 일본말을 할 줄 아는 내가 집에 있어야 한다고 하셨다. 한문 아니면 통용(通用) 못한다고 여기시는 조부님은 밥 먹을 때 말이 많으면 안 된다고 가르쳤다. 식불언(食不言)이라며 밥상 앞에서는 말하지 말라고 하였다. 아버지는 한자를 19세 때까지 배웠다고 했다. 나는 철이 들면서 아버지가 불쌍해졌다. 나는 집을 떠나야 한다는 마음을 먹었고 조부님을 속이기로 하였다. 조부님은 일본에 유학하는 것은 반대하였기에 만주에 가까운 2년짜리 단기대학에 간다고 말씀 드렸다. 집안에서 하는 대로 나는 11세 때에 조혼을 해야 했다.

가족을 고향에 두었지만, 집을 떠나 독신생활을 오래 할 수 없다고 생각하였다. 고향의 내 처는 일본말을 할 줄 모르지만 내 지위와 월급이 넉넉해지면 가족을 데려와야겠다고 생각하고 있었다. 그러나 지연(地緣)과 우연한 기회가 생기면 자유연애가 생기고 결혼으로 가게 되는 것이 아닐까. 내 몸은 혈기왕성하여 나는 이곳에서 새 가정을 꾸리게 되었다. 그럼 먼저, 내 처를 이야기하기 전에 내 처의 아버지, 즉 내 장인에 대해 이야기 하여 본다.

장인은 전라남도 나주 출신으로 인부 모집에 응해 남양의 섬에 왔다. 1917년 일본 해군은 세계 제1차 대전 시에 남양군도를 독일로부터 점령, 유엔신탁으로 99년 동안 위임 통치권을 얻었고 남진정책을 펼쳤다.

당시 시모노세키(下關)시에는 마구로 어업회사가 니시무라(西村)척식을 만들었는데, 이 회사는 사이판, 티니언, 로타섬에다 사탕수수, 면화 재배를 하며 진출하게 되었다. 당시 회사의 총주임이었던 야마시타(山下)씨는 광주 형무소 경관이기도 하였다. 그는 광주를 중심으로 인부 모집을 했고 장인은 그 제

1진 70명 중 한 사람으로 마리아나군도(群島)에 왔다. 장인은 처음에는 사이판섬, 다음에는 로타섬에서 주로 면화 재배 인부로서 5~6년을 일하며 지냈다.

로타섬에는 쿠모토(啄本)라는 경관이 거주하였다. 쿠모토 경관은 로타섬의 주재소 부장이었고 그의 집에서 차모로 가정부가 일을 하고 있었다. 장인은 천주교 신자가 되어 차모로 가정부와 결혼하였고 딸을 얻었는데, 그게 바로 내 아내이다. 내 아내의 모편(母便) 쪽의 증조부는 순(純) 서반아 사람이다. 외조부의 이름은 데레온 게레로로 일을 매우 잘하는 분이었다 한다. 생전에 괌섬에 살았는데 토지도 십여 정보 소유했고, 사이판에도 몇 정보가 있고, 로타섬에도 십여 정보 있었다. 만나지는 못했으나 내성적인 인물로 꾸덕꾸덕 일만 하지 사교라는 것을 모르는 양반이었다. 두뇌는 좋았다. 내 아내의 어머니 역시 아버지 쪽을 닮아 근면하였고 서반아 핏줄로 백색 미인이라고 했다. 그러나 정신분열증을 이어 받았다. 결혼 5-6년 사이에 딸 셋을 낳은 후 정신이상으로 있다가 단명하였다.

장인은 일 잘하고 몸도 건강하여 무슨 일이건 세 사람 몫을 했다. 강인한 성격이었으나 단점이 있었다. 무엇이건 지기 싫어하는 성질이라 술도 많이 하고 싸움하기를 좋아했다. 후일 어느 때는 너무나 포악(暴惡)한 성격에는 나 역시 손을 들었다. 그는 별 문제 없는 것도 술 마시면 트집을 잡아 싸움을 걸었다.

장단(長短)의 성격이 전라도 사람이구나 생각했다. 그의 아버지는 유(兪)팔도라고 하여 조선 팔도를 골골마다 돌아다니던 호랑이 잡이 포수(捕手)라 하였다. 장인에게서 무용담을 많이 들었다.

장인은 자기 처가 죽자 딸들을 각각 처편(妻便) 친척의 손에서 자라게 하였다. 살아있던 두 딸 중 첫딸이 내 처가 된다. 둘째 딸은 괌섬 친척 손에서 자라다 제2차 대전 직후에 죽어 버렸다. 그래서 장인에게는 내 처가 외딸로 남았다. 이 가족은 우리나라 양반 가족과 다름없다.

내 처는 사이판에서 소학교 고등과를 나와 재봉학교 1년을 마쳤다. 장인 되는 유(兪)는 내가 사리간섬에 머물 때 사사모토(笹本)의 면화 재배 코치로 와서 1년을 같이 지냈다. 그때 내 처의 연령은 16세. 나는 각별한 동포의식으로 유의 외딸을 매우 동정하였다. 나는 처가 이런 낙도에서 지내는 것이 부당(不當)하다고 다시 사이판으로 돌아가라고 장인에게 의견(意見)하였다. 그는 내 말대로 사리간섬에서 약 1년을 보낸 후 파간섬으로 가 버렸다. 이것이 나와 장인, 내 처와의 첫 인연이었다. 3년이 지난 후 내가 아라마간섬 인부 23명을 인솔하여 상륙하자 우연하게도 인부 숙소 바로 옆에 장인과 처가 있었다. 장인이나 처나 나를 매우 반가워하였다. 조석(朝夕)으로 서로 만나게 되자 미군 공습으로 숙소를 전전하는데도 언제든지 나를 따랐다. 그러나 나는 처에 대한 야심은 조금도 없었다. 그러나 오랜 독신자 생활을 해 온 나는 19세의 처녀에게서 여성으로 위안을 받았다. 공습 이후 5개월 이상 인근(隣近) 생활이 연속되었다.

  처는 나를 자기의 은사처럼 믿고 나 역시 우리 유 장인의 외딸의 행복을 원하였다. 그런데 나는 파간섬 남쪽으로 우리 인부와 같이 떠나야 했다. 서로 이별하는 밤, 나는 처 보고 우리는 헤어져야 하니 잘 있어요 하고 최후 인사를 했다. 그러자 내 처가 울지를 않는가. 애정의 표현으로 나는 처음으로 포옹하였다. 그리고 잘 있어 하고는 남쪽으로 떠났다. 그 후 종종 볼 일로 돌아오면 꼭 나는 가서 내 처를 만났다. 나는 애정에 못 이겼다. 그래 장인 보고 당신 딸을 내게 주겠소 하고 정식으로 결혼신청 담화를 건넸다. 그랬더니 의외에도 네 첩(妾)으로 달라는 거냐며 실례 천만이라고 거절했다. 그래 잘못했소하고 그 집(숙소)을 떠났다. 그런데 파간섬에서는 마쓰모토가 유씨의 딸과 결혼했다고 소문이 돌았다. 나는 어이가 없었다. 그러나 전시하이다. 내일 생명을 누가 아나. 파간섬에는 군인이 2,500여 명이 있었다. 처가 아무리 정숙을 지킨다 해도 오래 못 간다. 벌써 십여 명의 일본인 처녀들이 군인과 성관계를 하고 있지 않은가. 나도 동물(動物)이다. 이런 바에는 적이 상륙할 때는 처녀를 안고 죽는 것이 낫다. 일본 패망은 틀림없다.

다시 살아 고국으로 돌아갈 리가 만무하다. 미군하에서 살든지 죽든지 앞은 암담하다. 나는 애정의 맛에 사로잡혔다. 결심을 했다. 장인이 반대해도 당 본인의 마음에 달려 있다고 생각하였다. 나는 우리 처를 포옹하고는 너와 나 전쟁시에 죽어도 같이 죽자고 하였다. 처는 아무 말 없이 나를 두 손으로 끌어안지 않는가. 나는 우리 둘 사이에 합의하였다고 인식하였다. 처는 죽어도 나와 우리 인부들과 같이 있는 것이 행복하다 하였다. 인부들도 우리 두 사람의 마음을 대략 알고 있었다. 우리는 부부가 되기로 약속을 하였다. 그러나 장인은 딸의 결혼을 완강하게 반대하였다. 근 한 달 동안이나 절연관계가 되면서 사이는 멀어졌다. 나는 잘 아는 다나카(田中) 경찰부장에게 장인을 설득해 달라고 부탁하였다. 내 처도 아버지의 허락을 받으려고 기회가 있을 때마다 자기 결의를 적극적으로 주장한 모양이었다.

내가 거의 단념했던 어느 날, 장인이 나를 불렀다. 처가 내가 있던 설부대 숙소에 와서는 아버지가 부르니 오라는 것이다. 그리고 길가에서 나를 기다리고 있었다. 나는 장인과 한 달 만에 면접하였다. 장인은, 그러면 일본식(日本式)으로 결혼을 하라는 것이었다. 파간섬 대표 시노하라(篠原)씨가 주례를 맡고, 다나카 부장이 증인이 되었으며, 설부대 방공호 안이 결혼식장이었다. 1944년 12월 모일, 만월(滿月)의 심야에 결혼식이 거행(擧行) 되었다.

 내 결혼 소식을 우리 인부에게 알리자, 야자술 2되, 보라를 잡고. 또 빵 열매, 야마이모를 카누에 가득 싣고 가져왔다. 저녁 해가 질 무렵 우리 인부 5명과 함께 바리야르에서 출발하여 약 한 시간 걸려 설부대에 도착하였다. 설부대에는 모든 사람이 모여 연회 준비를 하고 있었다. 보라 한 마리가 21킬로 정도인데, 30여 마리, 야자게 20마리, 야자술 2되, 그 외 빵 열매, 야마이모, 산해진미로 6개월 만에 대연회가 시작되었다. 처의 옷이라고 해 봐야 블라우스와 몸빼, 나 역시 국민복을 입고 있었다. 신전 결혼식을 10여 분 간략하게 하는 동안 시노하라씨가 입례하고, 배석(陪席)에는 육군 다카사(高沙) 소좌, 다나카 부장, 아카바(赤羽)를 주빈(主賓)으로 예식이 거행되었다. 약 30명이 모여 술도 마시고 사시미도 먹으며 부자처럼 큰 잔치를 하였다. 매우 기뻐하면서 축하의 인사말을 해 주었다. 그날 밤은 만월이었다. 신혼여행은 심야(深夜) 월광(月光)의 빛이 아름답고 잔잔한 바다로 갔다. 신혼부부와 장인, 다나카 부장이 카누에 함께 타고 1시간 정도 걸려 파간섬 남단에 있는 우리의 숙박지로 돌아갔다. 목적지에 도착하자 전 인부가 카누를 끌어 상륙시켰다. 전시하에서는 이 보다 더 좋은 허니문은 없었다. 나는 23명의 대추장(大酋長)으로서 환영 속에서 사랑의 첫날밤을 보내고 새롭게 지은 별처 숙사에서 부부

생활을 시작하였다. 공습 하에서 도피하여 약 두 달 간 평화롭고 행복한 날을 보냈다.

아라마간섬 인부들을 위해 운명을 같이 해

약 2개월 신혼생활은 매우 감미로웠다. 나는 내 처와 장인이 동거할 수 있는 집을 마련했다. 인부 숙소와 그리 멀지 않은 깊은 정글 계곡에 방공호까지 완비하였다. 추장이 된 것 같은 나에게 우리 인부들은 매일처럼 먹을 것을 상납(上納)을 해 주었다. 약 두 달이 되자 처가 임신했으나 불행하게도 낙태를 하면서 통증에 못 이겨 이삼일 동안 병석에 누웠다. 전시하, 치료하기는 매우 어려운 사정. 나는 광분(狂奔)하였고 민간약초 덕분에 처는 회복하기 시작했다. 낙태 원인은 공습 하 피난(避難)하면서 돌, 바위 위를 과격하게 건너 뛰어다니면서 상하 격동한 때문이라는 것을 처음 알았다.

우리는 밤에는 날치잡이를 했으나, 웬일인지 날치는커녕 상어도 바다(近海)에서 보질 못했다. 매일처럼 적탄(敵彈) 투하(投下)와 기총소사(機銃掃射)가 원인이 된 것 같다. 또 날치가 잡히는 시기도 아니었다. 우리 임무는 어획(漁獲)한 것을 육군 연대 본부에 상납하는 것이었다. 본부에서는 감독 장교가 출장을 나와 우리의 작업을 보기도 한다. 나는 군인을 동선(同船)시켜서 날치잡이가 불가능하다는 것을 이해시켰다. 그러나 어획(漁獲)이 실패하고 있다는 게 알려지면, 다시 송송으로 복귀하라는 명령이 내려질 것이 분명하기 때문에 매일이 우울하였다. 그러자 인부들은 동요하기 시작했다. 서로 간 다툼이 터지는가 하면 패를 지어 분산(分散)하여 통제가 매우 어려워졌다. 이런 인부들 마음에는 이상한 유언비어가 들려오기 마련이었다. 할 일이 없으니 밤낮으로 술을 마신다. 그러면 45리 남쪽에 보이는 아라마간섬을 바라보며 처자 생각이 나지 않을 리가 있나. 취하여 울기도 한다. 그런가 하면 신경이 곤두서서 싸움이 된다. 아무리 설득시키려 해도 효과는 적었다. 카누를 훔쳐 도망치자는 소리도 있다는 말이 내 귀에 들렸다. 나는 비상사태가 일어날 것 같아서 겁이 났다. 만일 인부들에게 사건이 생긴다면 군부(軍部)는 전 책임을 나에게 묻고 처벌을 할 것이었다. 나는 이삼일 동안 잠을 못 자고 밀정(密偵)을 세워 카누를 감시시키는 한편, 인부 심리를 구명(究明)할 술책(術策)을 모색하고 있었다.

첫째 전 인부의 분산과 자유행동을 막아 이전처럼 내 통솔하에 두어야만 어떠한 난문제(難問題)도 사전에 막을 수 있었다. 그러려면 인부 전원을 먼저 설득하여야 할 것이다. 그렇게 모든 술책을 고안한 후에 나는 어느 날 밤, 인부 비상소집 명령을 내렸다. 강력한 위협으로 총집합시키며, 어긴 자는 군부에 압송할 것이라고 지시하였다. 그날 밤 23명 전원이 별 탈 없이 집합장소에 모였다.

나는 입을 열었다. 너희들은 자기 살던 섬을 떠나 파간섬에서 끌려와 주야를 생명을 걸고 나라의 승전을 위하여 많은 일을 했다. 또 나를 진심으로 섬겨 명령 아래 굳은 단결을 하여 아라마간 징용대라는 칭찬도 받았다. 그러나 식량(食量) 두절(杜絶)로 자활(自活)의 길로서 우리는 파간 남단에서 고기를 잡아 상납하는 데 모든 정성을 다했다. 그러나 불운으로 고기는 안 잡히었다. 어느 누구의 잘못도 없다. 하지만 전시하에서는 우리의 자유를 그대로 둘 리가 없다. 멀지 않아 다시 송송으로 복귀하라는 군령이 기다리고 있을 것이다. 여러분, 나에게는 한 가지 길이 있다. 그것은 커다란 모험을 해야만 되는 것이다. 밤에 아라마간섬에 가서 카누를 가져오라. 그것이 성공되면 6~8척 카누를 갖고 밤중에 근해(近海)에 나가 낚시와 쏠 창으로 고기를 잡아 연대 본부에 상납할 것이다. 고기를 많이 잡아 주면 군부도 멀지 않아 우리의 요구대로 아라마간섬 환송(還送)의 길을 열어 줄 것이라고 나는 믿는다. 자, 너희들 내 의견에 동의하는가.

그랬더니 인부들은 웅성거리기 시작하였다. 짧은 시간이나

마 그들에게 찬비 토론 시간을 주었다. 약 5분간이 되자 답변이 나오기 시작했다. 대찬성이란다. 나는 다시 물었다. 그럼 누가 가서 카누를 가져오겠는가, 가져오겠다는 사람은 손을 들어라. 하였더니 손 드는 자가 하나도 없었다. 그러자 한 인부가 일어서더니 큰 소리로 오야지가 지명하는 것이 옳소이다 하고는 앉았다. 그러면 내가 지명하는 데 이의가 없다면 손을 들어라, 했더니 전원이 손을 들었다. 나는 회의 전에 구상한 바를 발표하였다.

나는 속으로 아라간섬에는 두 부락이 있다. 내가 가진 카누는 8인승. 전부를 태울 수도 없고 인부들이 원한다 해도 안 될 것이라 8명 중 우선 선장, 다음은 가장 가족이 많은 자, 그것도 각 부락에서 반반씩 선출해 이놈들을 탈주시키려 생각했다. 그리고 나서 카누만 돌아오면 된다. 나는 군법 총살의 각오도 섰다. 과거 누차에 걸쳐 해군에게 인부 반송(返送)을 청하였다. 해군에서는 동의는 해 주었으나 큰 배는 파괴되어 배가 하나도 없었다. 육군에는 작은 배가 있다는 것을 알고 사령부를 찾아가 애원하였으나 일축(一蹴)을 당한 일이 있었다.

내 인부 가운데 팔라우섬 도민(島民)이 하나 있다. 그는 해상에서 해조(海鳥)와 같아서 이 자를 선출(選出)하였다. 이 자만 다시 카누와 함께 돌아오기만 하면 어떠한 궤술과 논변을 써서라도 나는 군법재판에서 빠져나올 것이라고 각오하였다.

무리(無理)로 선발(選拔)이 끝났다. 8명 지령이 끝났다. 다음은 절대비밀로 행사할 터이니 발각되면 오야지는 총살을 면치 못하는 것은 물론 남은 너희들까지 큰 형벌이 있다고 조심을 당부하였다. 다음, 섬과 섬의 연락(連絡)은 밤중에 봉화(烽火)로서 통신을 한다는 것이다. 아홉 개의 종으로 시간과 장소에 커다란 방화를 하며 모든 일은 번갈아 가면서 결사적으로 이행(履行)하라는 명령을 내렸다.

집합 다음 날 (저녁 7시경)에 카누 출발 명령을 내렸다. 23명 전원은 전시하의 군인들처럼 '우미유카바 시즈쿠바네'를 삼창(三唱)한 후 출발, 카누는 시속 5~6리 속도로 바다로 나간다. 송별하였다. 그날 밤 달이 흐려 시야는 불량하였다. 감시초소에서는 지령대로 교체하면서 이삼일 동안 밤을 새웠다. 내심 늦어도 사흘 동안이면 카누는 돌아올 것이라고 믿고 기도하였다.

만사(萬事)는 실패로 나는 송송으로 출두, 군법 재판을

우리가 진을 치고 사는 숙소 옆에는 다른 회사의 파간섬 인부들이 약 두 달 후에 남하하여 숙소를 만들고 살고 있었다. 우리 인부들은 독신이었지만, 그들은 가족 동반이었다. 그래서 다 같은 차모로족 친척관계로 인부들과는 자주 왕래 하였다. 그렇게 비밀(秘密) 엄수(嚴守)를 강조했지만 아무 소용이 없었다. 믿지 못하는 놈들이라고 후회가 났다. 카누가 출발한 지 이틀 만에 아라마간섬 인부들이 모두 도망간다는 유언비설이 송송 군민에게 쭉 퍼졌다. 나는 당황하였다. 모든 각오가 섰다. 공포와 분한 마음, 화로서 야자술에 취하여 하루 누워 울분을 삼켰다. 그러나 체념일 뿐 앞은 캄캄하다. 각오를 한 것뿐 생사의 기로에서 잠이 올 리가 없었다.

우왕좌왕 배회하고 있으니까 사건 제3일 해 지는 무렵에 제1대대 소속인 모 군조가 내 숙소를 찾아오지 않는가. 나는 모 군조를 영접(迎接), 별동(別棟)의 숙소(宿所)로 안내하였다. 야자술과 좋은 반찬으로 대화가 시작되었다. 3~4 시간이 지나도록 잡담이 계속되었지만 이 양반은 자기 소의(素意)를 말하려 하지 않는다. 나는 그때야 자진하여 모 군조의 내방(來訪)하는 목적이 무엇인가를 알고 있다고 고하자 그는 웃으며 마쓰모토가 도망쳤는지를 조사하라는 명령을 받고 왔노라는 것이다. 그의 말에 의하면 송송에서는 마쓰모토가 아라마간섬으로 도망쳐 인부와 함께 미군 스파이가 되어 B29에 승기(乘機)하여 아군의 진지를 알려주고 있을 것이라는 터무니없는 유언비어가 하루아침에 퍼져 있다고 하였다. 나는 이 놈 원주민 놈들에게 배신당한 것에 격분하여 울음이 터져 나오는 것을 겨우 참았다. 한동안 아무 말도 못하고 있으니까 그도 말이 없었다. 나는 비운으로 받아야만 하는 보복이 슬퍼 술기운에 나도 모르게 술회를 토로하였다. 그는 듣고만 있었다. 정신이 정상에 돌아서자 모 군조에게 미안한 술주정이었으니 용서하라고 청하자 도리어 나를 동정한다고 하였다. 나는 내일 이른 아침 송송 제1대 대장을 면접하기 위하여 동행을 할 것이라 말하고, 객에 대한 예의의 인사를 끝맺고 잘 쉬라고 권하고 물러났다.

그 이튿날 우리 둘은 육로로 낮 동안 험악한 해안가 가까운 산길을 따라 해 지는 무렵에 제1대대에 도착하였다. 고지마(小島) 대위 대장을 찾아 출두했다는 인사를 드렸다. 나는 그가 대노(大怒)의 호령 소리와 곧 유치장에 잡아넣을 줄만 각오하였더니 의외에도 미소를 띠고 수고했고, 시장할 터이니 장교 집합소로 가서 저녁을 같이 하라는 것이다. 오카모토 중위 부급이 영접하여, 7~8명 하사관들과 저녁을 같이 하였다. 식후 부관(副官)이 마쓰모토군, 왜 아라마간섬 인부를 도망시켰느냐, 시국 상 그런 것은 적의를 돕는 게 아니냐고 물었다. 나는 잘못했다는 말을 전제로 인정이 지나쳐 동정심 때문에 부정의 죄를 범했다고 하였다. 그들은 나에게 소나 말이다. 자기가 부려 먹던 짐승인들 불쌍하다는 마음은 누구나 같을 거라고, 나에게 이제껏 순종했고 앞으로 종전이 되면 더 써야 할 도민, 그들도 사람입니다. 처자를 눈앞에 두고 자기 섬을 보며 울고 있는 광경, 내일 죽을지 어떨지, 섬에는 적이 언제 상륙할는지 모르는 상황에서 나라를 생각하는 것이 원칙이긴 하나 내 입장으로는 불쌍한 그들을 그대로 두지 못하여 위법행위를 저질렀다고 하고는 다시는 말하려 하지 않았다. 쏟아지는 눈물을 금할 수 없었다. 나는 내 소속인 해군 설부대를 찾아 인사를 드릴 것이고 끝날 때까지 체류하겠노라, 무슨 호출이건 그쪽으로 연락해 주기를 원한다고 했더니, 내가 출두한 것을 연대본부에 보고할 것이라며 대기하라는 승낙을 얻었다.

  나는 그날 밤 아카바 주임급과 모든 설부대원을 찾았다. 아카바 주임급은 내가 아라마간섬으로 도망치지 않았다는 것을 목격하자 매우 반갑다며 송송 유언비어로 섬 전체가 떠들어 댔지만 자기 생각에는 마쓰모토 군이 그럴 리가 없다고, 도망친 게 아니라는 의심이 났던 차였다며 잘 왔다는 것이다. 그는 이 사건이 끝날 때까지 같이 지내자고 하였다.

  연대 사령본부는 3일간에 거쳐 마쓰모토의 신분 청취와 아라마간섬 도민들이 스파이적인 행동을 했는지의 유무를 확인하려고 군민 양(兩) 방면으로 모색하였다. 그러나 민간에서는 다나카 부장(部長, 우리 회사 파간 민간대표자)이 군부대를 통하여 30분 이상 보고문(자세한 정보 보고서가 작성된 것)이 낭독(朗讀)되었다고 한다. 아마바(天羽) 연대장의 1결(決)에 내 운명은 좌우된다. 나카시마(中島) 최고 부관(副官) 중좌. 이 둘이 결의(決議)를 내렸다. 이 둘은 약 15분간 눈을 감고 무언(無言)이었단다. 나중에는 요로시(그래)! 달아난 인부는 할 수 없다. 남은 15명은 송송으로 인양(引揚)하여 각 부대에 배치(配置)하도록 하고 단 인부 배당(配當)은 마쓰모토와 상의하라. 이것으로 마친다고 하였다.

 나는 이 결의(決議)를 3일 만에 들었다. 그 동안 자진 근신(勤愼), 밖으로는 나가지 않고 설부대 내에서 지냈다. 호소식(好消息)이 전해지자 아카바(赤羽) 주임급도 기뻐하면서 나에게도 인부 분배를 할 때 자기에게 1명을 달라고 하였다. 이 우울한 일주일은 끝났다. 나는 청천(晴天) 백일(白日) 하에 또다시 각 처로 돌아다니며 사례 인사를 하였다. 그리고 나는 다시 돌아와 아라마간섬 인부들에게 모든 경위를 보고하고 다시 송송으로 인양(引揚)해야 된다. 그러나 모든 배치는 내가 명령장을 가졌다는 것, 너희들은 각 처로 헤어질 것이고 누구나 한 곳에다 배정해 버릴 수가 없다. 그러나 지금은 각각 헤어져야 한다. 그들의 표정에는 두려워하는 것이 현저하게 나타났다. 나는 동정을 금할 수 없었다.

나는 심사(深思)한 뒤 그들을 모아놓고 차근차근 내 방침을 설명하였다. 누구나 잘 아는 바다. 이곳은 아라마간섬이 아니다. 그러므로 나는 너희들의 주임도 아니다. 군부의 명령에 따를 뿐이다. 나는 아무런 권력이 없다. 그러나 내가 최선의 지혜로서 너희들이 배정된 곳으로 가나 누구나 한 곳에서 눌러 일하도록 방임은 안 한다. 한 달씩 교체하도록 군부와 상의하겠다. 또 2명 이상을 1조로 편성시킨다. 남아 있는 15명을 7조로, 둘씩 배정이 된다. 나는 우리가 살고 있는 바리아르에다 근거지를 삼고 우리 장인이 주관(主管)한다. 한 조(組)는 우리 장인과 있어야 한다. 나는 내 처와 함께 송송에 돌아가 너희들의 현장을 항상 후견할 것이다. 설부대 1명, 나와 동거할 자 1명으로 정한다. 그 외 5조는 육군부대로 배치된다. 잘 알았나! 그럼 이제부터 추첨(抽籤)을 해라 하였다.

그들은 별 이의없이 내가 시키는 대로 따라간다. 우리는 송송으로 돌아와 각처로 배정된 뒤로 헤어졌다. 나 역시 내 처와 함께 제1대대장(大隊長) 고지마 대위의 숙소와는 매우 가까운 곳에 정착하였다. 여기에는 이유가 있다. 육군은 나를 방임해 놓고 언제든지 동정을 은밀 중 감시할 거였다. 말하자면 마쓰모토라는 놈은 좀한 수단으로는 다루기 힘들었던 것 같다. 나는 대대장과 종종 만났다. 내가 고구마 심을 땅이 없다고 하였더니 자기가 가진 농터를 주겠다며 매우 친근하게 대해 주었다. 나는 호의에 따랐다.

일개인으로 전락(轉落) 생활에서 가지가지

내가 정착한 곳은 아판산메나 계곡이다. 바로 옆이 파간섬 도민(島民)감독이던 히가(比嘉) 군이 있었다. 그는 우차도 한 대 가지고 있고 역시 도민(島民) 인부 1명을 머슴처럼 데리고 살았다. 이 양반도 내가 같은 회사에서 상위라는 것을 알고 있어 무엇이든지 협조해준다. 나는 내 인부와 방공호를 파야했고 거처소를 지어야 했다. 약 2주쯤에는 완성 되었다. 그리고 난 후 때때로 배정된 인부들이 살고 있는 상황을 돌아보기 위하여 순회하였다. 각 현장 고용(雇傭) 부대와도 문의하였다. 또 인부들의 고정(苦情)도 심문(尋問)한다. 5개 중 한 곳만이 매우 조건이 나쁜 것을 알았다. 나는 그 부대 책임관(責任官)과 면접하여 항의적인 대화도 나누었다. 나는 서슴없이 당신 부대만이 내 인부 취급하는 데 미숙하여 매우 유감이라고 항의 하였다. 그 자도 내가 설명하고 난 후에는 방인(邦人)과 달라 도민들을 다루는 것에는 모르고 한 일이라고 사과를 하는 게 아닌가. 나는 내 인부들을 불러 모든 일에 성의껏 일을 도우라고 당부하며 나와 너의 상관과는 협의가 잘 되었으니 걱정 말고 이제 2주일이 오면 이곳보다 좋은 곳으로 교체될 때까지 잘 섬기어야 한다고 설득하고 돌아왔다.

나는 송송으로 돌아가서 처음으로 내 자신이 직접 하루 세 끼를 먹어야 할 고구마를 조달해야 했고, 달팽이는 아침에 일어나자 각처로 뛰어다니며 주워 와야 했다. 물론 내 인부와 둘이 하는 일이다. 전과 같은 왕위(王位)는 뺏긴 전락자(轉落者)가 아닌가. 달팽이 요리는 먼저 물에다 데워 껍데기를 제외하는 동시 내장과 치연골도 빼버린 다음 물로 두 세 번이나 깨끗이 씻는다. 다음은 삶아서 먹기도 하고 야자 기름으로 조림도 한다. 소금과 고추로 양념을 만들어 찍어 먹는다. 맛은 매우 담백하다. 그러나 얼마든지 먹었다. 전 같으면 누가 이런 걸 먹겠는가. 수많은 병대(兵隊)들이 섬으로 들어오자 풀 속에 들어가 똥을 싸 놓은 곳에는 반드시 달팽이 무리가 똥을 먹는 것을 본 일이 있었다. 처음엔 달팽이 요리가 구역질이 났다. 그러나 먹지 않으면 배가 고프니 아니 먹을 수가 없다. 그러나 먹다 보면 사람이란 순응성을 가져 섬 전부 누구나 먹는다. 그래서 육군은 이 달팽이 요리를 텐텐이라 부르지 않고, 오카사자에라고 개칭하였다.

미군 기동대가 폭격을 한 이후 6개월이 지나자 도민만 만들던 야자술은 모든 군인 병대(兵隊)들도 만들어 마셨다. 도나리쿠미(隣組)의 회합이 있을 때마다 각자가 반드시 한 병(18입)을 지참하는 것이 보통이 되어 30여 병이 나란히 놓여 있고는 했다. 각자에 따라 독한 것, 맛이 단 것, 그 중간의 것 등 술맛이 다양했다. 이것을 마시면 취해 노래가 나오며 환담과 여흥이 시작된다. 누구나 상하도 없이 똑같다. 현금이 있어도 아무 소용이 못 되었다. 물건이 중요했다. 그 중에서도 담배다. 잎담배 이것만 가지고 있으면 귀중한 보물과 다름없었다. 누구나 맨발이었고 나도 맨발이었다. 처음에는 아파서 걷는 것이 괴로웠지만 한 달이 넘자 발바닥은 소가죽과 다름이 없었다. 웬만한 나뭇가지 같은 것은 밟아도 아프지도 않다. 산으로 뛰어다녔다.

나는 종종 송송에서 내 근거지 바리야르로 연락하기 위하여 왕복해야 했다. 험악한 산 절벽 해안선을 따라 길도 없는 행로였다. 한번은 나 혼자 왕복해야 할 일이 생겼다. 나는 이른 새벽(상오 4시경)에 송송 숙소로 떠났다. 왜냐하면 행정(行程) 중반은 네 시간이 필요하였다. 아침 7시면 반드시 B29 적기가 매일처럼 파간 상공에 2~3기가 나타나서 하루 종일 빙빙 돌며 폭격투하가 있고 부정기적으로 함재기가 공습하는 게 보통이라 이런 공습 전에 위험지대를 서둘러 빠져 나가야 했다.

행정(行程) 중간에는 100미터나 되는 절벽 지대가 있었다. 이 절벽지대를 육(陸)으로 넘으려면 적어도 약 한 시간이 걸렸다. 그러나 헤엄을 쳐 가면 20분간이면 된다는 내 인부들 말을 들은 것이 기억났다. 나는 수영에 자신이 있었다.

그때 나는 상의와 반바지를 보따리에 싸 처음으로 머리 뒤에 매고 물속으로 들어섰다. 매우 어리석은 짓이었다. 될 수만 있으면 물에 적시는 것을 싫어했다. 나는 헤엄을 쳐 나갔다. 그러나 보따리는 젖기 시작했다. 물 아래로 가라앉았다. 이것 안 되겠다. 다시 보따리를 허리에다 잡아맸다. 그러자 물에 젖은 보따리는 물속에 잠긴 채 끌어야 한다. 아무리 전진하려 해도 될 리가 없었다. 헤엄친 지 벌써 30분이 지났는데 중간에 들어섰다. 근심하기 시작했다. 보따리를 버릴 수밖에 없다. 그러나 옷이란 매우 귀중했다. 버릴 수 없다. 나는 안간힘을 다 하였다. 이제 다시 뒤로 돌아가나 앞으로 가나 마찬가지, 에라 가자, 겨우 이 모양대로 착륙지점에 가까이 왔다. 그러나 여기는 절벽이 아닌가. 여하튼 올라갈 수 있는 장소를 바라보고 손으로 바위틈에다 손가락을 이었다. 그때였다. 밀물은 썰물과 반대로 30미터까지 후퇴하지 않는가. 나는 다시 헤엄쳤다. 밀물은 내 몸을 언덕 위에까지 데려갔지만 또다시 썰물, 뒤로 미끄러졌다. 이렇게 5~6차례 왔다갔다 하면서 나는 힘이 다해짐을 느꼈다. 겁이 났다. 물속에서 죽게 될 것이라는 것을 느끼기 시작했다. 어림없는 자기의 개인행동을 뉘우쳤으나 만사는 끝났다. 죽는 것밖에 길이 없다고 그래 다시 뒤로 돌아갈 기력도 없었다. 임종(臨終) 직전, 문득 바닷물이 동(動)하는 것은 수면 상(上)이지 하부는 동(動)하지 않을 거라고 판단되었다. 수심이 12미터쯤 된다. 힘은 거의 떠오른 정도밖에 기진맥진해졌다. 나는 미는 물을 이용, 바위에 가까워질 무렵 잠수하였다. 썰물이다. 그때 바위로 헤엄쳐 두 손으로 바위 속에다 넣고 밀려오는 것을 기다렸다. 그때다. 밀리는 물은 내 전신을 바위 위로 던졌고 안전한 바위 틈에 전신이 박혔다. 그제야 바위로 기어 나와 산 위로 올라갔다. 나는 그때 전신이 맥 빠져 풀밭 위에 쓰러졌다. 내가 살았나, 죽었나, 약 두 시간 동안 누운 채 걸어갈 힘이 빠져 나가 옴짝도 못했다. 그날 목적지에 도착했을 때는 해가 넘으려는 무렵, 다시는 이런 모험을 하지 않겠다는 자책이 섰다. 참말, 그 당시 내 체력은 강인한 것이기에 물에 수장되는 것을 면했다. 아직도 그때의 일이 잊히지 않는다.

일본 육군과 해군의 차이점과 기질

나는 해군(海軍) 관하(管下) 건설부대에 내 인부들을 후견(後見)함으로 해군의 기질을 잘 알게 되었다. 해군은 원래 일본 전국에서 가장 우수한 징병 모집에서 뽑았고, 그 훈련도 바다에서 사는 수병이라 맹렬(猛烈)하였다. 반장(兵曹)은 신입수병을 맹훈련 중에는 정신봉(죽봉)으로 매일처럼 내려친다. 육군이 손으로 뺨을 치는 것과 매우 다르다. 나는 때로 방견(傍見)한다. 무자비하다 할 만큼 신입병들이 정신봉에 맞아서 넘어진다. 또다시 일어선다. 귀신과 같다. 그러나 그 반장은 민간을 대할 때는 딴판, 매우 친절하다.

해군은 원래 일본을 대표하는 외교급 역할이라 의복차림이

나 먹는 식사, 담배에 이르기까지 육군과는 달리 사치스럽다. 그런 관계인지 모르나 해군은 식량배급은 없다. 우리 인부들과 교제(交際)로는 담배 히카리(光, 1상자, 50갑)를 준다. 한두 번이 아니다. 나는 인부들이 가져다주는 것을 피우곤 했다. 같은 장교, 하사관이라 해도 해군은 좀 해가지고는 승급이 매우 어려웠던 것 같다. 해군 소위라면 육군 중위만한 인격과 교양을 가졌다. 해군은 육상에 근무 시에도 선상과 꼭 같다. 여기에도 항전(抗戰)은 해군 뿐, 육군은 종전까지 대공포 1발도 쏴 보지 못한 채 진지구축만 하다가 끝났다. 물론 적이 땅 위로 올라올 때를 감안한 것은 사실이다. 그러나 육군, 해군과의 사이는 매우 좋지 못하였다고 들은 바 있다.

당시 나는 해군수비대라면 대대장, 소대장에 이르기까지 다 알았고, 매우 친절했다는 인상이 깊었다. 육군은 연대(聯隊)이니만큼 각 지역에 배치된 관계로 그리 많이 사귀지는 못했으나 그래도 10여 명과는 교섭을 가졌었다. 여기서 육군 장교 전부는 아니지만, 민간에 대해서 냉정(冷情)하고 교만한 자도 간혹 보았다. 송송에서 해군으로부터 배급이 떨어지자 우리들은 자활의 길을 찾는 중이다. 이삼일 놀고 있었다.

그러던 어느 날 파간만 부근에다 적의 전차가 상륙하는 데 대비하여 저지(沮止) 장애(障碍)물로 야자나무로 책축(柵築)과 갱도(坑道)를 파고 있었다. 폭 5미터, 깊이 2 미터 이상이라는 엄청난 공사를 서두르고 있었다. 공병대장 ○○ 중위였다. 누가 이야기를 했는지 아라마간섬 인부들은 일 하지 않고 놀고 있다는 것을 알고 사자(使者)를 나에게 보내어 공사현장으로 출두하라는 것 아닌가. 나는 어이가 없었다. 우리는 해군 소속이고 나는 한 고원에 불과하다. 매우 교만한 장교라고 보아 첫 생각으로는 화를 냈다. 또다시 생각을 고쳤다. 우리 인부 23명이 먹어야 한다. 대책 상 육군이 식량보급이 가능할지도 모른다고 마음을 고치고 여하튼 가서 만나는 것으로 결심하고 그 공사현장을 찾았다. 우선 어떠한 작업을 하는지 내탐(內探)삼아 간 것이다. 민간을 동원하여 공사 진행 중인데 규모가 매우 컸다.

육군의 지시는 각 한 사람당 길이 30m, 폭 5m × 깊이 2m 이상을 파야하는 것이었고, 먼저 일하던 자는 도망쳤다는 것도 알았다. 인부들은 각자가 자기 식량을 준비하고 와서 일 하라는 거였다. 아무리 서두르는 공사(工事)라 해서 이건 너무 무자비하고 어리석은 학대가 아닌가.

나는 ○○ 중위를 대면하였다. 내가 아라마간섬에서 온 마쓰모토입니다. 인사하였더니 아! 그러냐면서 무턱대고 인부가 몇 명인가하며 적군(敵軍) 전차(戰車)를 막기 위하여 하루라도 서두르고 있다며 우리 사정이란 알아볼 필요도 없단다. 나는 하도 어이가 없어 중위님, 우리 인부들은 해군 건설대 소속입니다. 마음대로 못합니다. 먼저 그쪽으로 연락하여 협의해야 한다고 했더니 이 양반 교만하게도 그 부대의 책임자가 누구냐며 호통을 친다. 나는 아카바(赤羽) 병조장(兵曹長)준위입니다, 하고 대답하였다. 그는 준위, 허! 하고는 말 상대도 아니 하고 위압으로 나온다. 나는 미궁에 빠졌으나 태연한 태도로 그러면 중위님 우리 인부에게 식량을 대주시오. 일은 해군, 육군 가리지 않고 할 터이요, 하였더니 꼼짝 못한 모양, 머리를 흔들며 우리 병대도 식량부족인데 불가능이란다. 나는 이 양반아, 알고 있지 일본 말에 배가 고프면 가는 게 불가능해, 그제야 마쓰모토군. 꼭 하라고는 못하네. 할 수 없다. 내 부하를 희생시킬 수밖에 없다며 말을 끝맺는다. 그래 나도 약속은 못합니다. 식량을 구하면서 짬짬이 돕기는 하겠습니다만 책임은 못 지겠습니다, 하였더니 머리를 조아리며 알았다고 하지 않는가. 나는 숙박소로 돌아와 인부들을 설득을 하여 내가 하라는 대로만 해라, 그러지 않으면 뒷날이 무섭다고 설득을 하게 되었다. 그 이튿날 저녁 해 질 무렵 공사는 약 두 시간 쉴 새 없이 갱도(坑道)를 팠다. 다음날 역시 그러했다. 그 후에는 나가지 않았다. 네 시간 동안 40명이 구멍만 팠다.

해방(解放)이 온다, 복잡했던 심경

나는 아라마간섬 인부 8명을 도망시킨 후, 왕으로 군림하던 그때와는 달리 내 인부들을 육군에게 넘기고 내 신변을 돌봐주는 1명 밖에 없어 매우 곤궁에 빠져 그날그날을 지내야 했다. 하루는 고구마를 심어야 하기에 일은 아침 약 두 시간 동안 땅을 개간하였더니 남양(南洋)은 해만 뜨기만 하면 30도 이상이나 고온이어서 상반신은 햇빛에 타 버려 전신이 괴로워졌다. 한 번도 호미 자루를 쥔 적이 없어 손바닥 껍질이 부풀어져 쓰라린 아픔이라 삼사일 동안 쉬고 있었다. 그러한 때다. 기이하게도 적기는 폭격을 하지 않고 섬 주위만 몇 번이건 순회할 뿐이다. 방공호 출입구에서 바라보고만 있었다. 대체 이게 무슨 전술을 또 하고 있나 의심만 하였다. 적기는 가 버렸다. 얼마 아니 가서 항복 삐라를 수천 장 뿌리고 갔다는 거다. 그제야 일본은 망했구나. 이제부터는 공습은 없다. 14개월 동안의 쥐구멍 생활은 끝났다. 허리를 펴고 밖으로 나갔다.

해방이 되었는가를 확인하려고 제1대 숙소로 가 보려 했다. 그러자 연대본부에 근무하는 사카이 중위가 전날 내가 있던 바리야르에 갔다가 돌아오는 길인데 나를 찾았던 모양이다. 사카이(堺) 중위는 고기잡이 건으로 나와 잘 알고 있던 장교이다. 나를 보자 매우 반갑다며 요건은 연대본부는 지금 어로반이 고기잡이를 하고 있는데 병대(兵隊)만으로는 잘 되질 않아 아라마간섬 인부들이 필요하기에 나를 만나러 왔다고 하며, 중위는 한숨을 쉬며 하는 말이 일본은 휴전이 성립되었다는 것, 오늘 아침 들었다며 이제는 어로반도 필요 없게 되었다고 하며 서로 헤어졌다. 확실히 일본은 망했구나. 나는 종종 장교들과 인부 관계로 회합을 하고 있기에 히로시마와 나가사키에다 처음으로 사용한 신무기 원자탄이 투하되었다는 것도 알고 있었다.

그 후 우리 인부들은 해산이 되어 내가 있는 곳으로 모여왔다. 나는 빨리 바리야르에 있는 아라마간섬 인부와 장인도 송송으로 돌아오도록 연락을 하였다. 그 이튿날이다. 아라마간섬 인부 전원은 내 숙소로 모였다. 나는 최후의 작별인사를 나누었다. 이제는 해방, 일본은 무조건 항복이다. 오늘부터는 여러분은 자유 행동해야 합니다. 멀지 않아 당신들은 사이판으로 인양(引揚)할 것입니다. 나는 일본인이라 이 섬에 남아야 해요. 그동안 여러분께 많은 신세를 졌소. 사이판으로 가면 아라마간섬 가족에게 마쓰모토도 살아났다고 하시오. 자, 이 자리에서 여러분과 작별, 여러분의 행복은 비는 뜻으로 축배를 듭시다 하고 야자술을 각각 마셨다. 그들은 눈물을 흘리며 반나절 동안 술 마시며 지내다가 손을 잡고 나도 울었다. 아듀스, 사요나라!

파간 일본군 백기 게양(揭揚), 선상에서 항복서명

 우리는 마음 놓고 대낮에 어디든지 걸어 다니며 일본인들이 패전을 어떻게 보고 있는가, 또 한편 나는 어디로 가야 하나 앞이 캄캄했다. 더구나 내 처는 차모로다. 나와 결혼한 것이 큰 잘못이 아닌가. 승자 편에 들어가야 앞으로 잘 살아갈 수 있는데 내 마음은 매우 복잡해졌다. 다른 한편 나라는 자는 약자로 기회주의, 일본인들에게 아첨하여 살아왔다. 변절자, 너는 어디로? 고국, 일본, 당시 나의 추리는 우리나라도 같이 해방이 되었을 것이다. 내가 다시 돌아갈 수 있을까 막연하였다. 에라, 오히려 폭탄에 맞아 쓰러진 자가 행복이었다. 왜 살아났을까, 앉아만 있으면 비애의 한에 잠겼다. 밖으로 나가 송송으로 걸었다. 앗판, 산메나의 해안지대 언덕 위로 가자 육군은 이 곳 고지에다 백기를 세워 두었다. 해상에는 미 함대 1척이 투묘(投錨), 함(艦)에서 보트 1척이 파간 부두(埠頭)로 왔다. 나 이외에도 많은 사람들이 이 광경을 반나절이나 지켜보고 있었다.

 그 후 들은 말이다. 육군 연대본부는 오카모토(岡本) 소위가 군을 대표, 통역관 합쳐 3명이 보낸 보트에 상승, 함선으로 가서 항복서명을 한 모양이다. 이것으로 끝나자 미군은 식량 만재하여 두세 번 하역이 끝나자 함선은 가 버렸다. 우리는 그날부터 배급을 받았다. 처음으로 쌀밥, 콩, 그 외에 여러 가지 레이숀(陸軍隊用), 처음으로 미국 담배를 피게 되어 일본인들도 패전 이야기보다 농담이 나왔다. 민간인 가운데는 인양이 되는지 걱정도 많았다. 무조건이 아니란다. 육군 역시 정전이라고 우긴다. 나는 속이 듣기 싫어서 그런 허영심이 강하다니, 나는 잠자코 아무 말 안 했다. 군은 지정된 장소에 모든 무기를 운반하고 있다. 모든 서류는 소각하였다. 그러나 군 계급은 엄연(嚴然) 통제가 유지되고 있었다. 미군은 1명도 상륙하지 않았던 것이다. 일본인 전부가 다 일치단결은 아니다. 병대 가운데는 불평분자도 있었던 것이다.

LST 미선(米船)으로 도민(島民)들 사이판으로 인양(引揚)

항복이 끝나자 이삼일도 못 되어 LST가 사이판에 도착하였다. 나와 처는 최후의 작별이라 해서 부두(埠頭)로 나가 배 구경 겸사 인양(引揚)되는 파간섬 도민(島民)들을 환송하려고 반나절이나 기다리고 있었다. 지나간 14개월 동안 나와 같이 가깝게 지내던 순경 부부가 있었는데, 그 부인이 하는 말이 우리들은 3등 도민(島民)이었지만 이제는 1등 도민(島民)으로 되지 않았나, 일본인은 이제부터는 3등 국민이야. 나는 속으로 웃을 뿐 아무 대답도 하지 않았다. 그렇다. 일본인들은 도민(島民)들을 사람 취급을 안 했거든. 일본인에 대한 반항심이 있었던 것이 틀림없었다.

 LST 배에는 미 해군 장교 1명 이외에 사이판의 차모로 군속들이 타고 있었다. 그들은 모두 군복을 입고 카빈 또는 권총으로 무장한 것이다. 일본인 같은 것이야 하는 태도, 빠가야로 짬푸(바보 멍청이! 일본놈) 내 말대로 해, 하며 다녔다. 이제는 180도로 지위가 역전된 것이 아닌가. 그들은 영어로 상관(上官)과 대화, 모든 것이 미군 행세가 아닌가. 나 역시 쭈그러지고 말았다.

 그런데 우리 처는 차모로 말을 잘 한다. 순경의 부인과 우리 처와는 종교적인 의자매이다. 어려서부터 친근한 동반(同伴)이란다. 우리 처에게 같이 인양(引揚) 하자는 것이다. 그러나 우리 처는 남편이 조선인이니 이제 그럴 수 없다고 한다. 그런 이야기가 차모로 군속과 상의가 되어 미군 장교에게 고했다. 그런데 미 장교는 서투르나마 일본말을 한다. 생각 못했던 호기(好期)를 얻었다. 우리 처가 남편, 아버지는 조선인이라고 말했다. 장교는 조선인이 이 섬에 몇 명이나 사느냐 하기에 남녀 합쳐 십 명쯤이라고 대답하였다. 그러자 장교는 수긍을 하더니 내가 돌아가 자기 상관에게 보고하겠다고 하며 사람이 너무 많아 전부는 다 못할 것이니 우리 처에게 또다시 배가 올 때까지 기다리라는 말을 하였다

미국인, 내가 처음 보는 깊은 인상은 여성에게 대함에는 친절하다는 것이었다. 만일 일본 군인이었더라면 이 여인 저리로 물러 나거라. 그 정도가 보통일 것이다. 나는 속으로 70%는 인양이 될 것으로 믿었다. 다음 배가 왔다. 파간섬에 있는 일본인 외 조선인 전부는 도민들과 같이 이 배에 타라는 명령을 받았다. 야, 이제는 살았구나, 앞날은 어떻건 일본인 대우에서 벗어난 데서 마음의 긴장이 풀어졌다. 그래 지참품이란 게 어디 있나, 옷 한 벌 그것도 누더기 것, 신이 있나 일본식 초리(草履)로 가야 된다.

나는 인양되어 파간을 떠나기 직전, 일본 군인들 중 각별하게 지내던 아카바, 그 외 해군 장교, 다나카 경찰 부장 외 민간과의 작별의 인사로 돌아다녔다. 그 중 가장 잊혀지지 않는 인물은 제1 대대장 고지마 대위(후 소좌 승격)에게 인사 겸, 대장(隊長)님 오랫동안 신세를 졌습니다. 저는 여기서 작별을 하게 되었지만 후일 살아있게 되면 대장님에게 편지를 쓰고 싶으니 꼭 주소를 알려 주세요, 하고 말했더니, 무슨 현, 무슨 군, 무슨 마을, 끝 ! 이렇게 빨리 외치고는 자기 집 속으로 쑥 들어가고 말았다. 나는 어이가 없었다. 그러나 부대장의 심리도 이해가

간다. 승자와 패자. 내가 잘못했구나, 오지 말아야 했던 것이다. 그러나 또 한편 나 역시 그와 입장은 다르나 전락자가 아닌가, 여하튼 차모로 사회에서 갱생해야 할 길이 미궁에 빠졌다.

사이판섬 상륙의 초보(初步)까지

나는 우리 처, 장인, 그 외에 김모 부부, 안모와 같이 상선(上船)하였다. 도민 가족 20여 명도 동선하였다. LST는 오후 4시경, 사이판으로 향하여 떠난다. 최후로 보는 파간섬. 나는 보이지 않을 때까지 바라보고만 있었다. 나에게는 제2의 고향과 다름없었다. 5년간의 북도(北島)살이 동안 잊혀지지 않은 많은 사건, 정이 들었던 섬, 이것으로 영영 보지 못하는 것인가. 매우 정든 곳이었다. 밤이 왔다. 동선된 승객은 군데군데 앉아서 잡담으로 꽃을 피웠다. 그러나 나는 홀로 앉아서 지나간 5년이 어제와 같건만 내 인생 길에서는 커다란 변환이었다고 회고하는 것이었다.

나는 북도 5년 동안 돈을 벌기 위한 것만은 아니었다. 나는 함석헌 선생님이 보낸 편지에 돈을 벌러 간 것이 아니야. 일을 하고 돌아오라는 것이 문득 생각에 떠오른다. 나는 회사에 입사한 이래 봉투에 들어있는 월급은 두 번 밖에 못 받았다. 내가 회사에 남긴 돈이라면 적어도 만 엔에 가깝다. 일본 패전은 나 역시 패망이었다.

그것 뿐인가. 내 숙소 아라마간섬에는 그래도 5년 동안 소재품(所在品), 책자, 여러 가지 기록 등이 있었는데 이제 이 몸은 거지의 몸으로 사이판섬으로 나가자니 이것이 꿈 아닌 현실인가, 배 위에서 나는 별만 바라보며 혼자 누워 있었다. 바다는 매우 잔잔하였다. 이때가 9월 초였다. 다행한 뱃길이다. 전 같으면 운이 좋지 못하면 이런 평안한 뱃길이 아닐 거다. 밤이면서도 대략 배가 가는 위치도 짐작한다. 5년 동안 수십 차 각도(各島)를 왕래하였다. 바다도 낯익었다. 이것이 최후, 잠이 오지 않는다. 자지를 못했다. 이러한 감상에 빠져 있는 동안 날이 밝기 시작했다. 오전 4시경 사이판이 가까워졌다. 그러자 전등 빛이 보인다. 그 규모는 상상을 못했다.

일본 시대와는 판이했다. 사이판 전 섬에다 미국은 전등을 켰구나 놀라며 바라보고만 있었다. 배는 점점 가까워가며 어둠은 스러지기 시작하자 눈 앞에 보인 전등은 육지 아니라 투묘된 미 군함이 아닌가. 나중에 알았지만 5,000톤 급 이상 수송 함선(艦船)이 700여 척이란다. 이 선단이 근해에 여기저기 꽉 차 있었다. 놀라지 않을 수 없었다. 그런 한편, 어리석은 일본군부 놈들 쥐와 코끼리 싸움, 빌어먹을 놈들. 불쌍했던 것은 민간. 분함을 참을 수 없었다. 그것뿐인가. 배가 찰리닥(築港) 부두에 들어서자 헤일 수 없는 배가 부두(埠頭)에 꽉 차 있다. 원정(遠征) 군인 군속이 육지에는 틈 없이 잡답(雜踏)하는가 하면 지프 트럭이 길을 메우고 있었다.

당시 사이판섬에 상륙한 병력이 20만이 넘을 것이다. 티니언섬에는 16만이라니까. 섬 어디나 군인 천지. 나는 처음으로 미군들이 사용하는 여러 가지 장비에 놀라지 않을 수 없었다. 인력이 아니고 전부가 기계화가 아닌가. 물자(物資) 창고(倉庫)는 땅이 좁아 야적한 것을 난생처음 보았다. 미국이란 나라는 초대국이란 인식을 새롭게 하였다. 우리는 얼마 없어 상륙하였고 미군 트럭에 올랐다.

인산인해 속의 길로 질주, 조선인 캠프(Korean Camp)로 들어섰다. 건물 주위는 철조망으로 둘러쌌고 각 문에는 파수병이 감시하고 있었다. 우리는 하차하였다. 그러자 조선친목회(朝鮮親睦會) 회장이었던 고언국(高彥國, 제주 출신)이 먼저 와 손을 잡았다. 파간 시절에 알고 지내던 분이었다. 많은 교포들은 우리가 입고 온 것이 너무나 초라하기에 여기저기서 갈아 입을 옷과 신발을 선사하였다. 그리고 나는 캠프 내의 간부들을 소개로 면접하였다. 나는 한인 캠프의 일원으로서 약 6개월간 동거하게 되었다. 일본 시대(1939-1945)에 일본인으로 행세(行勢)했던 기억은 이것으로 끝난다.

백여 일 동안 민간 포로(捕虜)로서
사이판 한인캠프(Saipan Korean Camp)에서
지내던 기억

1945년 8월 하순 경이었다. 파간섬(Papan島)에 있던 조선인 6명은 일본인과는 달리 미군점령(米軍占領) 해군사령부(海軍司令部)의 호의(好意)로 인양(引揚)되었다. 우리들은 사이판섬에 상륙하자마자 먼저 미 해군 포로 공안부 사무처(米海軍捕虜公安部事務処)로 끌려갔다. 그 사무실에서 이모라는 통역관과 과장 게레로씨(U. Guerrero)들 앞에서 신분조사를 받고 난 뒤, Korean Camp로 가게 되었다. 그때 게레로 과장은 내 아내가 사이판(Saipan) 출생이라며 차랑카노아 캠프(ChalanKanoa 市街名)로 보내려 했다. 그 과장이 바로 내 처의 외숙이 되며, 그의 어머니가 우리 처를 길렀던 것이다(養母). 아직도 잊을 수 없던 찰나(刹那瞬間), 내 운명이 좌우되는 판가름이었다. 서로 사랑하여 결혼의 결실을 맺고 벌써 여덟 달이 지났지만 세상이 크게 바뀌자 운명은 백팔십도 역전되었다. 삶아먹건 구워먹건 그때만은 우리 처의 결단 여하에 달려 있었다. 나는 눈을 감고 서로 헤어질 것(離婚) 만으로 단념하고 있었다. 그들은 서로 차모로 말을 하고 있었으므로 무슨 말을 하고 있는지 나로서는 도무지 알 수 없었다. 그래서 나는 사무실을 먼저 나와 차에 올랐다. 그러자 우리 처는 잠깐만 기다려 달라고 하고 5분쯤 지난 뒤 조선인들이 탄 차에 올라탔다. 후에 알았지만 처의 외숙인 게러로 과장은 자기 어머니의 부탁으로 내 처를 다시 데려가려고 한 것이었다. 그러나 내 처는 자기는 남편과 헤어지는 것까지는 싫다고 거절했다고 했다. 한 시대의 탈바꿈이 되던 그때, 한 여인의 사랑이 나로 하여금 이민족(異民族)으로 동화되어야 할 내 팔자를 만들었음을, 그때는 생각도 못했다.

우리 일행은 Korean camp에 도착하였다. 정문에 들어서니 1,400여 명이라는 우리 교포들이 한 곳에 모여 살고 있다는 것에 놀랐다. 전시하의 소문에는 사이판섬에 살고 있는 일본인 전부가 옥쇄(玉砕,옥처럼 깨끗하게 전멸함을 의미)했다고 하여 그 말을 믿었지만 그것은 생 거짓말. 일본인도 9,000여 명이나 캠프에 있었으니 말이다. 그러나 나는 일제시대 근 6년 동안 지내면서도, 사이판섬에 우리 교포가 얼마 살고 있었는지 전혀 알지 못했다. 아는 사람이 있으리라고는 생각도 하지 않았다. 그러나 우리 장인 영감만은 나와 다를 것이라 여겨져서 그가 소개해 주기만을 기대하였다. 그러자 뜻하지 않았던 한 부부가 나를 반갑게 맞이하여 주지 않는가. 이분이 바로 사이판섬 조선인 친목회(朝鮮人親睦会) 제3대 회장 고언국(高彦國) 씨로 제주출신이었다.. 그와의 기연(奇緣)인즉 내가 마리아나 지청(支庁) 관하(管下)인 피간섬(낙도 북5도 중 가장 큰 섬)으로 부임된 지 얼마 지나지 않았을 무렵이다. 이 양반은 사이판 섬에서 지요다 생명보험회사(千代田生命保險会社)의 권유원(勸誘員)이란 직업을 가졌는데, 그는 어떻게 내가 그 섬 회사원이란 것을 알았던지 200여 마일 뱃길로 찾아왔었다. 나는 매우 반갑게 그를 맞이하였지만, 요건(要件)인즉 일 만 원 보험(一万円保險加入)에 가입해 달라고 졸라대었다. 사실 그 당시 나로서는 이 회사에 오래 근무할 생각도 없던 판에 매우 무리한 주문이라고 거부하였지만, 그의 애원적인 간청에 드디어 무릎을 꿇고 말았다. 동정에 이기지 못한 셈이었다. 그 후 두 차례 사이판에 다녀 올 적마다 고씨 댁을 찾아갔다. 다시 말해서 외로웠던 나에게는 친한 동무였다. 긴 여담(餘談)이지만 한 인간이 한 세상 지내 가는 데에는 이렇듯 기연(奇緣)이 따른다는 것을 써 보는 것이다.

 나는 거지 모양으로 변변한 옷차림은 고사하고 맨발 그대로 캠프에 입소되었다. 그는 나에게 세 벌이나 되는 미국인복을 선사했다. 그 뿐인가. 초면인 교포들에게서 여러 가지로 의복, 생활필수품을 선사받았다. 아, 정말, 참. 우리 교포들의 의협심에 고마움을 금치 못하였다. 상부상조하며 살아온 반만년의 역사를 가진 은자의 나라, 백의의 동포라는 긍지를 새삼 느꼈다. 나에게는 6년간의 낙도 생활 동안 돈 쓸 데가 없어 모아진 2만원 여 현금 외에 국채(国債)도 있었지만, 일본 패망으로 내가 살던 곳까지 폭파되면서 한 조각 기념물도 남긴 것 없이 알몸 그대로 돌아왔으니 슬프다는 말만으로 형용이 되질 않았다.

민간포로로 입소한 지 사흘이 되는 날, 나는 일자리를 잡아야 했다. 재기의 길을 찾아보자. 기왕이면 캠프 밖으로 나가서 미군인과 맞붙어 영어라도 배우고 새로 살아갈 기술이라도 배워볼까. 포로는 먹여주고 하루 미화(米貨)로 35센트를 받게 된다. 이런 돈으로 돈벌이가 될 리가 없으니, 캠프 바깥일을 해보고자 하였다. 미국은 부자의 나라라는데 바깥 구경도 할 겸 캠프 사무실로 발을 옮겼다. 사무실에 들어섰다. 고 씨를 찾아 내 일자리를 부탁할 셈이다.

내가 캠프 사무실에 들어서자마자 고 씨는 나를 반갑게 맞이하여 자리를 권한다. 내가 먼저 말하기에 앞서 전 선생, 잘 와주었소. 그는 경찰서장 자리를 맡은 지 열흘 정도라고 한다. 자기 아래 사법주임(司法主任)을 맡길 사람을 물색 중인데, 나에게 반 명령적인 부탁을 하지 않는가. 나는 매우 당혹하였다. 일본 제국주의시대에는 경관이란 말만 들어도 질겁할 만큼 싫어했기도 했지만, 법률이라든가 형사에 관한 기초지식이 아무것도 없으며 체험조차 없는데 이것만은 무리한 부탁이라고 굳게 거절하였다. 그러나 아무리 변명한들 놓아주려 하지 않는다. 나는 이 양반 성격을 잘 알고 있었다. 그만큼 나를 신임하

며 우겨대는데 할 수 없어 드디어 꺾어져야 했다. 만사휴(万事休す-모든 것이 끝장나다) 마지못해 따라야 할 수밖에 없었다.

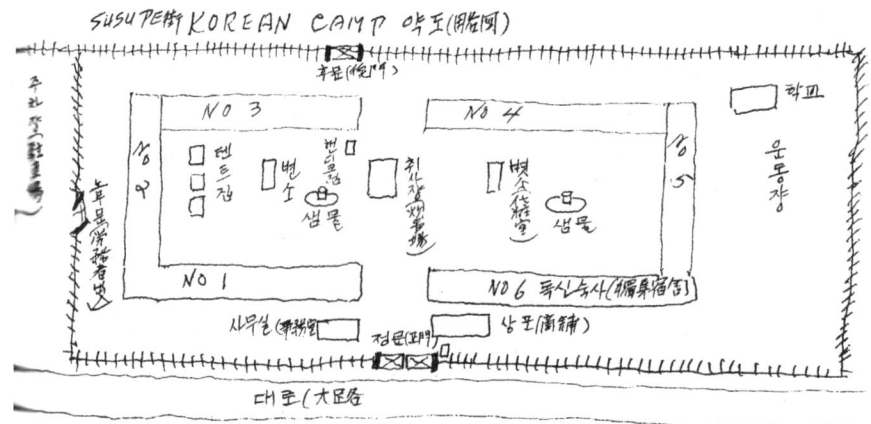

1,400명 교포가 살았던 camp 안에는 약도와 같이 목조 건물인데 신축된 것처럼 깨끗한데다 정연하였다. 그 바로 인접한 곳에 일본인 캠프가 있었다. 집이 부족하긴 했지만 천막집과 비교하면 우리 코리아 캠프의 목조 건물은 각별하게 달랐다. 미군 정책에서 우리 한인에 대한 대우가 뛰어나게 구별되었던 것이었다.

캠프 자치 행정의 조직(自治行政の組織)

1,400명은 가족이 70% 이상 비율이었고. 독신자가 90여 명 정도에 불과했다. 캠프 내에는 자치제로 되어 있어, 외인(外人) 감독관은 한 사람도 살지 않았다. 식량은 무료로 배급된다. 그 외에 필수품은 상점에서 사다 쓴다. 물론 전시체제라 강제노동을 해야 했고 일당 35센트를 받는다. 반장급이 50센트로 큰 차이는 없다.

식사는 원칙으로는 공동취사였지만, 내가 입소할 때에는 독신만이 그리했고, 가족 동거자들은 배급을 받아 자취하게 되어 있었다. 가동 인원수(稼動人員數)는 350명 정도의 남자만이고 여자에게는 자유에 맡긴 것 같다. 밖으로 나가는 인원이

camp 안에서 일로는 근무원수 는 170여명으로 추산(推算) 한다-

總代 임명

- 行政課: 庶務 1名
  - 戶籍 1名
  - 報告 1名
- 衛生係 25名 미국은 위생팔리로 검불처리(塵埃糞尿物処理) 변소(便所)
- 敎育係 10名 교장과 교원 6명에다 사환 시설 학재 팔티 등 4名
- 消防係 3名
- 警察課 23名 서장, 사법주임 각 1명 부장 3명 수문 순찰 18名으로 3교체(?)
- 炊事係 10餘名
- 商舖係 3名

200여 명 같고, 캠프 내에서 일 보는 인원이 100으로 계산(算)하지 않았나 싶다. 정말 미국은 인도주의 나라구나 하는 감회. 만일 일본이 거꾸로 승리하였다면 이러한 대우란 어림도 없으리라는 것이 입소 첫인상이었다.

총대(総代, 대표)는 1명인데 일반선거로 추대되어 있다. 그 아래 행정(行政), 경무(警務), 학교교육(学校教育), 노무(労務), 위생(衛生), 취사(炊事), 상포(商舗, 상점)로 되어 있고 군정부의 지시는 한국계 미국인 통역관이 매일처럼 출입하여 전달과 감독을 하도록 되어 있었다.

사법주임(司法主任)이란 감투를 쓰고

나는 아무런 기초 훈련도 없이 사무실 한편에 있는 책상에 앉게 되었다. 다만 전임자가 기록한 서류만으로 내 임무를 맡아야 했다. 내 아래는 부장 3명과 18명 경관들이어서 물어볼 수도 없고, 서장 자신도 사무에 대한 일을 해 본 적이 없는 것 같았다. 첫날부터 싫증이 났다. 그러자 매주 2시간쯤 군사 훈련이 있었다. 한 사람의 순경으로서 단체 훈련에 나섰다. 미국식 행진은 일본시대 체조 훈련과는 매우 달랐다. 어텐션, 마-

취, 레후 투 라잇, 라잇 레후 투라잇, 턴- 레후투 … 나는 초년병이 되었다. 제기랄. 따라가자니 통 땀을 빼고 있었다. 내 몰골을 보고 있을 20여 명의 눈 속에 얼마나 우습겠나 싶었다. 이런 망신이야. 내가 미국식으로 생각하는 것도 아닌데 이런 빌어먹을 자식, 원숭이 흉내를 내야 하나. 꼴불건이라며 자소(自笑) 하고 있으니 시간 가는 것이 너무나 길었다. 그래도 상위(上位)라는 자존심을 가져야지. 억지로라도 참아야 했다. 한 달이 지나자 도대체 경찰직이란 무엇인지 이해가 되지는 않았으나 매일 사고 유무를 보고해야 했고, 미군정규법(米軍政規法)에 따라 상부에 보고도 하게 되었다. 물론 한국어로 된 것을 번역서기(翻訳書記)에게 넘겼다.

그런데 우리 캠프내에서는 나만이 외출 패스권(券) 세 개를 가지고 있었다. 공안본부, 일본인 캠프, 차랑카노아 원주민 캠프의 자유로운 출입을 할 수 있었다. 일반 교포들은 나를 경원했던 것 같은 인상을 받았다. 민간 포로라는 ID가 아니고 적색(赤色) 헝겊에다 검은 번호를 허리띠에 달아야 외출할 수 있었다.

사법주임 행세(行勢) 중
기억이 나는 몇 가지

 아무리 미국식 경찰체제로 바뀌었다고 해도 경관 자신도 제대로 자격 받은 것도 아니고 거기에다 30여 년 일제 통치하에서 뿌리 깊게 박힌 순사라는 선입관념에서 벗어나지 못한 만큼 경찰관이라면 외면하는 입장에 섰다. 내가 입소하기 전에 박 모라는 자가 지나친 권위를 남용했던 것 같다. 그 양반은 서장직을 맡자, 젊은 청년들을 모아 한 단체를 조직한 것까지는 좋았는데, 단명(團名)이 사쿠라(벚꽃)단이라고 부르고 회원들 손목에다 먹으로(入墨)으로 벚꽃을 그렸다. 왜? 무궁화 단이라고 하지 않고 사쿠라여야 했는지. 이 양반의 인격이 드러났다. 폭력단이라는 것을 드러낸 것이다. 그는 중죄로 원주민 형무소로 보내져 6개월 죄수 생활을 하고 있었고, 본국으로 인양할 때도 죄인 취급으로 환송되었다. 사건인즉슨 간음했다고 의심받은 용의자 부인 한 사람을 불러 자백하라면서, 그 고문 방법으로 경찰 곤봉을 여인의 음부에다 삽입했다는 것이 드러났다. 피해자의 고발로 인권유린이라는 죄명으로 공판을 받게 되었던 것이다. 보통 경죄로서 3개월 정도는 캠프안에서 복역하는 것이다. 이 자는 일본시대 깡패 버릇을 버리지 못하여 중죄를 받게 된 것이다.

내가 사법 일을 보고 있던 3개월에 걸쳐서는 별로 큰 범죄인은 나오지 않고 다툼이나 도박 정도였다. 캠프 안에서 도박은 허락하지 않았다. 내 자신이 이렇게 돈을 거는 노름에는 아무런 흥미가 없지만 한 오락으로서 푼돈이나 걸고, 트럼프 놀이로 메마른 스트레스를 푼다는 것은 범죄로 보지는 않을 것이다. 그렇지만 상습 도박패들은 그렇지 않았다. 그러므로 급한 것이었다. 실제 캠프 도박 사건에는 머리를 앓았다. 범죄명부가 있었다. 초범에는 벌금이 5달러이고 다시 범할 때는 배로 10달러, 3번 걸릴 때는 20달러. 이런 식으로 추가했다. 우리 캠프 교포들 가운데는 10여 명 상습 도박자가 있었다. 그 가운데는 최고 3범 기록자도 있었다. 나는 이런 기록을 보고 난 뒤 되도록 눈을 감으려 하였다. 귀국할 날이 임박한데 죄명과 벌금으로 미군에게 빼앗기고 가게 된다면 억울하지 않겠는가. 그러나 아무리 동정해도 법은 법이다. 그런고로 범죄를 미연에 방지해야 한다고 믿고 경고문을 써 등사해, 각 숙사에로 회람시켰다. 그러나 상습자 그들은 중독인지 그만두질 않는다. 나는 순경이 잡아들인 도박자들을 첫 번째는 훈시로서 돌려보낸다. 그러나 상습자는 한 주일이 멀다하고 또 잡힌다. 두 번째는 내 자신이 책임질 수가 없어 서장과 상의하여 다시는 안 하겠다는 시말서를 받고 눈을 감았다. 대개 5명 정도면 벌금만도 70~100달러니 그때는 큰 돈이다. 이런 용서를 두 번이나 하였더니 내 부하이던 한 부장에게 반역 항의를 받았다. 주임님은 그들에게 좋은 상사라고 보이고 하역(下役)인 우리들은 미운 놈이 되어 죽도록 잡아야 하느냐. 법이 필요 없다고 보는가, 하는 독설이었다. 나는 아무런 대답을 못했다.

지금도 잊혀지지 않는 최 모라는 자가 있었다. 나는 부하들에게 반감까지 사며 용서를 해 주었는데 일주일도 못 가 노름판에서 싸움이 생겨 얻어맞아 코피를 흘리며 밤중에 경찰 당직에게 고발을 하였다. 단잠을 자던 내가 사무실로 나갔더니 최 모라는 자가 아닌가. 정말로 미련한 자였다. 매 맞은 것만 분해할 뿐 자기가 범죄자가 된 것을 잊고 도박꾼 싸움이라며 자수하였다. 이튿날 벌금형으로 4번, 40달러를 내라고 언도하였다. 최씨는 노름에서 큰 부자가 된 모양이요, 다음에는 80달러입니다. 또 하시오. 하고 난 후 나는 웃었다. 도박 중독자의 심리란 이해를 할 수 없었다.

Camp 속의 인물들

우리 캠프안에서는 미국인을 구경한 적이 없었다. 1,400명 중 영어를 말하는 자는 한 명도 보지 못했다. 미군정부는 한인계 미국시민을 통역관으로 채용. 담당 장교와 다름없이 만사를 일임시켰다. 그 중 하와이 제1세로서 육군부속 통역관으로서 하사관인 채태한(蔡泰漢)씨를 든다. 50을 넘은 분인데, 캠프 안에서는 장관역을 한 셈이다. 일제하에서 독립의사로 싸우다가 상해(上海)를 거쳐 하와이에 망명한 분인데, 감리교(監理敎)파의 신자이며, 애국심이 매우 강한 만큼 우리 캠프를 위하여 헌신적으로 도와 잘 인도해 주신 분이다. 독립투사들인 만큼 2차 세계대전이 터지자, 제1세들은 우리나라 독립을 찾기 위하여 참전을 자원했으며 충성을 다하였다는 이야기를 그로부터 종종 들었다. 그런 탓인지 일본말을 듣기만 해도 상기(上氣)할 만큼 일본 것이라면 무조건 듣는 것조차 싫어했다. 그의 말 가운데는 조선인이 기르는 개조차 일본 놈이라면 잘 알고 물어뜯는다고 하였다.

우리는 같은 동포이면서도 일제하에서 사는 사람, 중국에서 살았던 사람, 미국에서 사는 그들과는 모든 면에서 판이하게 다르다는 것을 느꼈다. 그는 무엇이건 뚝딱뚝딱 서둘러야 한다. 서로 의논하는 것을 좋아하지 않았다. 먼저 이해를 시킨 후 행동하는 것 같지 않다. 캠프안에는 장로파(長老派)인 교인 주도자로서 한 모라는 소학교 교장이 있었다. 창가 시간으로서 노래를 가르쳐주어야 했는데 곡이 일본식이라고 허락하지를 않았다. 지금 생각하면 너무나 지나친 간섭이었다. 또 사망자가 나면 교인이건 아니건 손 써 먼저 봉사해야 한다고 꾸 짖었다. 이것은 당연하다고 본 것이다. 그러나 너무나 시급하게 미국식을 강요하는 바람에 교장과는 전연 뜻이 맞지 않았다. 이총대(李總代)라는 사람도 너무나 내성적이어서 뜻이 맞지 않았다. 오직 경찰서장인 고언국(高彦國)씨와는 뜻이 맞아 채 통역관이 사무실에 들르기만 하면 이 두 분만이 주도하는 감을 주었다. 둘이 같은 나이로 고 씨의 사교성이 뛰어난 인물인 만큼 새 시대 새 인물이 등장한다는 인상이 깊었다.

교포 출신을 도별로 보면 70%가 경상도, 20%가 전라도, 7%가 제주도이고, 남은 3%가 충청도, 강원도로 본다. 이북 출신은 4, 5명에 그쳤다. 내가 두 달 쯤 지낼 무렵 새로 총대선거(總代選擧)가 있었다. 후보로서 경상도 출신 손(孫) 모와 경찰서장 고 씨(高氏, 濟州出身)였으나 손 씨가 당선되었다. 지방 세력에는 대항이 안 된다. 채 통역관도 손 씨를 그리 좋아하지 않은 것 같다.

같은 통역관으로 해군 계통으로 이 모라는 젊은 분(30대)인데 영어회화 실력은 채 씨보다 뛰어났지만 웬일인지 매우 인기가 떨어져 캠프 교포들은 좋아하지 않았다. 더구나 이 통역관은 캠프 안에 한 여인과 결혼하였는데, 그 연인이 갈보(慰安婦)라고 누구나 잘 알고 있어 이 통역관에 대한 평이 불리해졌다. 지금에 와서 생각하면 우리 한국인들은 너무나 과거내력을 운운한다는 것이 폐습이었다고 본다.

　또 한 사람은 하와이 제2세로서 젊은 수병이 채(蔡) 통역관과 따라왔는데, 우리말은 매우 서툴렀다. 그러나 자기도 같은 교포라는 친근감으로서 캠프일을 도우려 하였다. 나는 그를 보면서 미국 청년은 우리와는 딴판 다르다는 것을 처음으로 느꼈다. 그는 우리와 같은 예의(禮儀)라는 것을 전혀 모른다. 사무실에 들어오면 책상이건 탁자건 어디나 올라 앉는다. 대화도 윗사람, 아랫사람이란 구별이 없다. 같은 한민족의 피라지만 그 나라 교육과 습관에 따라 살았던 만큼 사고방식과 행동이 그에 좌우된다는 느낌이었다.

우리 한민족은
해외에 살아도 단합(團合)이 힘들어

　나는 남양섬에 진출하여 마리아나군도 중 북5도(落島)에서 일을 시작했고, 야자원 경영을 했던 만큼, 우리 한국 사람과는 접촉이 드물었다. 해외에서 우리 교포와 같이 백여 일 동안 캠프생활을 하게 된 것이다. 그러므로 잘 아는 사람이라고는 많지 않았다. 캠프 안에서 누구나 다 같이 반가운 동포의식에서 한 번도 말다툼조차 없었다. 그러한 가운데서 한 사건이 생겨 신경을 써야 했다.

캠프 노무과장(勞務課長)인 문(文)이란 양반이 무슨 연고가 있었는지 내가 그의 배후감정까지는 알 수 없지만 미 해군 군정부에 우리 캠프의 내막과 위법사항을 낱낱이 폭로하는 고소장을 제출하는 사건이 일어났다. 그것도 일본 캠프에 사는 변호사의 손으로 서류를 작성하는 배신행위를 한 것이었다. 하루는 채(蔡) 통역관이 우리 사무실에 나타나 긴급회의를 열기로 하였다. 그 자세한 내용은 잊었으나 10여 항에 걸쳐 총대 이하 경찰, 학교, 취사 등 각 행정 간부들이 부패와 사리사심(私利私心)의 행정이 고소되었다고 했다. 말하자면 우리 캠프의 치부를 열거하며 모든 간부가 범죄인들이니 물러나야 한다는 원한(怨恨)의 호소였다. 채(蔡) 씨는 먼저 이것을 설명한 뒤 우리들이 미국 법에 매우 어두워 미흡한 점도 있었다고 충고를 하였다. 그러나 채 씨는 미군 군정장관과의 토의 결과, 장관은 이러한 사건은 어느 나라에서나 종종 보는 일이니 앞으로 주의만 시키라고 했다는 것이었다.

채씨는 이런 고약한 놈을 그대로 두었다가는 또 무슨 일을 꾸밀는지 모르니, 자세하게 조사하여야 한다고 말했다. 저 놈이 대체 이런 일을 꾸미려면 일본 캠프에 수차례로 왕복하였을 것이라며 문이 일본 캠프로 들어가는 패스 허가를 받았는지 나에게 물었다. 나는 없었다고 대답했다. 그런가? 잘 됐어. 공무(公務) 없이 일본 캠프에 들어갈 수 없는데, 이 놈 한번 형무소밥을 먹여야 한다며 분노하였다. 나는 문이란 자를 호출하여 취조를 하였다. 문은 일본 캠프에는 가지 않았고 연락은 문서로만 하였다고 주장하며 버텼다. 그래서 나는 우리 순경을 전부 소집하였다. 문이라는 자가 어느 문으로 빠져나가는 것을 목격한 일이 있으면 보고하라 하였더니, 그 중 2명이 자기가 간수 당번을 할 때 보았다고 하였고, 수십 번이나 목격했다고 하였다. 문은 밀행(密行)을 서슴지 않았던 것이다. 문이라는 자의 밀행 증인으로 두세 사람 서게 되었다. 문은 드디어 밀행위법이라는 죄명을 입고 중형으로 원주민 형무소로 넘겨졌다. 문의 인상은 별다른 학식과 교양을 가진 것 같지는 않은 듯하고, 매우 오만한 태도를 보였다. 개인감정 문제로 그런 짓을 하다니 어리석은 자의 과보였다.

우리 캠프에서 보고 들은 소감(所感) 몇 가지

우리 한인은 생활력이 매우 강인한 데 놀랬다. 당시 군 정부의 민간포로(民間捕虜)에 대한 처우(処遇) 중 식량배급은 주식품인 쌀과 콩(白色蠶豆, 흰색 누에콩)으로 혼식하도록 되어 있었다. 물론 군대식으로 공동취사배급이다. 그 후 개별자취(個別自炊)가 허용되자 독신 외에는 현물배급(現物配給)을 받게 되었다. 사실 우리나라 식성으로는 혼식은 맛이 없다. 콩이 싫어 먹지 않는 사람도 적지 않았다. 콩만 남겨 버리기도 했을 것이다. 그런데 누가 먼저 착안(着眼)하였는지 그 콩을 콩나물용으로 대치(代置)한 것이다. 캠프 안의 집터는 모래밭이었다. 두 군데에 샘물터가 있어 물 가까이에는 콩나물 채전(菜田)이 벌어졌다. 콩나물 반찬으로 야채 부족을 해결하면서 한국식 식사로 바꾸었다.

또 한 가족이 한 방씩 별거하게 되니 살림을 위해 의류, 가구 등이 필요했다. 그렇다고 군 정부가 여기까지 배려를 해주지는 않았다. 나는 가끔 각 숙사를 순시해야 할 일로 모두 돌아보았는데, 놀랍게도 한 방안에 장롱, 탁자 등 알뜰한 살림살이를 갖추고 지내는 가족이 많았다. 그럼 필요(必要)는 수단(手段)이었다. 캠프 안은 매일 청소를 했다. 그 많은 쓰레기(塵埃)를 10여 명 일꾼이 2대의 트럭으로 하루 2번 댐으로 나른다. 그 때를 이용했다. 전시중인 군은 불필요하다고 보이는 것이면 새 것, 낡은 것 할 것 없이 풍부한 물자를 댐에다 버린다. 인부인 척 따라가서 그것들을 집어온다. 캠프 트럭은 정문을 출입하므로, 간수 경관은 문만 열어줄 뿐 검사는 하지 않았다. 그 외에도 밖으로 일하러 나가는 사람들은 노무문(勞務門)으로 몰래 들여왔는데 경관은 그걸 보고도 눈을 감는 것이 사실이었다.

속 썩은 일이 하나 있었다. 그것은 백색 광목 통 때문이었다. 어디서 그렇게 많이 주워 왔는지 부인들은 이것을 빨아 한국식 그대로 풀밭에 널어 말렸다. 그러나 미국은 위생상 이런 걸 허락하지 않았다. 세탁 줄이 부족할 만큼 빨래가 많아 아무리 말려도 몰래 펴 말리는 것이었다.

1946년 정월 말이 되자, 그 강추위에 본국으로 인양하라는 명령이 내려졌다. 교포들의 이삿짐이 산더미처럼 광장에 쌓였다. 20여 명 원주민 순경이 검사하는데 통 땀을 뺀다. 순경 한 사람이 이삿짐에 놀라 한국사람 짐은 일본사람 짐의 3배나 된다며 머리를 흔들었던 기억이 난다.

또 미화(米貨)도 각 개인 30불로 제한하였는데 나머지 돈을 남기지 않았다. 캠프 교포 중 한 사람이 6,000불 이상 모았다는 소문도 있었다. 이 사람은 일터에서 미국인과 도박하며 돈을 땄다고 한다. 물론 전부가 다 그런 것만은 아니지만 여하튼 돈이 사람이지! 특히 해외에 나온 사람 거의가 돈을 번다는 꿈이 있었다. 그러나 꿈대로 되는 사람은 그 중 몇뿐이 아닐까. 나 역시 낙오자의 한 사람이었다.

본국(本國)으로 인양(引揚)하는 교포들과 작별 후 이도(移島)

나는 처가 편 친척들의 요구와 도움으로 가톨릭 입문 시험을 통과 12월에 세례(洗禮)를 받았다. 우리 가족은 차랑카노아 캠프(chalancanoa camp) 내를 자유롭게 출입 할 수 있었다. 나와 처는 이런 강추위에 떠나는 지우(知友)들을 위하여 방한 외투 등을 20여 벌을 처가 편 친척 동무들로부터 구해다 나눠 주었다.

1946년 새해를 맞자 캠프 교포 가운데서는 20여 가족이 고국으로 돌아가질 않고 잔류(殘留)하겠다는 신청을 군 정부에 제출하였다. 그러나 인양이 임박하자 미군 정부는 외국인은 하나도 남기지를 않겠으니, 모두 인양해야 한다는 명령이 내려졌다. 그 당시만 해도 오키나와 출신만도 500여 명이 잔류신청이 있었다는 유설(流說)도 있어 원주민과의 반대설이 떠돌기도 하였다. 처음은 군정부로부터 잔류를 원하는 자는 신고하라는 것이 있었다. 우리 한인 가운데는 이 섬에서 오래 살아 왔고 전쟁으로 남편까지 잃었으며, 연세도 60이 가까운 외톨이 부인(할머니)이 있었다. 이 부인은 매우 독실한 크리스찬으로 고향에 돌아갈 생각도 없다며, 그 나이에는 추위에 살아남을 수 없다고, 자기는 여기가 고향이라고 죽어도 안 간다고 애

원하였다. 그러나 군정부는 냉혹하였다. 떠날 때도 안 간다고 야단을 하였지만 무리로 배에 실었다. 매우 불쌍한 광경이 아직도 잊혀지지 않는다. 그 부인은 과연 귀국하여 무사히 살아 계셨을지.

우리 가족만은 처 편이 스폰서(身元 保証人)가 되어 장인과 남았다. 캠프는 우리 교포가 떠나자, 가구류 전부를 방 밖으로 내놓았다. 그날 오전 중이었다. 1,400명 교포가 떠난 뒤에는 텅 비어 우리 가족만이 남았는데 차랑카노아 캠프 담당사령관(擔當 司令官)이 한 수병을 거느리고 우리를 면접하였다. 횡크 소좌(少佐, 소령)다. 트럭 하나를 보낼 터이니 우리 필요한 이삿짐을 싣고 차랑카노아로 이동하라는 지시를 받았다.

그러자 일본말이 능숙한 한 차모로가 차를 몰고 왔다. 나는 이삿짐만 실으려 하였으나 이 양반은 우리 교포가 남겨둔 가구에 탐이 난 모양이었다. 이 기회에 남은 것을 되도록 싣자. 내일이면 모두 댐으로 가져간다며 자기가 먼저 좋은 놈을 골라 싣고 있다. 나도 이 양반 말을 믿고 내가 필요치 않아도 처가 친척들에게 나누어 주는 것도 좋은 일이라는 생각이 들어 이것저것 모아 3차례나 나르고 있었다. 그러자 한 수병이 달려와 내 짐 이외는 다시 돌려보내라는 명령이다. 나는 매우 부끄러웠다. 운전수의 말에 속아 넘어간 셈. 또 다시 짐을 실어 돌려야 하니 저녁 늦도록 헛일을 해야 했다.

다음 날 아침. 나와 처는 캠프 시청(市役所)으로 출두(出頭)하라는 명령에 끌려갔다. 횡크 소좌 사무실에 들어서자 우리를 자기 앞에 세워 놓고 캠프 시장(市長)의 통역을 걸쳐 우리는 3가지 죄를 범했다며 우리 얼굴을 들여다보지 않는가. 우리는 혼비백산(魂飛魄散)이란 말 그대로 너무 무서워 변명도 못하고 부들부들 떨고만 있었다. 그런 것이 나는 외인이다. 잘못하면 이런 강추위에 한국으로 돌려보내지나 않을까 하는 마음에 정신을 차리지 못한 채 죽은 듯 있었다. 잠시 후 그는 안색이 부드러워져 미소를 띠며 다시 말하기를 한 번은 용서를 해 준다. 다시는 이런 일이 없도록 명심하라는 것이 아닌가. 그러자 우리 처는 혼났던 바람이라 울기 시작하였다. 횡크 소좌는 우리 처의 어깨를 어루만지며 울지 말라고 애무(愛撫)해 주었다.

그 후에 생각하였지만 이 사고가 도리어 우리에게는 행운을 열어 준 것 같았다. 횡크 소좌는 나이 많으신 분. 매우 자상한 분이었다. 우리들은 임시로 처의 양모(養母)와 동거를 하였는데 한 주일이 멀다 할 만큼 자주 우리를 찾아와서 무엇인가 불편한 점이 있으면 도와주겠다고 하였다. 우리 가족을 위하여 따로 두 칸 방 집을 빨리 지어주었다. 다른 차모로 보다 우선(優先)하였다.

횡크 소좌의 경력은 미국 모 대학 교수를 지내신 만큼 큰 학자이며 인격자였다. 나는 그 후 그림을 그려 고마움의 표시로 드렸더니 매우 기뻐하시며 이만한 재주라면 핸드클럽(Hand Club)에 보내어 팔아보라며 권고(勸告)도 받았다. 외롭던 나에게는 은사와 다름없이 존경하며 사모(思慕)를 마지않았다. 정말 미국사람 가운데 이런 친절한 분을 만났다는 것은 행복이었다. 오직 한스러운 것이 말이 통하지 않아 피차간(彼此間)에 대화가 되지 않아 답답하였다.

마쓰모토(松本)가 된 삽화(挿話)

앞에 쓴 바와 같이 일본 패전은 내 자신의 몰락(沒落). 모든 것을 상실한 처지라 처가댁에 따라야만 살아갈 수 있다. 이 섬은 그들의 천하. 나는 이국인(異國人)이며 무일문(無一文)의 거지와 다름없다. 한때는 섬의 주임(主任)으로 군림(君臨)하였고, Korean camp에서는 그래도 사법주임이란 체면도 있었다만, 이제부터는 그들의 천하에서 짓눌려 살아가야 하는가 하는 실의(失意)에 찼다. 이러한 신세가 되기까지에는 자의(自意)아닌 타의로 천주교에 입문하여 세례를 받게 된 것도 있다. 우스운 말이지만 채(蔡) 씨는 내가 천주교인이 됐다는 말을 듣고 전 씨는 한 여인 때문에 종교까지 따라가느냐는 코웃음을 치고 놀리기도 했지만, 당시 나는 무신론자였다. 종교에 대해 진실한 신자는 아니었다. 내 고향으로 돌아가지 못하는 입장에서 우리나라가 남북통일이 되는 날을 기다린다는 심산(心算)에서 잔류하였다. 어떠한 고역이라도 참으며 호기도래(好期到來)만 믿었던 것이다.

  1945년 12월, 차랑카노아 성당에서 세례식이 거행된다. 그 의식에서 나는 어린애로 돌아간다. 나를 하나님 나라에로 이끄는 두 교부(敎父)와 한 교모(敎母)(God Father, God Mother, 토어로 발리누, 말리나)와 동반(同伴)하여 성단(聖段)에 무릎을 꿇었다. 먼저, 신부가 나에게 물었다. 네 이름이 무엇이냐 하기에 한국 성명 그대로 전경운입니다 라고 대답했다. 그때 전입니다, 라고 하였더라면 문제가 없었을 것이다. 그러나 여기에서 크게 잘못되어 버렸다. 신부는 나이 많은데다 귀가 멀어 나는 큰 소리를 내야 했다. 그러나 이 서반아(西班牙,스페인) 노신부는 우리말 발음이 어려워 정경경 ? 이라고 세 번이나 반복이다. 그러자 많은 신자들 사이에서 폭소가 터져 나왔다. 나는 몸 둘 바를 모를 만큼 상기되어 수습할 바를 잃고 멍하여 쳐다보기만 하였다. 그러자 옆에 앉은 敎父(발리누) 한 분이 마쓰모토 라고 하였다. 그 당시 일본말로 나를 젠 이라고도 하고, 마쓰모토 라는 두 이름으로 불러왔던 것이다. 나는 그의 말에 따랐다. 그러자 교명(敎名)은 "헤수수, 마쯔모토"로 등록부(登錄簿)에 올려졌다.

그 당시 내 이름이야 어떻든 상관하지 않았다. 그러나 훗날 자녀들을 낳고 기르면서 자식들이 성인이 되자, 먼저 내 자식들이 마쓰모토 라는 성이 싫다며 나무람을 받았다. 현재 첫째 딸과 둘째 아들은 전(Juhn) 으로 개명하였다. 누구나 개명할 수 있지만 법적 수속을 하는 것만이 아니고, 사회 모든 방면으로 선포하여야 하는 이중 일거리가 된 것이다. 미국은 민적 또는 호적등본(戶籍謄本)은 출생관청 신고보다도, 교회에 신고하는 것이 신용도(信用度)가 더 높다.

섬사람들은 연회(파티)가 매우 많아 연중행사에 쉴 날이 없다는 느낌(感). 모여 먹고 마시고 춤추는 것이 섬 오락인데 모든 것이 종교 의식에서 시작한 것으로 본다. 무엇이건 기도회가 진행되면 반드시 파티가 따른다. 근년에 와서는 경제면에서 압박을 받으나 옛 습관을 고칠 수는 없다. 마치 우리나라 옛

시대에 3년 상을 꼭 치러야만 된다는 그것과 흡사(恰似)하다. 그러므로 내 자신이 언제 목돈을 만들어 다시 고국을 찾게 될지는 아득하다. 그 시골 향(鄕)에 들어가면 그 고향 풍속을 따라야만 한다니, 귀화인이 된 것은 이제 생각하면 그렇게 달갑

지도 않다. 대륙과 섬 어디나 비슷하다. 그러하나 이 섬이야말로 지상 천국이요 낙원이 아닐까. 굶어 죽지는 않으니까. 그러나 돈 모으기는 매우 어렵다. 차모로 하면 표준형(標準型)을 고르기가 힘들다. 서반야, 필리핀, 독일, 일본, 한국, 중국 등 다민족과 혼혈로 되어서 각종 인종이 모인 것 같다. 그러므로 피가 많이 섞인 것을 자랑삼아 이야기를 한다.

일제시대하 보고 들은 소견

  나는 먼저 내 자신을 소개하는 것은 매우 우스운 일이며 무용한 지면을 늘리는 것이다만, 나와 같은 평범 이하의 상식을 가지고 자서전을 쓴다는 것은 무리한 일이다. 그러나 나도 사람, 우리 시골 속담에 동내치(걸인)도 제가 잘난 재미로 산다 하니 나 역시 제가 잘났다는 자랑이 된다.
  나는 어린 시절 우리 어머니는 종종 경운아, 너는 너무나 귓문이 넓다고 하며 내 성품이 매우 고지식한 애라는 꾸중을 받던 기억이 난다. 또 내 성격으로는 남과 다투는 일을 좋아하지 않았다. 하물며 남과 뺨을 치면서 싸운 일도 그리 많지 않았다. 어린 시절 그림 그리는 것은 무엇보다도 나에게는 즐거운 일이었다. 공부를 잘 해 보아야겠다는 것은 마음에 맞지 않아 부모들의 강요에 의해 마지못해 따른 셈이다. 그것뿐인가. 오산 부속 소학교에 보결(補缺)로 전학(轉學)될 때는 벌써 조혼한 후였다. 이때부터 나는 매우 우울하기 시작했다. 그 후 중학에 들어서자 20리쯤 되는 길을 집에서 통학해야 했다. 길동무라고는 반 행정(行程) 뿐. 언제든지 혼자 걸어야 했다. 당시 불만을 참는 것밖에 도리가 없어 우울한 날을 보냈다. 우리 동기생들은 나를 잘 알고 있을 것이다. 교실에나 운동장에서 존재없는 학도 시절을 보냈다.

그러나 그림만은 취미로 즐거웠다. 당시 중학 1학년에 매주 한 시간이 있었다. 나와 홍준명(洪俊明), 이중섭(李仲燮), 세 사람이 아닐까. 나에게 잊지 못한 것이 임파 선생님이다(任用璉). 임선생님은 나보고 매우 소질이 있다며 과외로 유화를 코치 할 테니 그림을 그리라고 권했다. 그러나 우리 집은 매우 완고한 가정이라 자재값을 줄 리가 만무하였다. 하고 싶은 것이 아니 되니 한풀이로 점심시간이면 흑판에다 만화 그리는 장난으로 한풀이를 한 셈이다. 나는 지금도 생각나지만 어린 시절 가진 소질, 거기에다 좋은 선생 코치를 받지 못했다는 한은 잊을 수 없었다. 이와 같이 출세를 위하여 진학하고, 돈을 모은다는 것은 내 성격과는 너무나 거리가 먼 것이었다. 가족 압력에 굴한 나는 집을 떠나야 했던 것이 오늘 내가 이런 섬에서 일생을 보내게 된 주요 원인이었다.

그러므로 그 후 남양에 진출할 때도 상점(商店) 외 여러 가지 근무가 있었으나 내 성격에는 야자원을 장차 자영해 보자는 데 착안한 것이다. 도시생활이 나에게는 맞지 않았다는 것이 나로 하여금 낙도생활 5년간을 참게 된 것이다.

제2차 세계대전 후 일본이 패망하자 원주민 중 특히 괌섬 사람들은 일본인의 악독스런 압박을 잊지 못하고 'Jap'이라고 했고, 일본말은 상대도 안 했다. 그러나 요즘 괌에서는 일본인의 관광이 수만 명 들어오자 결국에는 돈에는 머리를 숙이고 전과는 달라졌다.

이 세상은 아마도 돈이 많아야만 사람 대우를 받는 것 같다. 나와 같은 자는 매일 혼자서 술이나 먹다가 쓰러져야 할까. 여하튼 40년을 살아 왔으니 종교 철학상 나는 왜 살아야 하는가, 하는 의문으로 이 글을 끝낸다.

남양 섬에서 살다
조선인 마쓰모토의 회고록

회고록을 마치며

티니언의 역사

먼저, 마리아나섬에서 살아온 차모로라는 섬주민의 역사를 내가 아는 대로 써 볼까 합니다. 역사학자가 아닌 점을 감안하여 먼저 용서함을 원하는 바입니다.

차모로 하면, 미크로네시아 각 섬마다 원주민들이 살아오고 있는데 그 어느 섬에서 이주해 온 것인지 분명하지 않다. 4000년 전부터 이 섬에서 살아온 모양이다. 다른 섬들과 달리 남녀 가리지 않고, 그리 검지도 않고 낙천적이며, 주로 해변에서 고기잡이를 잘 하는 미남미녀, 체격도 장신.
처음 이 섬을 발견한 스페인 사람 마젤란의 일기책에는 이 섬에서는 추장, 왕도 없고 다만, 각 부락 단위로 촌장들이 있을 뿐, 적이라고 공격해 오는 것이 전혀 없었다고 기록되어 있다. 그것이 1512년 괌 남단 우마닥촌 앞바다에서 한 달 동안 정보 감시 했다는 기사였는데, 이들이 배 위로 올라가도 개의치 않아 수많은 원주민이 배 위로 올라가 무엇이건 닥치는 대로 가져가 버린 뒤였다. 마젤란은 떠나기 직전에 크게 화를 내며 선원을 동원시켜 섬의 각 부락에 가서 불을 질렀다고 한다. 그의 일기책에는 도적만 있는 섬이라고 RADORONESIA (Island of thief) 명명하였다.

그 후 스페인 군함 한 척이 괌의 아가나만 앞바다에 정박해서, 보트 한 척을 상륙시켜 스페인 국기를 세우고 칼을 뽑고는 이 섬은 스페인 황실의 소유임을 선언한다며 스페인 왕 필립II세가 서명한 푯말을 박아놓고 가 버렸다. 원주민들은 겁이 나서 숲 속에 숨어들어 보고만 있었다. 그것이 1565년의 일이었다.

1565년~1668년에 걸쳐 100년 동안은 정부 관공서와 직원가족들이 상주하도록 스페인식 건축물이 훌륭한 모습으로 지어지고, 관공서의 가족들이 상주할 수 있는 캠프가 세워졌다. 이때까지는 원주민들과는 상거래라고는 전혀 하지 않고, 다만 필리핀을 약탈해 가는 스페인 선단에게 음료수와 야채, 과일 등을 보급해 주는 것뿐, 섬 주민과는 무관하였다.

그 후 스페인 여왕 마리아나가 자선을 베풀어 같은 국토에 살지 않는 원주민이라고 해서 구별하거나 하지 말고, 같은 시민 대우를 허락한다며 도적섬이라는 명칭을 자기 이름인 마리아나로 명명한다는 선언을 하였다.

여왕의 배려로 필리핀 마리나에서 신부 성 비토레스를 예수메이션 아리스의 5명과 필리핀인 33명을 호위병으로 파견해 아가나에 상륙시키고 선교운동을 하기 시작하였다. 순박한 섬

사람이라 1년이 못 가서 괌의 과반수가 신자가 되었다. 스페인 군대에 붙어온 홍역으로 많이 죽고, 1672년, 1693년 두 번의 큰 태풍을 겪고 난 뒤 원주민은 50,000에서 10,000으로 줄고, 1695년에는 5,000명으로 줄어들었다. 그리고 1698년에는 모든 원주민을 괌의 한 섬으로 끌어와 살게 하였다. 천주교가 철저해져 가자 (1698~1815년) 순수한 원주민은 없어지고 스페인, 필리핀의 두 피가 섞여 완전히 혼혈아로 바뀌어졌다. 따라서 언어에서도 스페인 말이 많이 섞이고, 더구나 교리와 학문적인 말 전부가 스페인 언어로 되어 있다. 의식주가 스페인화로 원주민이란 거의 사라져 버렸다.

1816년 스페인이 통치하며 괌섬에서 사이판, 티니언, 로타 어디에든 자원한 곳으로 이주가 장려됨에 따라 사이판, 로타, 티니언으로 자유 이주하였다. 그 후는 스페인의 재정난으로 미크로네시아를 독일에게 2만 마르크에 팔아 넘겼다. 그때가 1898년이었다.

일정시대의 마리아나스

스페인 시대는 가고 독일이 제 1차 대전 중 일본 해군에게 빼앗길 때까지 (1914년) 20년간 미크로네시아를 지배했다. 독일이 미크로네시아를 돈으로 사들인 이유로는 자기 나라가 유럽에서 선진국 대열에 들어서자 영국, 프랑스는 세계 각지에다 식민지를 두고 있는 데 반해 독일은 너무 느려 세계 각처가 모두 영국 아니면 프랑스 것으로 분할되어 버리게 되었다는 데 뒤늦은 감. 앞으로 태평양 시대가 오리라는 안목에서 우선 미크로네시아를 자기 것으로 하였다. 그러나 원주민을 소와 말처럼 보았던 것 같다. 여기에 저항한 것은 포나페섬 주민인데 그들은 불만에 차서 독일 총독을 죽여 버렸다. 그 내란을 평정시킨 후 독일은 이런 야만인들을 사람다운 대우를 할 수 없다 해서 포나페 원주민에게는 독일인이 나타나면 독일인이 지나갈 때까지 주인님, 안녕하세요 하면서 꿇어앉아 있게 했다고 한다. 다른 섬의 원주민도 역시 동등한 자리에 앉기는커녕 꿇어앉아 문답을 해야 했고, 술을 금했으며 교육이란 겨우 4년 정도였다고 한다.

일본은 미크로네시아를 빼앗자, 국제 위임법을 무시하고 99년 위임기한이 넘기 전에 자기 식민지로 통치하겠다는 야심이 뚜렷하였다. 그것은 일본 본토에서 가장 가까운 사이판을 제쳐

놓고 머나먼 팔라우에다 남양청을 세운 이유이기도 하다. 당시 네덜란드 식민지인 인도네시아 넓은 땅을 바라본 것으로 알려졌다.

일본은 미크로네시아를 제 것으로 하기 위해서 민간인들이 되도록 빨리 남방으로 진출하기를 장려하였다. 1916년, 일본 정부는 각종 특혜와 편의를 후원하는 정책을 밝혔다. 가장 먼저 자원에 나선 것이 해외 원양 삼치와 고래잡이로 거부가 된 니시무라 다쿠쇼쿠(西村拓植) 회사다. 시모노세키에 있던 니시무라 회사는 사이판, 티니언, 로타섬에서 사탕수수와 면화 재배를 하겠다며 거기에는 체격도 좋고 일 잘하는 것이 조선인이 알맞다고 생각했다. 당시 전라남도 광주 감옥소 간수인 기노시타(木下)란 자가 총책임자로서 "남양 사이판, 로타, 티니언섬은 지상낙원으로 추위를 모르는 상하(常夏)의 섬, 별천지(別天地)에서 사탕을 만드는 수수 재배는 돈벌이도 좋고, 먹는 것도 천하일품"이라는 광고를 대대적으로 하면서 시가지 가는 곳마다 붙여놓아 광주 사람들에게 큰 화젯거리가 되었다. 모집인원도 200명이라며 큰 부자 회사라고 쓰여 있다. 그러나 아무리 좋은 곳이라 광고를 해도 200명이 그리 빨리 모집이 되지는 않았다. 한 달이 넘어도 모집이 쉽지 않다는 것을 알게 되자, 먼저 수속해 놓은 자들의 독촉도 있고 해서 매우 난처한 처지가 되었다.

그 당시 우리 장인 영감은 철도 공사 등으로 일해 온 것이 있어 일본어에는 부족함이 없어 일본인들과 상종한 모양이다(장인 兪成萬, 全南 羅州 출신인데 無學이나 경부선 철도 공사에 서 종사, 일본회화가 능함).

장인은 일본 사정도 잘 알고 있었기에 책임자인 기노시타에게 일본 대판(大阪)에 모 회사가 조선인 200명을 모집한다는 서류까지 해 놓고 무슨 사정으로 모집원을 취소해 버린 것이 아직도 그대로 있다는 것, 200명 명단 서류를 가지고 있는 자에게 사례금만 약간 지불하면 쉽게 입수할 수 있을 것이라는 것, 모집원의 이름은 가짜이지만 이름만 기억해 두면 남양에 가서 정식으로 자기의 민적초본대로 고치는 것은 쉬우니 안심하라고 설명하였다. 기노시타는 장인의 설명을 듣고 좋아라 하며 그대로 따르기로 하였다. 가짜 명단이 있었으므로 일일이 민적초본이 필요 없게 되어 일이 빨리 진행되었다. 1917년, 90명(회고록 본문에는 70명으로 되어 있다. 엮은이 주)의 제1진이 남양으로 떠나, 도중에 시모노세키의 본사에서 일주일 체류하면서 큰 대접을 받았다. 난생처음 고래 고기로 포식을 했다며 무리들이 누구나 대식했다. 이유는 남양에 가는 인부들이 대식가라고 보이기 위해서라고 한다. 그러나 사장님은 조선인 인부들이 먹는 것을 보고는 저렇게 잘 먹는 것을 보니 고된 일도 잘 할 거라고 기뻐했다고 한다. 그런 후 요코하마 항에서 기범을 타고 떠난 지 10여 일 후 사이판섬 차랑가노아 해변에 투묘하고 보트로 상륙했다.

매일이 울분에서 오는 다툼과 싸움

90명이 그리던 파라다이스와는 달리 보이는 것은 황무지, 항구도 길도 없었다. 선전하던 대로 벽돌로 쌓아올린 양옥이 아니었다. 야자 잎으로 엮은 지붕과 벽이 아닌가. 속았다는 환멸의 비애. 어느 누구도 말을 하지 않는다. 그러나 저녁식사를 하라고 해서 식당에 들어서 보니 제대로 된 식탁이 아니라 넓은 판자를 올려놓은 곳에 앉아야 했다. 식사라고 가져온 것이 외미(外米)밥에다 소금국. 조선의 돼지밥만도 못하다니. 누구도 수저를 들려 하지 않자 김육곤(가장 젊고 키가 작음) 씨가 홧김에 못 이겨 밥상을 뒤집어엎고, 쌀 밥통을 바깥의 진흙탕에 던져 버렸다. 그러나 그때 주방 일을 하던 한 놈이 야, 이 조센징 하고 소리치며 달라붙었다. 김육곤이 그 놈을 거꾸로 잡아 엎어 놓고 그 자의 수염을 뽑았다. 그는 비명을 지르며 도망치고 다른 일꾼들도 겁이 나서 다시 손을 대지 못했다고 한다. 얼마 후 기범선에 갔다가 돌아온 주임이 나타나 빌면서 배에 백미가 실려 오니까 잠깐만 기다려라 하고 사죄, 다시 지은 식사를 하게 되었다는 에피소드.

90명의 첫 멤버들은 거의 광주를 중심으로 모집되었는데 노동일이란 모르고 자란 잘 사는 젊은 청년도 있었고 면서기를 지낸 자도 있었던 모양이다. 낯선 남양의 햇빛은 아침부터 견딜 수 없는 무더위에다 쇠파리 모기떼 속에서 일하고 밤에나 쉬어야 했다. 전등이 없는데다 섬사람도 잘 가지 않는 사탕수수 농장길(자랑키에서 앗쓰리또로 통하는 길)을 5마일이나 파헤쳐야 했다. 목마른 목을 추스르기 위해 음료수로는 빗물을 가지고 갔으나 갈증을 치유하기란 어려웠다. 갈증을 견디다 못해 자기 오줌을 싸 받아 마시는 자도 있고, 옛날 고향에서 호의호식하던 것이 그리워 우는 자도 있었다고 한다.

그러자 제2진이 도착하였는데 이들은 북조선 출신들이라 패싸움이 자주 일어났다. 그들의 불만은 날이 가고 해가 거듭할수록 체념으로 잠잠해지기는커녕 폭발하기에 이르렀다. 드디어 회사 쪽에서 속수무책이 되자 조선 사람을 대신하여 오키나와 노동자로 대처하기 시작한다. 이들 오키나와 사람들은 조선인의 체격에는 못 미치나 온순하며 근면하다는 것으로 5년 계약이었던 조선 사람은 본국으로 귀국시켰다. 소수의 조선 사람만이 남아 섬 여성과 결혼으로 잠루하게 되었다. 그리고 혼외로 사생아도 적지 않게 사이판섬에 살고 있으나 조선의 성이 아니고 어머니 성으로 많이 살아 있을 것으로 본다. 그들 거의가 한국인 자손이라고 나타내기를 꺼린 것으로 안다.

조센진 신복카이(朝鮮人親睦會)

니시무라 척식회사가 어느 정도까지 계속했는지는 미상이다. 대략 10년 정도로 보는데 사탕수수 전문 기사도 없었고 거기에도 시대의 환경 조건도 미숙하여 개척자로서 이름만 남길 뿐이다. 그들의 업적이라면 개간된 경작지 정도로 끝났고 경영난으로 남양흥발회사가 그것을 인수하게 되었다. 그 사장이 마쓰에 하루지(지금은 사이판에 설탕왕으로 공원과 동상이 남아 있음). 마쓰에 사장은 대만 제당회사 전무직으로 오래 일해 온 경력을 가진 자다. 그의 다년간 쌓아온 회사의 경륜에 뛰어난 사업가라고 자타가 인정하였다. 니시무라는 직영인데 반해 남양흥발은 처음부터 소작제였다. 남양청 장관과 직선 교섭으로 사탕수수밭 임대 노동자를 통제하였고, 사탕수수를 저울로 달아 매입하였다.(내 사견으로는 사탕수수 독점이 성공 비결로 봄)

처음 시작한 사이판 제당이 성공하자 남양청 경비 세금에 60% 이상이 사탕 수출 세금으로 큰돈이 생기게 된다. 따라서 일본 정부도 다른 식민지가 거의 적자인데 비해 남양청만이 흑자라고 했다. 그만큼 마쓰에는 콧대가 대단하였던 모양이다. 그 일례가 티니언섬 전부가 관유지로 되어 있는데 홍발회사에 일임을 했다. 그러나 홍발회사가 운이 좋았는지 티니언 제당 세금 수입(사탕 수출세)이 60%(전 사탕)가 되었다 하니 일본인 소작인들도 잘 살았다. 하지만 패전함에 따라 빈손으로 인양되었다고 전해 들었다.

 우리 조선인이 사이판에 입주하게 된 것은 거의가 사탕수수 재배 소작인이고, 다음이 회조부(남양무역이 경영하는 짐 나르는 일꾼) 약 70-80명 정도다. 유선회사가 운영하는 5,000톤 화물선 배 5,6척이 매주처럼 남양군도를 운항하게 되어 있었다. 개인 사업으로는 제주도 출신 장사꾼 고모 씨와 칠복루 라는 기생집이 있었다. 남양무역 회조부의 짐꾼 70명을 감독한 임모 씨가 시청 경찰과 결탁하여 조선인친목회를 조직하였는데 일본인 기부금을 모아 운영했다. 그는 모욕적인 조센징 도리시마리(朝鮮人取締) 앞잡이로 금주(싸움이 많기 때문에), 도박(노름)하는 자에게는 벌금을 징수한다는 것이다. 한 번 들키면 5원, 두 번째 들키면 10원을 내도록 하였고, 만일 계속 거부하는 경우는 경찰서에 넘겼다. 이것은 일부 조선인 유식자들의 반격으로 깨지고 말았다. 그 후 계속 겉모양뿐인 친목회가 있었다는 것을 특기해 둔다.

만주사변

당시 일본군부, 특히 젊은 장교들 가운데는 군 수뇌부에게 큰 불만이 끊이지 않았다. 2.26 사변이 일어나 당시 오카다 총리 이하 6명의 대신을 습격함으로써 내무대신 한 명은 죽고, 다른 것들은 겨우 도망쳐 살아났지만, 이 사변 이후로는 젊은 장교들이 만주사변을 일으켰다. 괴뢰정권 만주족 선통황제로 삼아 앉혀 놓고 군부 마음대로 요리해 먹는데, 그들은 이 광대한 만주 벌판에다 군 출신 농민들을 이민시켰다. 좁은 일본 국토에서 가난하게 사는 것보다 넓은 광야 만주 벌판에 이민을 보내면, 수백만 가족들의 군인 병졸 후예가 번식함이 틀림이 없다는 대일본제국 건설의 꿈이었다. 그래서 시험 삼아 첫 1회 이민가족들이 이주해 농사를 지어 보았으나 실패하였다. 그러자 다음 또 다음 해서 6차까지 보내 보았으나 모두 실패, 다시 일본 본토에 돌아가 버렸다. 그 이유는 일본 풍토와 만주의 것은 전혀 달라 일본식 농사법으로는 통하지 않는다는 것과 추위를 이겨내질 못해 이민 갔던 사람들은 거의 귀국해 버리고 말았다.

북지오성(北支五省)은 방대한 자원의 매장이 된 곳으로 중국의 심장부이다. 일본 군부는 다시 북지오성에 눈독을 들여 무슨 수단을 써서라도 빼앗으면 족하다. 중국 전부를 빼앗는 것이므로 장개석 정부가 아직 통일도 못한 것이 좋은 기회라고 여겼다. 간단히 6개월 정도면 손아귀에 들어올 것으로 믿었다. 시작은 군부의 모략으로 노구교사건을 조작하여 중국군이 철로 폭발을 했다는 구실로 삼아 일본 정부는 군부를 증강시키고 개전한 지 반 년이 못 되어 남경까지 점령하였다. 일본 정부로서는 장개석이 이것으로 손을 드는 줄로 믿었다. 천만에, 장개석은 중앙정부를 중경으로 옮겼다. 그리고 점령지를 역습교란작전으로 나갔으므로 진격은 쉬우나 수비선이 매우 길어 병력과 군수품 등 병참기지가 많아지기 시작하자 (일본은) 많은 젊은이들을 징병해야 했다.

사탕수수 흥발회사도 다를 바가 없게 된다. 젊은 장정뿐만 아니라 소작인도 부족하였다. 조선 특히 경상도와 전라도에서 인력 모집과 소작인 가족을 끌어와야 했다. 이것이 1938년에 시작되어 사이판, 로타는 물론이고 특히 티니언에 가장 많았다. 해방 후 사이판에서는 400명, 티니언에서는 2,700명을 인양했다는 사실은 우리가 무관심할 게 아니라고 본다.

티니언섬에서는 우리 교포 2세 3세로 1/3에 육박

 전술한 바와 같이 차모로 발상지인 괌을 제외하면 북마리아나에서 차모로 원주민의 분포는 티니언, 사이판, 로타섬 순이다. 오늘날 차모로라는 상징은 타가루인이 이 섬의 유적으로 남아 있다는 전설도 있다. 우리나라 속담에 힘이 센 자를 항우와 같다고 하는 것처럼, 타가는 힘센 자의 이름이다. 타가루인 바로 옆에서 샘물이 아직도 있으며, 타가의 딸이 종종 나타나 돌아다닌다고 하며 아직도 타가 딸이 나타난다는 집은 사람들이 무서워하며 꺼려서 멀리한다.

 일제시대에는 티니언에 원주민이 거의 살아 있지 않아 사이판 정부는 소와 돼지를 방목해 두었는데 종종 사이판에서 큰 연회가 있을 때는 반드시 티니언의 소와 돼지를 사냥해 잡아갔다고 전해진다. 남양흥발회사가 무인도 섬에서 사탕수수를 심어서 제당공장이 들어서자 인구는 2만~2만 5천(거의가 일본인)에 육박하였으나, 20년 간 살다가 2차 대전으로 일본이 패전하자 1946년에는 다시 무인도가 되어 버렸던 것이다.

 유엔 신탁 미 해군 정부는 일제 때 얍섬에서 많이 살았던 차모로족을 민족해방 정책에 의거하여 80가족을 티니언으로 이주시켰다. 자치제로 District으로의 사이판, 로타와 동등하다(1948년부터). 가족 수로는 처음 60호 정도로 시작하면서 줄

기도 하고 늘기도 하였지만 그들 자손들이 많아지자 현재는 1,000명이 넘어섰고, 앞으로는 더 늘어날 것으로 예상된다.

이 가운데 한국계의 자손들이 불어 나가는데, 시조로서는 김육곤(金六坤), 유성만(兪成万), 신중삼(申中三), 김덕진(金德眞), 나카무라(中村某氏), 송복기(宋福基)로서 이들은 1917년 니시무라회사(西村會社)의 응모자다. 김상진(姜尙辰), 金또진수, 최몽룡(崔夢龍), 김학봉(金學奉), 전경운(全慶運)은 1939년까지의 응모자다. 이들 11명과 이들의 2세와 3세, 4세를 합치면 300명쯤이 아닐까 추산된다. 이들은 당당한 미국 시민들이다. 이들과의 친척 또는 의리의 관계를 갖게 되어, 현재 2명의 상원의원과, 1명의 경찰서장, 2명의 학교 교원, 그 외에도 시의원이라든가 2년 전에는 시장까지 되었던 적도 있었다.

여기서 내가 그들에게 권고하는 바는 앞으로 이 섬 선거 기반을 위해 한국계가 단합을 해라. 우리 조국은 세계적으로 경제면에서 선진국으로 진입중이다. 일본 2세 3세 4세 그들이 미국 시민으로 하와이를 좌지우지하는 것처럼. 이것이 내가 원하는 소원이다.

시대는 처음도 없고 끝도 없다고 할까. 그러나 세계사는 흥망성쇠의 기록을 남겼고, 그런대로 흘러갈 것이다. 오직 하나님만이 하시는 것일 뿐, 인위로 좌우되리라고는 믿지 않는다. 내가 우리의 역사에 관해 알려고 애써 왔으나 4천년의 기록에는 700번이나 외침을 당하면서도 망하지 않고, 언어와 민족혼을 견지해 온 것으로 볼 때, 비관은 금물이다. 기어코 세계사를 빛낼 날이 올 것이라 낙관하면 된다. 티니언 작은 섬의 역사 기록을 읽으면서 제 소감을 써 보았다.

남양 섬에서 살다
조선인 마쓰모토의 회고록

1판 1쇄 2017년 11월 7일
1판 2쇄 2017년 11월 24일
1판 3쇄 2018년 07월 16일

엮은이 | 조성윤
펴낸이 | 김미정
펴낸곳 | 당산서원
주　　소　(63246) 제주시 간월동로 48-6번지 대림빌라 1동 106호
전　　화　010-3027-0560
팩　　스　064)724-5413
전자우편　hayanjib1204@hanmail.net   arakakihanae@yahoo.co.jp
페이스북　http://www.facebook.com/namudal
블 로 그　http://blog.daum.net/namu-dal
등　　록　2016년 3월 17일 제2016-000012호
인　쇄 | (주)바나나아이디씨

ISBN　979-11-960016-1-2 03910
값　　　20,000원